ADAC Reise

Rom

von Herbert Rosendorfer

Intro

Unterwegs

Leserforum

Die Meinung unserer Leserinnen und Leser ist wichtig, daher freuen wir uns von Ihnen zu hören. Wenn Ihnen dieser Reiseführer gefällt, wenn Sie Hinweise zu den Inhalten haben – Ergänzungs- und Verbesserungsvorschläge, Tipps und Korrekturen – dann schreiben Sie uns bitte:

Redaktion ADAC Reiseführer
ADAC Verlag GmbH
81365 München
verlag@adac.de
www.adac.de/reisefuehrer

Service

Rom Impressionen

Die Ewige Stadt

Seit vielen Jahrhunderten hat Rom Fremde angezogen. Waren es im Mittelalter fromme Pilger, die an den heiligen Stätten Erbauung und Sündenvergebung suchten, so folgten ihnen in den uns näher liegenden Zeiten die Bildungsreisenden und die romantischen Seelen, die die Heiterkeit des Südens, die Schatten der Antike und den Geist der großen Kunst suchten. Der berühmteste war Goethe. Er wäre gern – was viele andere getan haben – geblieben, bis ihn »Hermes, an Cestius' Mal vorbei, leise zum Orkus hinab« führe. Die Faszination, die Rom auf alle diese Fremde ausgeübt hat, ist nicht mit einem Satz zu erklären. Es gibt, ohne Zweifel, Städte, die schöner sind als Rom: Prag, Salzburg, Sevilla, vielleicht, je nach Geschmack, San Francisco oder Samarkand.

In Italien ist Florenz mit seiner Gloriole aus goldener, herbstlicher Gotik und der Blüte der Renaissance sicher im engeren Sinn schöner als Rom. Schöner, so hört man oft, sei auch das unvergleichliche Venedig, die glänzende Serenissima, stets in ihrer Schönheit vom Tod bedroht. Dennoch war es immer gerade Rom, das den bedeutendsten Zauber ausgeübt hat, vielleicht deswegen, weil er aus vielen Facetten zusammengesetzt und für jeden ein anderer ist.

Die Seele der Welt

Als ich 1958 das erste Mal nach Rom kam, hatte ich das unverdiente Glück, bei der alten Gräfin Matilda Bucci-Casari zum Tee eingeladen zu werden, einer zierlichen, lebhaften und noblen Dame, Urgroßnichte Napoleons, die im Palazzo Roccagiovine an der Piazza Farnese wohnte. Sie erzählte, dass sie einmal in ihrer Jugend in München, wo ich herkam, gewesen sei: »München ist eine schöne Stadt«, sagte sie. In meinem Unverstand erwiderte ich: »Rom ist aber schöner.« Sie erstarrte – natürlich, ohne unfreundlich zu werden – und schaute mich erstaunt an. Es war so, als hätte ich den Regenbogen mit einer Neonreklame in Relation gesetzt. »Ja – schon – aber –«, sagte die Gräfin und senkte die Stimme ein klein wenig, um in aller Freundlichkeit mich jungen Menschen sanft, aber eindringlich zu belehren: »Rom ist das Herz und die Seele der Welt.« Rom ist nicht eine Stadt, Rom ist die Stadt. Urbs – schlechthin.

Natürlich hatte die alte Dame, die das Glück hatte, ihr Leben in Rom zu verbringen, Recht. Um die ›Seele der Welt‹ kristallisieren sich dann alle die Einzelheiten, die die Anziehungskraft der Urbs ausmachen, wozu auch, das soll in diesem Buch hier nicht verschwiegen werden, das zu Kritisierende zählt. Die Liebe zu Rom soll nicht blind machen.

Oben: *Ein beinah überirdisches Licht bringt den Zauber Roms mit seinen unzähligen Kuppeln voll zur Wirkung – im Hintergrund die Quadriga des Monumento Vittorio Emanuele II. an der Piazza Venezia*
Rechts: *Begründet wurden Ruhm und Glanzleistungen der römischen Kultur auf dem Forum Romanum – im Herzen des antiken Imperiums*
Links: *Beim abendlichen Giro auf der Via Condotti wird die Leidenschaft für beschauliches Shopping geweckt*

Römer auf Zeit

Was Rom ist, ist also schwer, wenn nicht unmöglich, zu sagen. Leichter ist festzustellen, was Rom nicht ist, und darauf weist einen jeder Römer sofort hin: Rom ist kein Museum, sondern eine Großstadt mit allen Nachteilen, politischen und ambientalen Schwierigkeiten. Rom ist eine Stadt, in der rund 2,5 Millionen Menschen leben, von denen sich die meisten nicht um die antiken oder barocken Denkmäler kümmern. Rom ist ein Kessel voll Leben, war es immer und wird es, hoffentlich, immer sein.

Um **Rom richtig** sehen zu können, mag hilfreich sein, wenn man versucht, wenigstens Römer auf Zeit zu werden. In Rom wohnen Römer, sichtbar aber sind hauptsächlich Touristen, denn sie sind verkleidet. Niemandem würde einfallen in, sagen wir, Wiesbaden, im Jogginganzug durch die Stadt zu gehen. Den Tou-

Lesen Sie, auch wenn Sie sie nicht ganz verstehen, eine italienische Zeitung. Trinken Sie nachmittags keinen Cappuccino, essen Sie keine Pizza. Gehen Sie nicht vor 8 Uhr zum Abendessen und benutzen Sie untertags die schattige Seite der Straße. Eines Tages wird dann der Andenkenverkäufer auf dem Petersplatz, der sonst einen untrüglichen Riecher für Touristizität hat, sich nicht mehr aufdrängen, und vielleicht fragt sogar bald einmal einer Sie nach dem Weg.

risten in Rom aber schon. Versuchen Sie einmal sich im Straßenanzug, so wie Sie zu Hause ins Büro gehen, durch Rom zu bewegen. Sie werden staunen, wie komisch Ihnen die Touristen sofort vorkommen. Und: Sie sehen seltsamerweise Rom ganz anders, nämlich von innen. Touristen tragen außer ihrer Verkleidung Fotoapparate, Digital- oder Videokameras vorgeschnallt. Ich gebe noch einen Tipp: Sparen Sie sich das. In Hunderten von Fotobänden, auf Tausenden von Postkarten finden Sie Bilder, wie Sie sie schöner nicht fotografieren können. Sie sparen sich das Kainsmal des Touristen, sehen plötzlich mehr, weil Sie ›live‹ beobachten, und Sie sind vor Taschendieben sicherer.

Dieses Buch möchte Ihnen den Weg dazu ebnen und dem Leser ein umfassendes und differenziertes Bild der Stadt geben. So wenig wie Rom an einem Tag erbaut wurde, ist es an einem Tag zu besichtigen. Trotzdem soll hier versucht werden, einige Orientierungshilfen zu geben.

Schauplätze und Höhepunkte

Von einem der sieben Hügel Roms, dem **Kapitol** mit der klassisch schönen Platzanlage von Michelangelo, führt der Weg in das einstige Zentrum der antiken Welt mit den beeindruckenden Ruinen der **Foren**, des **Palatins** und des **Colosseums**. Steigt man in entgegengesetzter, westlicher Richtung die breite Treppe Michelangelos hinab und überquert die Via del

Links oben: *Eine Pause mit Computer gönnt sich dieser Geschäftsmann im Antico Caffè Greco*
Oben: *Harmonie – in der Ewigen Stadt verschmelzen Figuren der Gegenwart und der Vergangenheit – wie hier an Berninis grandiosem Vierströmebrunnen auf der Piazza Navona*
Links: *Superlative der Kirchenbaukunst offenbart der Blick aus der gewaltigen Kuppel Michelangelos in die Vierung der Peterskirche*

Teatro di Marcello, taucht man in die verwirrende Vielfalt der kleinen Straßen und Plätze der Altstadt, des Centro storico, ein. Der **Campo de' Fiori** ist einer der beliebtesten und belebtesten Marktplätze Roms. Vor allem am Morgen zwischen 8 und 10 Uhr kann man hier römischen Alltag erleben – sei es inmitten des Markttrubels oder von einem der Cafés am Rande des Platzes aus. Wie die Aristokratie Roms einst residierte, lässt sich am **Palazzo Farnese** oder **Palazzo Spada** ahnen. Wenn man von hier zum nördlichen Teil der Altstadt, dem Marsfeld, geht, lohnt sich der Besuch von **Il Gesù**, der Mutterkirche des Jesuitenordens, die baugeschichtlich und künstlerisch wie keine andere die Entwicklung des barocken Kirchenbaus in Europa bestimmt hat. Aus dem Gewirr der engen Straßen öffnet sich die großartige **Piazza Navona**, einer der schönsten Plätze Roms, mit der Kirche *S. Agnese* des Borromini und dem in großartiger barocker Manier geschaffenen *Vierströmebrunnen* des Bernini. Dass wir auch hier auf antikem Boden stehen, verrät der Grundriss des Platzes, der noch deutlich die Konturen des antiken Stadions zeigt, das Domitian einst errichten ließ. Auch im **Pantheon** lebt die Antike. Sowohl die Klarheit des Baukörpers als auch die Ausmaße der gewaltigen Kuppel und der gute Erhaltungszustand dieses Bauwerkes aus dem 1. Jh. v. Chr. beeindrucken. Der Platz vor dem Pantheon ist ein beliebter Treffpunkt und in der Bar *Tazza d'Oro* gleich um die Ecke kann man den besten Kaffee Roms trinken.

Zentren des Lebens

Zwei weitere Sehenswürdigkeiten sollte man nicht versäumen: die **Fontana di Trevi**, ein barockes Wasserschauspiel, einst auch Kulisse für Fellinis Film ›La dolce vita‹, und die **Spanische Treppe**, Tag und Nacht Anziehungspunkt für junge Leute aus aller Herren Länder. Wer es gerne feiner hat, sollte eine Pause im traditionsreichen Antico Caffè Greco einlegen, früher eines der berühmtesten Künstlerlokale Roms. Die umliegenden Straßen bilden ein nobles Einkaufsviertel mit Modegeschäften.

Im Norden markiert am Ende des Corso die **Piazza del Popolo** die Grenze der antiken Stadt. Hier mündet die Via Flaminia in die Porta del Popolo. Gegenüber dem Tor markieren der *Obelisk* und die beiden Zwillingskirchen *S. Maria dei*

Oben: *Schillernde Sitzkultur auf den Stufen der Spanischen Treppe, einer der prächtigsten Treppenanlagen des Spätbarock*
Links: *Überwältigend – Michelangelo schuf das Deckengemälde der Sixtinischen Kapelle mit Schlüsselszenen des Alten Testaments (16. Jh.)*

Miracoli und *S. Maria in Montesanto* eindrucksvoll den Eingang zur Stadt. Vom Platz aus durchschneiden strahlenförmig die drei Straßen Via di Ripetta, Via del Corso und Via Babuino die Altstadt. Von fast jeder höher gelegenen Stelle des Stadtgebietes aus ist die Kuppel des Petersdomes auf der anderen Seite des Tibers sichtbar, das bauliche Zentrum des **Vatikanstaates**. Der Amts- und Wohnsitz des Papstes ist Anziehungspunkt für Pilger aus aller Welt. Aufgrund seiner unermesslichen Kunstschätze und der außergewöhnlichen Architektur gehört er in jedem Falle zum ›Pflichtprogramm‹ eines Rom-Besuches. Um den *Petersplatz* mit den Kolonnaden des Bernini, die *Peterskirche* mit ihren vielfältigen Kunstschätzen und die fast unüberschaubaren Sammlungen der *Vatikanischen Museen* auch nur annähernd zu erfassen, sind mehrere Tage notwendig. Aber auch wer nur wenige Stunden zur Verfügung hat, dem sei der Besuch dieser Sammlungen dringend empfohlen, auch wenn nur Zeit bleibt, einem der Rundgänge zu folgen, die alle in der *Sixtinischen Kapelle* mit ihren unvergleichlichen Fresken münden. Von der *Kuppel* des Petersdomes aus bietet sich ein grandioser Blick über die Stadt.

Highlights am Rande

Zwei markante Punkte etwas außerhalb sind **S. Maria Maggiore** und **S. Giovanni in Laterano**, die eigentliche Papstkirche und ehemalige Residenz des Heiligen Vaters. Im Südosten, an der Porta S. Sebastiano, beginnt die **Via Appia Antica**, die berühmteste antike Gräberstraße Roms, an der sich Katakomben, Grabmäler und andere Monumente reihen.

Südlich des Vatikan liegt **Trastevere**, ein Stadtviertel von ganz besonderem Flair. Kleine Bars, Trattorien und Gartenlokale säumen die engen Straßen und Plätze mit ihren vielen Geschäften und Boutiquen, die bis spät in die Abendstunden geöffnet sind. Der passende Ausklang für einen Besichtigungstag ist ein ausgiebiges, genussvolles Abendessen auf italienische Art.

Der Reiseführer

Dieser Band stellt Rom in 14 Kapiteln vor. Von den Zentren der Antike bis zu den modernen Stadtvierteln gibt der Autor ein umfassendes Bild dieser geschichtsträchtigen Metropole. **Übersichtskarten, Pläne** und **Grundrisse** erleichtern die Orientierung. Besondere Empfehlungen zu Sehenswürdigkeiten, Hotels, Restaurants, Shopping etc. bieten die **Top Tipps**. Das Kapitel **Rom aktuell A bis Z** enthält viel Nützliches von Informationen vor Reiseantritt über Einkaufstipps und Veranstaltungshinweise bis zu Ausflügen und Verkehrsmittel-Übersicht. **Kurzessays** behandeln interessante Hintergrundthemen. Hinzu kommt ein umfassender **Sprachführer**.

Geschichte, Kunst, Kultur im Überblick

Von Romulus und Remus, Petrus und Paul, Kaisern, Päpsten und Künstlern

10. Jh. v. Chr. Latinische Besiedlung des Palatin.

8. Jh. v. Chr. Sabinische Siedlungen auf dem Esquilin und Quirinal.

753 v. Chr. Legendäres Gründungsdatum Roms. Ausgangspunkt der römischen Zeitrechnung: 753 v. Chr. = a. u. c. (ab urbe condita = seit der Gründung der Stadt). – Der Name Rom kommt der Sage nach vom legendären Gründer Romulus. Die von dem aus Troja geflohenen Aeneas abstammende Königstochter Rhea Silvia soll nach einer Vergewaltigung durch den Gott Mars die Zwillinge Romulus und Remus geboren haben. Um die Schande zu verdecken, wurden die Zwillinge ausgesetzt, aber Vater Mars schickte eine Wölfin, die sie säugte. Groß geworden, beschlossen die Brüder eine Stadt zu gründen: Romulus auf dem Palatin, Remus auf dem Aventin. Die Stadt sollte nach dem benannt werden, über dessen Hügel mehr Vögel fliegen – das war Romulus. In Wirklichkeit entwickelte sich die Sage, die seit dem 3. Jh. v. Chr. belegt ist, erst aus dem Namen Roma. Möglicherweise bedeutete er urlateinisch ›Stadt am Fluss‹ oder kommt von dem etruskischen Familiennamen Ruma.

6. Jh. v. Chr. Unter den etruskischen Königen werden die Sümpfe trockengelegt (Cloaca Maxima) und das Forum Romanum zum zentralen Platz der Stadt.

510 v. Chr. Beendigung der etruskischen Königsherrschaft und Errichtung der römischen Republik.

451 v. Chr. Veröffentlichung des Zwölf-Tafel-Gesetzes.

386 v. Chr. Eroberung und Zerstörung Roms durch Gallier. Wiederaufbau und Errichtung der ersten, der sog. Servianischen Mauer und der ersten Aquädukte.

264–146 v. Chr. ›Punische Kriege‹, in deren Verlauf Roms Konkurrentin Karthago zerstört wird. Beginn der römischen Herrschaft über das Mittelmeer.

166 v. Chr. ›Andria‹ von Terenz, erste datierbare Theateraufführung in Rom.

142 v. Chr. Pons Aemilius (heute Ponte Rotto), die erste Tiberbrücke auf Steinpfeilern, wird erbaut.

133 v. Chr. Volkstribunat des Tiberius Gracchus. Beginn der Auseinandersetzungen zwischen dem Senat und der Volkspartei.

um 100 v. Chr. Bürgerkrieg: Der ›aristokratische‹ Sulla bekämpft den ›demokratischen‹ Marius.

88 v. Chr. Sulla erobert Rom.

60 v. Chr. Gaius Julius Caesar wird zunächst Mitglied eines ›Triumvirats‹, dann Diktator und Herrscher von Rom.

44 v. Chr. Caesar wird ermordet. Beginn der Auseinandersetzungen um seine Nachfolge.

31 v. Chr. Octavius besiegt in der Schlacht bei Actium seinen letzten Gegner Marcus Antonius und wird de facto Herr über Rom. Die alte republikanische Konsularverfassung wird dem Namen nach beibehalten.

27 v. Chr. Octavius erhält den Ehrennamen Augustus. Beginn der römischen Kaiserzeit.

64 Brand Roms. Juden- und Christenverfolgung.

98 Tacitus schreibt die ›Germania‹.

113 Mit Kaiser Trajan beginnt die Reihe der Adoptivkaiser. Die Adoption ›des Besten‹ durch den jeweiligen Kaiser und damit Ernennung zum Thronfolger kommt dem Staatsideal, dass der Fähigste uneingeschränkt regieren soll, sehr nahe. – Rom zählt schätzungsweise 1–2 Mio. Einwohner.

167 In Rom wütet die Pest.

203 Mit Septimius Severus beginnt die Zeit der Soldatenkaiser. Die Prätorianergarde bzw. die Heere wählen ihre Feldherrn zu Kaisern, die oft die Gunst der Soldaten erkaufen. Kaum einer regiert mehr als zwei

◁ *Die Kapitolinische Wölfin soll der Legende nach Romulus und Remus aufgezogen haben (Kopie vor dem Senatorenpalast)*

So sah Rom um 300 n. Chr. aus – Gipsmodell Gismondis im Museo della Civiltà Romana. Im Vordergrund das Colosseum. ▷

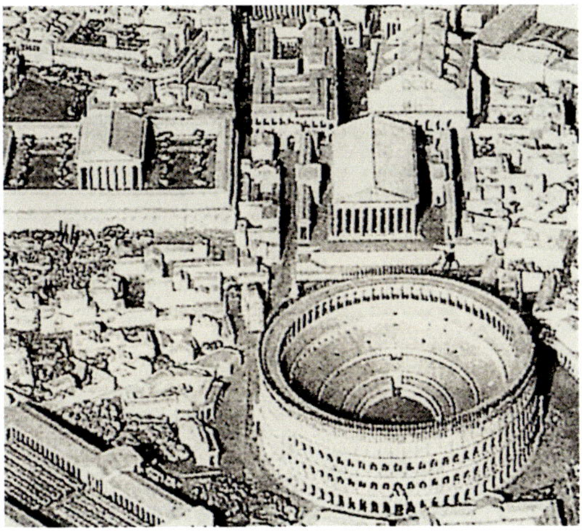

Jahre, fast keiner stirbt eines natürlichen Todes.
247 ›Tausendjahrfeier‹ Roms unter dem aus Afrika stammenden Kaiser Philippus Arabs.
um 250 Der Bischof von Rom reklamiert als Nachfolger Petri die höchste Autorität in der Kirche. Das Jahrhundert der ›Soldatenkaiser‹ ist auch eine Zeit systematischer Christenverfolgung.
270–282 Bau der Aurelianischen Stadtmauer.
293 Kaiser Diocletian – mit dem die Reihe der Soldatenkaiser endet – teilt das Reich in vier Teile: ›Tetrarchie‹ von zwei Augusti und zwei untergeordneten Caesaren. Letzte Blüte des antiken Rom.
312 In der Schlacht an der Milvischen Brücke besiegt Konstantin den Maxentius und wird bald darauf Alleinherrscher. Gleichstellung des Christentums mit den anderen Religionen Roms.
330 Konstantin verlegt die Residenz nach Byzanz, das in Konstantinopel umbenannt wird.
366 Auf dem Grabstein des römischen Bischofs Liberius taucht zum ersten Mal der Titel ›Papst‹ auf.
391 Das Christentum wird Staatsreligion.
410 Plünderung Roms durch die Westgoten unter König Alarich.
455 Plünderung Roms durch die Vandalen. Beginn des Niedergangs der Stadt, die ohnedies seit der Verlegung der Residenz nach Konstantinopel zur byzantinischen Provinzstadt herabgesunken ist.
476 Der letzte weströmische Kaiser wird von dem Germanen Odoaker entthront. Anstelle des einstigen kaiserlichen Glanzes wächst die Bedeutung der Stadt als Sitz des Papstes, der nun unangefochten Patriarch des Westens ist.
536–552 In der Zeit der Ostgotenherrschaft in Italien wird Rom fünfmal belagert und geplündert. Die Bevölkerung sinkt auf 30 000–40 000.
um 600 Der Senat wird aufgelöst.
637 Jerusalem wird von den Mohammedanern erobert. Ersatzweise pilgern die Gläubigen zunehmend nach Rom als der Stätte des Wirkens und des Märtyrertodes der Apostel Petrus und Paulus.
754 Feldzug des fränkischen Königs Pippin des Kurzen auf päpstlichen Hilferuf nach Italien. Er siegt über die Langobarden, die Rom besetzt hatten.
756 Pippin erneuert mit der Pippinschen Schenkung die angebliche Konstantinische Schenkung (eine Fälschung aus dem Jahre 750), d.h. der Papst wird auch weltlicher Fürst; Ursprung des Kirchenstaates.
800 Papst Leo III. krönt in der Peterskirche Pippins Nachfolger Karl den Großen zum ›Römischen Kaiser‹; Beginn des mittelalterlichen fränkischen, dann deutschen Kaisertums.
846 Die Sarazenen plündern die Leo-Stadt mit St. Peter. Zur künftigen Sicherung wird rechts des Tibers die Leoninische Mauer erbaut.
um 920 Die ehrgeizige und skrupellose Römerin Marozia regiert als ›senatrix‹ und ›patricia‹ die Stadt. Das ganze Jahrhundert hindurch setzen Adelscliquen – meist unwürdige – Päpste ein und wieder ab. Schwärzestes Jahrhundert Roms.
998 Der Römisch-Deutsche Kaiser Otto III. plant, seine Residenz nach Rom zu verlegen. Er residiert zeitweilig auf dem Aventin, errichtet dort eine Kaiserpfalz. Der frühe Tod des Kaisers (1002) vereitelt weiterführende Pläne.
1070 Der Mönch Hildebrand wird Papst Gregor VII. Das Papsttum gewinnt seine Würde zurück, aber die Auseinandersetzung mit den Kaisern spitzt sich zu.
1083 Kaiser Heinrich IV. erobert Rom und belagert den Papst in der Engelsburg.
1084 Die Normannen aus Süditaliens befreien den Papst, verwüsten aber Rom. Diese Plünderung gilt als endgültiger Untergang der antiken Stadt.
1144 Aufstand der Bevölkerung gegen die weltliche Papstherrschaft. In der Folge ständige Parteienkämpfe

Ein idealisierter Stadtplan von 1575 zeigt die sieben Pilgerkirchen Roms: Peterskirche, S. Maria Maggiore, S. Lorenzo fuori le Mura, S. Croce in Gerusalemme, S. Giovanni in Laterano, S. Sebastiano, S. Paolo fuori le Mura (im Uhrzeigersinn)

in wechselnden Gruppierungen. Gelegentlich greifen auch die Kaiser ein.

1198 Papst Innozenz III. gelingt es, die Konflikte einzudämmen und die päpstliche Autorität über die Stadt zu festigen.

13. Jh. Erste Blütezeit der christlichen Mosaikkunst in Rom mit Meisterwerken in Kirchen wie S. Clemente, S. Maria in Trastevere, S. Maria Maggiore und San Giovanni in Laterano.

1300 Papst Bonifatius VIII. erklärt das erste ›Heilige Jahr‹ (Jahrestag der Geburt Christi).

1309 Papst Clemens V. verlegt die Papstresidenz nach Avignon. In Rom brechen Adels- und Parteienkämpfe aus.

1347 Cola di Rienzo, ›der letzte der Tribunen‹, errichtet eine kurzlebige Volksherrschaft.

1377 Gregor XI. kehrt nach Rom zurück. Da aber in Avignon nun auch ein Papst gewählt wird, entsteht das Große Abendländische Schisma, in dem bis zu drei Päpste konkurrieren.

1417 Mit der Wahl des Papstes Martin V. endet das Schisma. Der Vatikan wird endgültig Papstresidenz.

1471–84 Papst Sixtus IV. erbaut die Sixtinische Kapelle, gründet den Sixtinischen Chor und das Vatikan-Archiv, ordnet die Bibliothek und legt den Grundstein zu den Kapitolinischen Museen.

1506 Der schon in den 50er-Jahren des 15. Jh. diskutierte Neubau von St. Peter wird nun von Bramante begonnen.

1508 Fresken Raffaels für die Villa Farnesina und die ›Stanzen‹ im Vatikan entstehen. Michelangelo beginnt die Arbeit an den Deckenfresken der Sixtina.

1527 Am 6. Mai ›Sacco di Roma‹, Plünderung Roms durch die Landsknechte Kaiser Karls V. Rom wird nahezu völlig zerstört und entvölkert.

1538 Umgestaltung des Kapitols durch Michelangelo. Die antike Reiterstatue Marc Aurels wird hier aufgestellt.

1540 Bestätigung des Jesuitenordens durch Papst Paul III. Mit der Gegenreformation entwickelt sich die reiche römische Barockkunst.

1551–94 Giovanni Pierluigi da Palestrina ist Kapellmeister der Sixtina, Meister der neuen polyphonen Kirchenmusik.

1582 Kalenderreform durch Papst Gregor XIII.

1585–1590 Urbanistisches Bauprogramm Papst Sixtus' V. mit Aufstellung von Obelisken an wichtigen Plätzen.

1600 Rom hat etwa 110 000 Einwohner. – Am 7. Februar Verbrennung Giordano Brunos auf dem Campo de' Fiori.

1612 Carlo Maderno errichtet die Fassade der Peterskirche, die nach über 100 Jahren vollendet ist.

1656 Die Pest in Rom fordert etwa 15 000 Tote (10 % der Bevölkerung).

1700 Rom hat ca. 142 000 Einwohner.

1734 Papst Clemens XII. macht die Kapitolinischen Museen der Öffentlichkeit zugänglich (erste öffentliche Sammlung Europas).

1741 Mit dem klassizistischen Maler Anton Raphael Mengs kommt einer der ersten ›Deutsch-Römer‹ in die Stadt.

1755 Johann Joachim Winckelmann kommt als Privatgelehrter nach Rom.

1756 Giovanni Battista Piranesi gibt eine Serie von Kupferstichen der Kirchen, Plätze und Ruinen Roms heraus.
1763 Winckelmann wird zum päpstlichen Oberaufseher aller Altertümer in und um Rom ernannt. Das wissenschaftliche Interesse an der Archäologie beginnt zu erwachen, Sammlungen und Museen entstehen.
1786 Goethe in Rom (mit Unterbrechungen bis 1788).
1798 ›Römische Republik‹ nach französischem Muster. Papst Pius VI. wird als abgesetzt erklärt und flieht.
1799 Neapolitanische Truppen erobern Rom und beseitigen die Republik. Terrorherrschaft der Königin Maria Christina von Neapel als selbst ernannte Stellvertreterin des Papstes.
1800 Der neue Papst Pius VII. kehrt nach Rom zurück und arrangiert sich mit den Franzosen.
1808 Napoleon besetzt Rom, der Papst wird wiederum als abgesetzt erklärt. Rom wird ›Zweite Hauptstadt des Kaiserreichs‹. Beginn der systematischen Ausgrabungen am Forum.
1815 Der Kirchenstaat wird durch den Wiener Kongress wieder hergestellt. Der Papst kehrt nach Rom zurück. Unterdrückung aller liberalen Bestrebungen.
1827 König Ludwig I. von Bayern kauft die Villa Malta, die ein Zentrum für deutsche Künstler wird. Zeitweilig arbeiten 400 ›nordische‹ Künstler in Rom.
1848 Revolution, Papst Pius IX. flieht.
1849 Am 9. Februar Ausrufung der ›Römischen Republik‹. Der Papst bittet Frankreich um Intervention. Die Franzosen belagern und erobern Rom.
1850 Der Papst kehrt nach Rom zurück. Verfolgung aller Republikaner.
1852–74 Der Kulturhistoriker Ferdinand Gregorovius hält sich in Rom auf.
1860 Der Kirchenstaat schrumpft nach der Niederlage der päpstlichen Armee bei Castelfidardo auf die Stadt Rom und einen schmalen Streifen in Latium zusammen. Der Papst kann seine weltliche Herrschaft nur dank französischer Unterstützung aufrechterhalten.
1870 Rom wird infolge des Deutsch-Französischen Krieges von den Franzosen geräumt. Am 20. September erobern italienische Truppen die Stadt. Der Papst zieht sich in den Vatikan zurück. – Am 9. Oktober wird Rom Hauptstadt des unter Vittorio Emanuele II. 1861 geeinigten Königreichs Italien, der Quirinal wird Residenz. Beginn der städtebaulichen Umgestaltung, neue Straßenzüge und neue Viertel im Gründerzeitstil entstehen. – Rom hat inzwischen etwa 200 000 Einwohner.
1900 Uraufführung von Puccinis ›Tosca‹ im Teatro Costanzi.
1922 ›Marsch auf Rom‹ der Faschisten. Benito Mussolini wird Ministerpräsident.
1929 Lateranverträge: ›Aussöhnung‹ Italiens mit dem Papst; der Vatikanstaat wird geschaffen.
1943 Deutsche Truppen besetzen Rom. Bombardierung durch die Alliierten.
1946 Nach einer Volksabstimmung wird Italien Republik.
1962–1965 Zweites Vatikanisches Konzil unter Johannes XXIII. und Paul VI.
1978 Amtsantritt von Karol Wojtyla als Papst Johannes Paul II.
1994 Abschluss der Restaurierung der Deckenfresken Michelangelos in der Sixtinischen Kapelle.
2001 Walter Veltroni wird Bürgermeister Roms.
2002 Das von Renzo Piano erbaute Konzertzentrum Auditorium – Parco della Musica wird eröffnet.
2003 Wiedereröffnung der Deutschen Akademie Rom in der frisch restaurierten Villa Massimo.
2004 Papst Johannes Paul II. wird am 24. März in Anerkennung seines Lebenswerks der erste Außerordentliche Internationale Karlspreis verliehen.
2005 Papst Johannes Paul II. stirbt am 2. April. Sein Nachfolger Kardinal Joseph Ratzinger tritt am 24. April als Papst Benedikt XVI. sein Amt an.
2006 Wiedereröffnung der Ara Pacis im Museumsneubau von Richard Meier.
2007 Papst Benedikt XVI. feiert seinen 80. Geburtstag mit einer Messe auf dem Petersplatz.

Kardinal Ratzinger waltet seines neuen Amtes als Papst Benedikt XVI. ▷

Fulminanter Sinnenrausch – die Fontana di Trevi mit ihrem barocken Wassertheater ist der berühmteste Brunnen Roms

Unterwegs

Kapitol und Forum Romanum – das erste antike Zentrum

Rom ist auf sieben Hügeln erbaut. Es gibt verschiedene Aufzählungen ihrer Namen und es war wohl nie ganz klar, welche der zahlreichen, mehr oder weniger herausragenden Erhebungen zu den sieben Hügeln gerechnet werden müssen. Unbestritten aber gehören **Kapitol** und **Palatin** dazu. Zusammen mit der Senke zwischen den beiden Hügeln, dem **Forum Romanum** und dessen Erweiterung, den **Kaiserforen**, bildeten sie in der Antike das Zentrum der Welt. Wer sich für Geschichte und Archäologie interessiert, wird hier Ruinen und Monumente finden, die von Glanz und Elend, von Größe und Grausamkeit erzählen. An manchen Stellen ist der Prunk vergangener Jahrhunderte noch zu ahnen – und auf diesen Steinen ist einst Caesar gegangen.

1 Kapitol (Monte Capitolino)

Michelangelos Platzanlage mit dem Reitermonument Marc Aurels und bedeutenden Museen auf dem Haupthügel Roms.

Metro B: Colosseo
Bus: 44, 63, 81, 95, 160, 170, 628, 715, 716

Zwei Treppen führen von der Nordseite her, die heute sozusagen die Schauseite bildet, auf den Hügel: die etwas steilere Treppe zur schmucklosen Fassade der Kirche S. Maria in Aracoeli und die etwas flachere (Cordonata) zum **Kapitolsplatz** (*Piazza del Campidoglio*). Am oberen Ende dieser Treppe stehen die Statuen der rosseführenden *Dioskuren*. Ihre eiförmigen Kopfbedeckungen weisen darauf hin, dass Castor und Pollux Söhne des Zeus sind, der sich Leda in Schwanengestalt genähert hat. Ihre Mutter Leda hat sie nicht geboren, sondern ausgebrütet. Die Statuen stammen wohl aus dem antiken Circus Flaminius, während die *Trophäen des Marius* (Siegeszeichen) vom Nymphäum auf der heutigen Piazza Vittorio Emanuele II [s. Nr. 107] und die beiden Kaiser- oder Prinzenstatuen (die Identität ist strittig) aus den Konstantinsthermen hierher gebracht wurden. Am äußeren Ende steht je ein alter Meilenstein von der Via Appia Antica [Nr. 87].

Den Platz, eingesäumt vom Kapitolinischen Museum, dem Konservatorenpalast und dem Senatorenpalast, hat *Michelangelo* entworfen. Der Senatorenpalast, dessen Turm 1580 von M. Longhi d. Ä. errichtet wurde, steht über dem antiken Tabularium, dem Staatsarchiv. Die Arkaden des Tabulariums sind heute noch vom Forum aus zu erkennen, an der Rückseite des Senatorenpalastes, die in der Antike die Vorderseite war. Das Kapitol hat, wenn man so sagen kann, sein Gesicht im Mittelalter um 180° gedreht und dem hat Michelangelo mit der Anlage des Platzes und der Cordonata Rechnung getragen. Das Pflaster des Platzes zeigt einen großen Stern, dessen Mittelpunkt bildet das **Reitermonument des Kaisers Marc Aurel**, eine der bedeutendsten Schöpfungen der römischen Bildhauerkunst (Kopie; das Original steht nebenan in den Kapitolinischen Museen). Das Standbild zeigt den Kaiser in militärischer Siegerhaltung, das Gesicht aber – zweifellos porträtgetreu – drückt Weisheit und Geist dieses Philosophen auf dem Imperatorenthron aus. Wo das ursprünglich vergoldete Bildwerk stand, ist strittig. Es blieb nur erhalten, weil man es für ein Monument des ›christlichen‹ Kaisers Konstantin hielt. Seit etwa 1000 ist das Standbild am Lateranplatz nachweisbar, 1538 ließ es Papst Paul III. hierher bringen.

Der **Konservatorenpalast** (der Amtssitz der städtischen Beamten, genannt Konservatoren) wurde 1568 von Giacomo della Porta, der **Senatorenpalast** 1582–1605 von ihm und Carlo Rainaldi wohl

Sternstunde der Baukunst – Michelangelo lieferte die Entwürfe für den Kapitolsplatz mit dem Konservatorenpalast (links) und dem Kapitolinischen Museum (rechts)

nach Plänen Michelangelos errichtet, das Kapitolinische Museum erst 50 Jahre später als Pendant zum Konservatorenpalast. Dieser Palast mit seiner klar gegliederten ›schattenziehenden‹ Fassade atmet jedenfalls den Geist Michelangelos. Seit dem 18. Jh. beherbergen beide Gebäude Museen [s. Nr. 2]. Der Senatorenpalast ist zugleich Sitz des Bürgermeisters. Im Konservatorenpalast befindet sich auch das römische Standesamt. Man ist deshalb hier oft Zeuge aufwendiger Hochzeiten mit teepuppengleich aufgeputzten Bräuten, verlegenen Smoking-Bräutigamen, geliehenen Rolls-Royce und surrenden Videokameras.

Vor dem Senatorenpalast zieht sich eine von Michelangelo entworfene **Treppen-Brunnen-Anlage** hin. Die polychrome weibliche Sitzfigur ist eine antike Minerva, nun in eine Roma umgewandelt. Die beiden antiken Flussgötter (Nil und Tiber) standen vermutlich einst in Thermen, in welchen, weiß man nicht. Sie stammen aus flavischer Zeit.

Rechts vom Senatorenpalast führt eine Straße die *Asylium* genannte Senke hinab. Unten öffnet sich ein informativer Blick übers Forum. Von hier aus ist erkennbar, dass das Kapitol tatsächlich aus zwei Hügeln besteht: dem eigentlichen *Capitolium* rechts und links dem Hügel *Arx*. Dort stand auf dem Asylium der Tempel des rätselhaften Gottes Asylius (vielleicht etruskischen Ursprungs), der eine Freistätte war, daher unser heutiger Begriff. Auf dem Capitolium stand als wichtigstes Bauwerk in der Antike der *Tempel des Jupiter Capitolinus* oder Optimus Maximus. Vom Tempel – der sich ungefähr dort befand, wo sich heute der hintere Teil des Konservatorenpalastes und der Palazzo Caffarelli erstrecken – ist so gut wie nichts mehr erhalten. Aus Schriftzeugnissen und Abbildungen weiß man aber, dass der Tempel einen Portikus aus 18 Säulen und drei Cellae (Kulträume) hatte, in denen die ›Kapitolinische Trias‹ Jupiter, Juno und Minerva thronte. (Diese in der Antike sehr wichtige mythologi-

Die Dioskuren, antike Schutzgötter Roms, bewachen den Aufgang zum Kapitolsplatz

sche Formation dürfte das Vorbild für die Dreifaltigkeit gewesen sein.) Der Tempel war sehr alt, fiel mehrfach Bränden zum Opfer und wurde zuletzt in flavischer Zeit grundlegend erneuert.

Der **Palazzo Caffarelli**, 1584 für einen Kardinal dieses Namens gebaut, war bis 1918 die Deutsche Botschaft und gehört heute zu den Kapitolinischen Museen. Der kleine, idyllische *Park*, der sich heute hinter dem Palazzo Caffarelli befindet, endet am *Tarpejischen Felsen*, von dem in der Antike verurteilte Hochverräter zu Tode gestürzt wurden. Durch den Park führen schmale Wege die Flanke des Hügels abwärts bis zur Via del Teatro di Marcello, wo den Besucher das lärmige Leben der heutigen Welt erneut aufnimmt.

Wieder zurück zum Asylium: Links, am Senatorenpalast vorbei, gelangt man zu einem schmalen Platz, von dem aus einerseits ein Weg abwärts zum Forum führt, anderseits eine Treppe zum Seiteneingang der Kirche **S. Maria in Aracoeli**, die auf der Kuppe des Arx-Hügels steht. In antiker Zeit befand sich hier der *Tempel der Juno Moneta*, der mahnenden Juno. Da entweder im Tempel oder in der Nähe die römische Münzstätte eingerichtet war, übertrug sich der Begriff Moneta aufs Geld. Im 6. Jh. errichteten griechische Mönche, von denen es damals viele in Rom gab, im oder über dem Juno-Moneta-Tempel eine Kirche, die 1250, nachdem der Papst den Ort dem neu gegründeten Franziskaner-Orden geschenkt hatte, dem romanisch-frühgotischen Bau weichen musste, den wir heute vor uns haben. Die Kirche war, bevor die Gebäude am Kapitolsplatz gebaut wurden, auch Versammlungsstätte des Stadtparlaments. Die Stiege wurde, eine eigenartige Weihegabe, 1348 gestiftet. Cola di Rienzo eröffnete sie, indem er als Erster hinaufstieg.

Das altertümlich wirkende *Innere* wird bestimmt von den auffallend unterschiedlichen Säulen, die alle aus antiken Bauwerken stammen. Die Holzdecke mit Mariensymbolen stiftete Fürst Marcantonio Colonna 1571 nach dem Seesieg bei Lepanto. Die Seitenkapellen wurden in späterer Zeit ausgestattet. Hervorzuheben ist die erste Kapelle rechts, die Cappella Bufalini, die *Bernardino Pinturicchio* um 1486 mit Fresken (Darstellungen aus dem Leben des hl. Bernardin) ausgemalt hat, ferner das *Grabmal des Luca Savelli* von 1287 unter Verwendung eines schönen römischen Sarkophags (ganz vorn an der Stirnwand rechts) und in der 3. Kapelle links ein Fresko von *Benozzo Gozzoli*, zwei anbetende Figuren darstellend (um 1440).

In der **Sakristei** ist ein besonders gutes Beispiel dessen zu sehen, was wohlmeinend als Volksfrömmigkeit bezeichnet wird: das *Santo Bambino*, eine Holzpuppe des Christkindes, die seit alter Zeit als wundertätig gilt und mit einer Krone und zahlreichen Schmuckstücken überkrutet ist. Aus aller Welt erhält das Santo Bambino täglich Briefe und Telegramme mit Bitten und Gelübden. Zwischen Weihnachten und Dreikönig wurde die Puppe in der Kirche aufgestellt und war dann das Ziel einer vehementen Wallfahrt. 1994 wurde die Figur jedoch gestohlen und blieb, nachdem selbst ein Fernsehaufruf nichts half, verschwunden. Später wurde sie durch eine Kopie ersetzt, die wunderbarerweise auch Wunder tut.

Die Proportionen nicht nur des Kapitolshügels, sondern von ganz Rom werden durch das **Vittoriano** gestört, das überaus gigantische Denkmal für König Vittorio Emanuele II [s. S. 52].

Links vom Senatorenpalast führen, wie erwähnt, ein schmaler Weg und eine Treppe abwärts (am Anfang steht hier eine Nachbildung der *Kapitolinischen Wölfin*) zur 1589 erbauten Kirche *S. Giuseppe dei Falegnami*, der Kirche der Schreiner, die sich über dem **Carcere Mamertino**, dem Mamertinischen Kerker (Clivio Argentario 1, Tel. 06 67 92 9 02, April–Sept. tgl. 9–12 und 14.30–18 Uhr, sonst bis 17 Uhr), erhebt. Im Altertum hieß das feuchte Loch ›Tullianum‹, weil man es für eine Gründung des Königs Servius Tullius hielt. Die in den Kerker führende Treppe ist modern, früher gab es nur das Loch, durch das die Gefangenen hinabgeworfen wurden, um dann nach einiger Zeit erdrosselt zu werden. (Zum Tod Verurteilte wurden im alten Rom in aller Regel vorher noch gequält: mit Zangen gezwickt, mit Nägeln gestochen u. Ä.) Iugurtha und Vercingetorix endeten hier ihr Leben, ebenso die Anhänger Catilinas sowie Sejanus, der undankbare Günstling des Tiberius. Dass die Apostel Petrus und Paulus hier eingekerkert gewesen seien, ist Legende.

Gegenüber erhebt sich die Barockkirche **SS. Luca e Martina**, von Pietro da Cortona 1634–50 auf älteren Fundamenten für die Künstlergilde Roms erbaut. Die *Accademia di S. Luca* befand sich dahinter, doch sie wurde 1931 von Mussolini für den Bau der Via dei Fori Imperiali abgerissen.

Zwei antike Ruinen finden sich am Fuß des Nordabhangs des Kapitols. Da ist zunächst das *Grab des C. Publicius Bibulus* aus dem 1. Jh. v. Chr. Dass hier jemand begraben werden durfte, zeigt, da Begräbnisse innerhalb der Stadt nicht erlaubt waren, dass diese Stelle noch zu Sullas Zeit außerhalb lag. Die *Insula* wiederum ist das Überbleibsel eines vierstöckigen römischen Mietshauses aus dem 2. Jh.

Der winzige Campanile und das ewige Licht erinnern daran, dass hier einst die Kirche *S. Biagio de'Mercato* stand.

2 Kapitolinische Museen
(Musei Capitolini e Pinacoteca)

TOP TIPP

Das erste öffentliche Museum der Welt umfasst heute eine der bedeutendsten Kunstsammlungen der Stadt.

Piazza del Campidoglio 1
Tel. 06 67 10 24 75
www.museicapitolini.org
Di–So 9–20 Uhr
Metro B: Colosseo
Bus: 44, 63, 81, 95, 160, 170, 628, 715, 716

Die Museen umfassen die Säle im Konservatorenpalast, dem *Palazzo dei Conservatori* (heraufkommend rechts), einem Michelangelo-Bau von 1568, der einen früheren Palast ersetzte, in dem sich die 1471 von Sixtus IV. eingerichtete Sammlung befand. Diese ist der Grundstock des heutigen Bestandes. 1655 kam der (links gelegene) *Palazzo Nuovo* hinzu. Clemens XII. (1730–40) öffnete die Kollektion dem

Das bronzene Reiterstandbild Kaiser Marc Aurels ist nach jahrelanger Restaurierung zwar wieder hergestellt, doch auf dem Kapitolsplatz reitet jetzt eine getreue Kopie

Mächtige Kuriositäten – im Hof des Konservatorenpalastes werden die Reste der Kolossalstatue Kaiser Konstantins aus der Maxentiusbasilika aufbewahrt

Publikum, die somit das erste öffentliche Museum der Welt wurde, ohne Zweifel eine der wenigen liberalen Kulturtaten des päpstlichen Regimentes. 1925 wurde der *Palazzo Caffarelli* mit dem Hauptbau als Museo Nuovo verbunden, 1950/52 kam der *Braccio Nuovo* hinzu.

Die Kapitolinischen Sammlungen enthalten eine Fülle von bedeutenden und berühmten Kunstwerken. Sie werden wohl nur übertroffen von den Vatikanischen Museen. Hier können nur die allerwichtigsten Stücke genannt werden.

Palazzo Nuovo

Blickfang im Hof des Palazzo Nuovo ist der *Marforio-Brunnen* von Giacomo della Porta, der Flussgott ist eine römische Kolossalfigur aus dem 1. Jh.

Im ersten Stock in einem eigenen Seitenraum befinden sich die *Kapitolinische Venus,* eine römische Kopie in parischem Marmor nach einem hellenistischen Original (3. Jh. v. Chr.) im Typus der ›Knidischen Aphrodite‹ sowie 65 eindrucksvolle, oft bis zur scheinbaren Karikatur realistische Kaiserbüsten. Der berühmten *Verwundeten Amazone*, einer antiken Replik eines griechischen Meisterwerkes des Kresilas (Mitte 5. Jh. v. Chr.) gilt die Aufmerksamkeit im Mittelsaal. Im Ecksaal gegenüber der Stiege lohnt der *Sterbende Gallier* (eigentlich: Galater) eine nähere Betrachtung: Diese eindrucksvolle Statue ist eine Kopie einer Bronze der Schule von Pergamon und wurde im 16. Jh. in den Ruinen der Horti Sallustiani auf dem Quirinal gefunden.

Konservatorenpalast

Den Auftakt im ersten Saal bilden eine Marmorstatue *Papst Urbans VIII.* von Bernini und Schülern (1635–39) sowie eine Bronzestatue *Innozenz X.* von Alessandro Algardi (1645–50). Im Ecksaal fasziniert der überaus graziöse *Dornauszieher*, eine hellenistische Genre-Statue aus dem 1. Jh. v. Chr. Höhepunkt des Rundgangs ist im nächsten Saal die *Lupa Capitolina* (Kapitolinische Wölfin), quasi das Wappentier Roms, eine vermutlich etruskische Arbeit (ca. 6./5. Jh. v. Chr.) eines Vulca aus Veio. Die Figuren der Zwillinge Romulus und Remus wurden von Antonio Pollaiuolo im 15. Jh. hinzugefügt. Aus der Beschädigung am rechten Hinterbein schloss man, vielleicht zu Unrecht, dass es sich bei diesem Bildwerk um die Wölfin des Kapitolinischen Jupitertempels handelt, die 65 v. Chr. vom Blitz getroffen worden war. Das restaurierte Original des *Reiterstandbildes Marc Aurels* [s. S. 18] hat im Anbau des Konservatorenpalastes einen neuen Platz gefunden.

Im **Hof des Konservatorenpalastes** sieht man den Kopf und weitere Fragmente der *Kolossalstatue Kaiser Konstantins* aus der Maxentiusbasilika auf dem Forum Romanum [s. S. 34]; die bekleideten Teile waren aus Bronze. An der Südwand befinden sich *Reliefs* vom Hadrianstempel [Nr. 16] mit Darstellungen der unterworfenen Provinzen. In die Wand des zweiten Hofes sind die Reste der *Forma Urbis* eingemauert, des marmornen Stadtplans aus severianischer Zeit [s. S. 25].

Braccio Nuovo

Größte Attraktion des Braccio Nuovo ist der *Bogenspannende Apoll in Saal IV*, ein griechisches Original aus dem 5. Jh. v. Chr. Sehenswert ist außerdem ein Teil einer (Giebel?-) Gruppe vom Tempel des Apollo Sosianus nahe dem Marcellustheater [Nr. 51].

Pinacoteca

Die meist kaum beachtete Gemäldegalerie, deren Besuch unbedingt lohnt, enthält bedeutende Gemälde u.a. von Gentile Bellini, Tizian (*Taufe Christi*), Tintoretto, Veronese (*Raub der Europa*), Rubens, Van Dyck und Caravaggio (*Johannes der Täufer*). Als Kuriosität sei die Porzellansammlung im Seitengang erwähnt und hier wieder eine bemalte Porzellanreplik der *Laokoongruppe*, die zeigt, wie außer die Dimension gesetzte Kunst Kitsch wird.

Antike Anmut – die ›Kapitolinische Venus‹ bezaubert seit Jahrhunderten die Betrachter

Der ›Dornauszieher‹ (1. Jh. v. Chr.) aus dem Konservatorenpalast

3 Kaiserforen und Trajansmärkte
(Fori imperiali e Mercati di Traiano)

Die Kaiserforen und Trajansmärkte liegen am Fuß der Trajanssäule, die keinen Trajan mehr trägt, sondern einen hl. Petrus.

Via dei Fori Imperiali
Trajansmärkte z. Zt. (Mitte 2007) wegen Restaurierung nur teilweise zugänglich, Eingang Piazza S. Maria Loreto. Nach Beendigung der Arbeiten Eingang wieder Via IV Novembre 94.
Tel. 06 67 90 04 8
April–Sept. Di–So 9–18.30, sonst bis 16.30 Uhr. Während der Restaurierung kürzere Öffnungszeiten.
Metro B: Colosseo
Bus: 44, 63, 81, 95, 160, 170, 628, 715, 716

Bereits zu Caesars Zeiten war das alte Forum für die Bedürfnisse der Stadt zu klein geworden. Rom war kein Stadtstaat mehr, sondern die volkreiche Kapitale eines großen Reiches. Die Kaiser legten in

Kaiserforen und Trajansmärkte

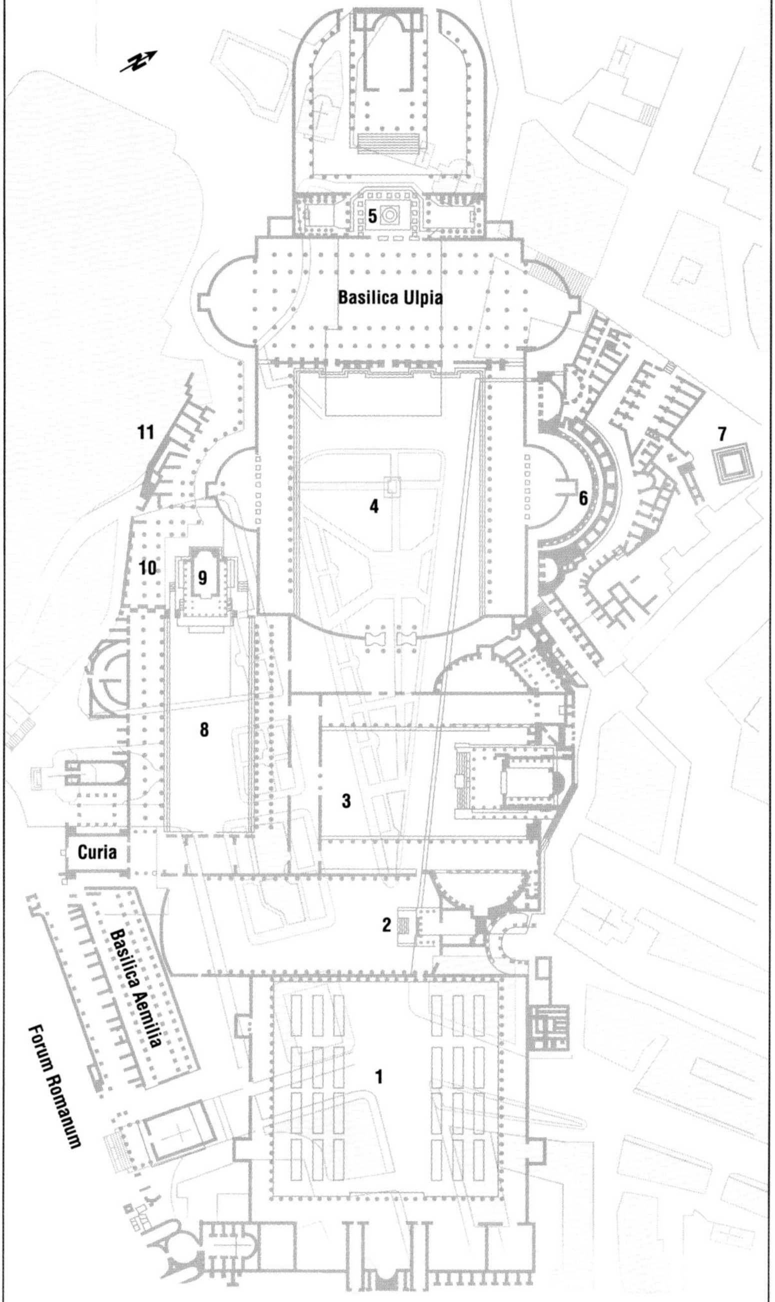

1 Friedenstempel
2 Nervaforum
3 Augustusforum
4 Trajansforum
5 Trajanssäule
6 Trajansmärkte
7 Torre delle Milizie
8 Caesarforum
9 Tempel der Venus Genetrix
10 Basilica Argentaria
11 Clivus Argentarius

der Senke zwischen altem Forum und dem Stadtteil Subura nach und nach neue, größere und immer prächtiger ausgestattete Foren, die sog. Kaiserforen an. Die gewaltsame Schneise der **Via dei Fori Imperiali**, von Mussolini in den 30er-Jahren des 20. Jh. als Aufmarschstraße angelegt, trennte nicht nur die Kaiserforen vom Forum Romanum ab, sondern begrub auch bedeutende Teile von ihnen unter dem Teer. Neuerdings ist die Via am *Sonntag* für den Verkehr gesperrt und dann eine archäologische Flaniermeile.

Einen guten Überblick über die Anlage kann man sich dadurch verschaffen, dass man einen Spaziergang entlang der *Via Alessandria* macht, deren eine Seite vom Gitter der Ausgrabung begrenzt wird [s. Plan S. 24]. Die Foren können aber auch besichtigt werden.

An der Ecke Via dei Fori Imperiali und Largo C. Ricci (unweit der Torre Conti) befindet sich das **Visitor Center** (tgl. 9–19.30 Uhr) der Kaiserforen. Die Ausstellung zeigt eine multimediale Rekonstruktion des antiken Rom. Und zu den Bauten der Kaiserforen als erstes von mehreren geplanten Modellen eine Rekonstruktion der *Basilica Ulpia* des Trajansforums [s. S. 26].

Friedenstempel [1] (Templum Pacis): Später irrtümlich auch *Friedensforum* genannt, wurde der Friedenstempel in flavischer Zeit zur Feier des Sieges über die Juden errichtet. Er reichte bis hinüber zur Maxentiusbasilika. Zu sehen ist von der gewaltigen Anlage nur noch ein Mauerrest unterhalb der *Torre dei Conti*. Dieser mittelalterliche Turm, seinerzeit der höchste in Rom, gehörte der Adelsfamilie gleichen Namens. Der obere Teil stürzte beim Erdbeben von 1348 ab.

Ein Teil des Friedenstempels, nämlich die *Biblioteca Pacis*, ist heute durch die breite Via dei Fori Imperiali abgetrennt und liegt drüben beim Forum Romanum. In die Bibliothek wurde im Mittelalter eine Kirche, die heutige *SS. Cosma e Damiano* [s. S. 34], hineingebaut. An der Biblioteca Pacis befand sich außen die *Forma Urbis*, der marmorne, sehr exakte Stadtplan aus severianischer Zeit, dessen Reste im Hof des Konservatorenpalastes [s. S. 23] zu sehen sind.

Nervaforum [2] oder Forum Transitorium: Das lang gestreckte Forum wurde in flavischer Zeit begonnen, aber erst von

Wer kann sie entziffern – Schmuckstück der Kaiserforen ist die Trajanssäule, deren Reliefs den Triumph Roms über die Barbaren verherrlichen [Detail s. S. 28]

Ruinenromantik: Der siegreiche Feldherr Trajan ließ sich ein Kaiserforum mit Basiliken und Bibliotheken errichten. Im Hintergrund die Trajansmärkte

Nerva im Jahre 97 n. Chr. fertig gestellt. Es endete gegen die Subura hin mit einem kleinen *Minervatempel*, von dem nur das Podium erhalten ist; zu sehen ist außerdem ein Teil der Umfassungsmauer mit zwei Säulen, in deren Attika ein Relief die Göttin Minerva darstellt, die Schutzpatronin des Handwerks; darunter ein Relieffries mit kulturhistorisch interessanten Szenen aus dem Arbeitsleben der Römerinnen. Vom Nervaforum selbst sind nur noch die zwei korinthischen *Granitsäulen* zu sehen, die volkstümlich *Colonnacce* genannt werden.

Augustusforum [3]: Auf dem Schlachtfeld von Philippi 42 v. Chr. im Endkampf gegen die Caesar-Mörder Brutus und Cassius gelobte Octavius, der spätere Augustus, dem *Mars Ultor* (dem rächenden Mars) einen Tempel zu errichten. Der Bau zog sich lange hin. Erst 2 v. Chr. wurden der Tempel und das dazugehörige Forum eingeweiht. Die Anlage bestand aus einem weiten Platz mit flankierenden Säulengängen, zwei seitlichen Exedren und, das Ganze überragend, dem Tempel. Die Bauhöhe ist noch heute an den Einkerbungen in der antiken Brandmauer dahinter abzulesen.

Augustus war nicht nur ein genialer Staatsmann und der – nach 100 Jahren Bürgerkrieg – ersehnte Friedensfürst, sondern auch ein äußerst talentierter Propagandist seiner klugen politischen Ideen. Auch diesen Tempel und das Forum hier benutzte er, um dem Volk die Grundzüge seines *Staatsprogramms* bildhaft darzulegen. Dazu gehörte eine programmatische Ausstellung von Figuren in den Exedren. Der Statue des *Romulus*, des Stadtgründers, umgeben von den *Summi Viri* (d.h. den bedeutendsten Helden der Vorzeit) standen *Aeneas*, der legendäre Stammvater des julischen Hauses, und seine unmittelbaren Nachkommen gegenüber. Eine Siegerstatue des *Augustus* und ein Bild des rächenden *Mars* bildeten den Mittelpunkt dieses Ensembles, das die in Augustus' Augen logische Vollendung der republikanischen Ideale durch ihn, den Sieg über die Feinde des Staates (durch die Rache an den Caesar-Mördern) und damit den Beginn des Friedenszeitalters vermitteln sollte.

Trajansforum [4]: Nach seinem Sieg über die Daker im Jahre 107, der die Nordostgrenze des Reiches langfristig sichern sollte, erbaute Kaiser Trajan das größte und letzte Kaiserforum (vollendet 113). Das eigentliche Forum Trajani bestand aus einem großen, säulenumrahmten Platz mit einem Reiterstandbild des Kaisers in der Mitte. Es folgte quer dazu die *Basilica Ulpia* (Ulpius war der ursprüngliche Familienname Trajans) mit zwei seitlichen Exedren, verbunden durch zwei Doppelreihen *Säulen*, von denen mehrere noch stehen oder wieder aufgerichtet wurden. Hinter dieser Basilika erhob sich links und rechts der Trajanssäule je ein Bi-

bliotheksbau: einer für lateinische, einer für griechische Literatur. Vom linken Gebäude sind noch die Fundamente zu sehen.

Die Trajanssäule markiert nach antiker Überlieferung die Höhe eines *Sattels*, der sich vom Forum herauf zum Esquilin zog, und den man, um das Forum bauen zu können, abtragen musste. Der Baumeister des Trajansforums ist dem Namen nach bekannt: Es war der Grieche *Apollodoros von Damaskus*.

TOP TIPP **Trajanssäule** [5]: Sie ist eines der am besten erhaltenen Monumente der Antike in Rom und war als Siegeszeichen und Grabmal des Kaisers gedacht. Ein *Reliefband* mit figurenreichen Bilderzählungen umwindet die Säule. Die Reliefs stellen Szenen aus den beiden *Daker-Feldzügen* 101/102 und 105/106 dar. Sie sind nicht nur kulturhistorisch hochinteressant, sondern auch von erstklassiger künstlerischer Qualität. Abgesehen davon, dass die Reliefs durch Abgase in den letzten Jahrzehnten besonders schlimm gelitten haben (was durch die Restaurierung Ende der 80er-Jahre des 20. Jh. eher noch deutlicher zutage trat), ist es selbst durch ein Fernglas fast unmöglich, die Einzelheiten zu studieren. Man habe im Altertum, heißt es, von den seitlichen Bibliotheksbauten Stockwerk für Stockwerk nach oben steigend die Bilder betrachten können. Aber selbst diese Erklärung erscheint, wenn man sich die Gegebenheiten vor Augen führt, unbefriedigend. Wahrscheinlich waren die Reliefs Selbstzweck. Abgüsse der Bildfolgen, die

Detail von der Trajanssäule: der Gott Danubius und das römische Heer, das über eine Schiffsbrücke gegen die Barbaren auszieht

man bequem von nahem betrachten kann, befinden sich im *Museo della Civiltà Romana* [Nr. 120].

Der Sockel der Säule enthielt die Asche des Kaisers, auf der Spitze stand seine Statue. Sie verschwand im Mittelalter. Papst Sixtus V. ließ sie durch das Standbild des *hl. Petrus* (von Tommaso della Porta und Leonardo Sormani) ersetzen.

Nach dem Tod und der Divinisierung Trajans ließ dessen Nachfolger Hadrian einen *Tempel* für Trajan und seine Gemahlin Plotina errichten (fertig gestellt wohl nach 121). Von diesem Tempel ist nur die *Weihinschrift* (jetzt in den Vatikanischen Museen) und eine einzige, allerdings gewaltige *Säule* mit einem Marmorkapitell (hinter der Trajanssäule) erhalten, die aus einem Granitblock gehauen ist. Da diese Säule einen Durchmesser von immerhin 2 m hat, muss sie ursprünglich etwa 20 m hoch gewesen sein. Daraus lässt sich auf die gewaltige Größe des Trajanstempels schließen, dessen Reste heute unter den angrenzenden Häuserblöcken begraben sind sowie unter den zwei einander sehr ähnlichen Kuppelbauten der Kirchen **S. Maria di Loreto** (die dem Vittoriano nähere) und **SS. Nome di Maria**.

Trajansmärkte [6]: Das profane Pendant zum Trajansforum sind die Trajansmärkte (sie wurden vermutlich früher als das Forum errichtet). Ihre große Exedra ragt hinter den Ruinen des Forums auf. Die Marktanlage mit Ladenbauten und sonstiger Nutzarchitektur sowie einer (gut erhaltenen) Marktstraße ist in die Abhänge des Quirinals hineingebaut. Ihr Baumeister war ebenfalls Apollodoros. Sie sind das besterhaltene Zeugnis antiker Zweckarchitektur in Rom. Die Restaurierungsarbeiten in diesem Bereich werden erst im Laufe des Jahres 2007 abgeschlossen sein. Solange können nur Teile der Trajansmärkte besichtigt werden.

Hinter den Trajansmärkten ragt die etwas schiefe **Torre delle Milizie** [7] auf. Sie wurde als Baronalburg für die Annibaldi errichtet. Kaiser Heinrich VII. verschanzte sich hier nach seiner Krönung 1312 zum Schutz vor der ihm feindlich gesonnenen guelfischen Partei.

Seitlich davon, an der Ecke der Salita del Grillo, steht die wegen ihrer hochbarocken Fassade auffallende Kirche **S. Caterina da Siena**, 1638–40 von Giovanni Battista Soria erbaut. Die eindrucksvolle Treppenanlage davor stammt vom Anfang des 19. Jh.

Am Ende der Salita del Grillo wurde das Haus der Rhodos-Ritter, die *Casa dei Cavalieri di Rodi* (nicht zu verwechseln mit den Maltesern), in die Reste der Trajansmärkte und des Augustusforums eingebaut. Die mittelalterliche Fassade wendet sich malerisch gegen das Forum hin. Im Palast befindet sich das **Antiquarium des Augustusforums** [s. S. 26] mit Fundstücken wie Friesen, Reliefs und Skulpturen von den dortigen Grabungen.

Caesarforum [**8**]: Jenseits der Schneise, die die Via dei Fori Imperiali schlägt, liegt das älteste der Kaiserforen. Es wurde 54–46 v. Chr. von Caesar als Erweiterung des zu eng gewordenen Forum Romanum erbaut und diente auch als Vorhof des ebenfalls von Caesar gestifteten Tempels der Schutz- und Hausgöttin und angeblichen Ahnin des Hauses der Julier. Es ist der **Tempel der Venus Genetrix** [**9**], der ursprünglich an der Flanke des Sattels zwischen Kapitol und Esquilin stand, nach Abtragen dieses Sattels aber erneuert wurde. Vor dem Tempel stand das *Reiterdenkmal Caesars*. Die Anlage ist heute weitgehend unter dem Asphalt der Straße und unter dem Vittoriano verborgen. Die wieder aufgerichteten *Säulen* des (zweiten, also trajanischen) Venus-Genetrix-Tempels sind von außerordentlicher Qualität. Angelehnt an das Caesarforum stand die **Basilica Argentaria** [**10**], die antike Börse. Dem **Clivus Argentarius** [**11**] entlang sind Reste von Werkstätten und Läden aus hadrianischer Zeit zu sehen.

4 Forum Romanum
(Foro Romano)

TOP TIPP

Das Herz der alten Welt, jahrhundertelang versunken und zur Kuhweide (Campo vaccino) degradiert, ist das Forum heute ein archäologischer Park mit Ruinen aus allen Epochen des römischen Imperiums.

Piazza S. Maria Nuova 53
Eingang Via di San Gregorio 30
Tel. 06 39 96 77 00
tgl. 9.30 Uhr bis 1 Std. vor Sonnenuntergang
Metro B: Colosseo
Bus: 60, 75, 84, 85, 87, 117, 175, 810, 850
Tram: 3

Es wirkt paradox, wenn man sich vor Augen hält, dass die Bezeichnung für jenen Ort, der für Jahrhunderte Mittelpunkt des politischen, bürgerlichen, wirtschaftlichen und kulturellen Lebens in Rom und damit des damals bekannten Erdkreises war, von dem Wort *foris* (draußen, außerhalb) kommt. In der Tat war die versumpfte Senke zwischen Palatin und Kapitol in der Zeit des Ur-Rom, als nur der Palatinhügel besiedelt war, ›draußen‹. Erst um 600 v. Chr. wurde das Forum Romanum zum ersten Mal gepflastert.

Der archäologische Befund stimmt mit der legendenhaften Geschichtsüberlieferung überein, nach der König Tarquinius Priscus hier mehrere Staatsbauten errichten ließ. Die Entwässerung muss naturgemäß vorangegangen sein. Der wichtigste der Meliorationskanäle war die *Cloaca Maxima*, deren ummauerte Mündung noch in der Nähe der Tiberinsel zu sehen ist.

Im Lauf der folgenden Jahrhunderte wurden Tempel, Basiliken, Ehrenbogen, Ehrensäulen und andere Gebäude auf dem Forum errichtet. Um die Mitte des 5. Jh. v. Chr. wurden die bronzenen Tafeln des *Zwölf-Tafel-Gesetzes* an der *Rostra*, der Rednertribüne des Forums angebracht. Es bildete die Grundlage des römischen Zivil- und Strafrechts bis in die Spätantike. Fragmente zwar nicht der Tafeln, aber des Textes sind in Zitaten überliefert.

Julius Caesar und später Augustus ließen das Forum umgestalten und mit prächtigen Marmorbauten und Statuen schmücken. Obwohl in der Kaiserzeit die *Kaiserforen* [Nr. 3] errichtet wurden, blieb das Forum Romanum das *Zentrum* der Stadt. So ehrwürdige Denkmäler wie der Lapis Niger, der als Romulus-Grab galt, der Lacus Curtius, die Quelle der Juturna, der Umbilicus Urbis (Nabel der Stadt) und das Vestaheiligtum gaben dem Ort auch die uralte Weihe des Numinosen.

Während der Blütezeit der antiken Stadt muss das Forum eine (vielleicht für unseren Geschmack überladene) Ansammlung von dicht aneinander stehenden, sich behindernden, prächtigen *Marmorkolossalbauten* gewesen sein, dekoriert mit unzähligen Statuen, bevölkert von lärmenden Menschen, erfüllt vom Geschrei der Händler, Marktfrauen und Politiker, und mittendrin die Prozession steinerner Kaiser auf steinernen Pferden reitend.

Im Mittelalter schließlich verfielen die Bauten und die Römer bedienten sich ihrer als Steinbruch. Mit Gras und Gebüsch überwachsen, fungierte das Forum lange als Rinderweide. Noch im 19. Jh. nannte man es deshalb *Campo vaccino*. Die Ausgrabungen und die Konservierung begannen zaghaft unter *Carlo Fea*, der 1803–19 päpstlicher Kommissar für die Antiken war, und wurden energisch ab 1870 von den Archäologen Pietro Rosa und Giacomo Boni weiterbetrieben.

Das Forum liegt am Fuß des Kapitolshügels, auf dem das **Tabularium**, das altrömische Staatsarchiv, aufragte. Heute sind dessen Reste in der Rückseite des Senatorenpalastes noch zu erkennen. Das Obergeschoss des Gebäudes bildete ein offener Arkadengang. Eine dieser Öffnungen ist – im heutigen Untergeschoss des Senatorenpalastes – wieder hergestellt. Seitlich am Senatorenpalast (von der Via Campidoglio aus zu sehen) liegen noch die sehr alten Quader des Tabulariums offen.

Am Fuß des Kapitols beginnend, finden sich auf dem Forum folgende Bauwerke, wobei hier nur die wichtigsten erwähnt werden können. Zunächst der **Portikus der Divi consenti** [1] (Porticus Deorum consentium). Nach Varro standen hier je sechs vergoldete *Statuen* von Göttinnen und Göttern, eine Art Olymp also, ein *Dodekatheon* der höchstverehrten himmlischen Mächte. Nahebei ragen die drei *Ecksäulen* des **Vespasiantempels** [**2**] auf, der vom Senat dem vergöttlichten Kaiser geweiht, also nach 79 erbaut wurde. Daneben befindet sich das Podium des **Concordiatempels** [**3**], der nach der Überlieferung zur Feier des Endes der Kämpfe zwischen Patriziern und Plebejern 367 v. Chr. gestiftet wurde.

Vor dem Tempel der Concordia steht das besterhaltene Monument dieses Teils des Forums, der **Bogen des Septimius Severus** [**4**], ein spätantiker, dreitoriger Triumphbogen. Er wurde 203 n. Chr. aus Travertin und Ziegeln gebaut und vollständig mit Marmor verkleidet. Der obere Teil enthält eine Weihinschrift an Kaiser *Septimius Severus* (193–211), die Reliefs, die z. T. schlecht erhalten sind, zeigen verschiedene Symbole und religiöse Motive; die vier großen Relieftafeln über den klei-

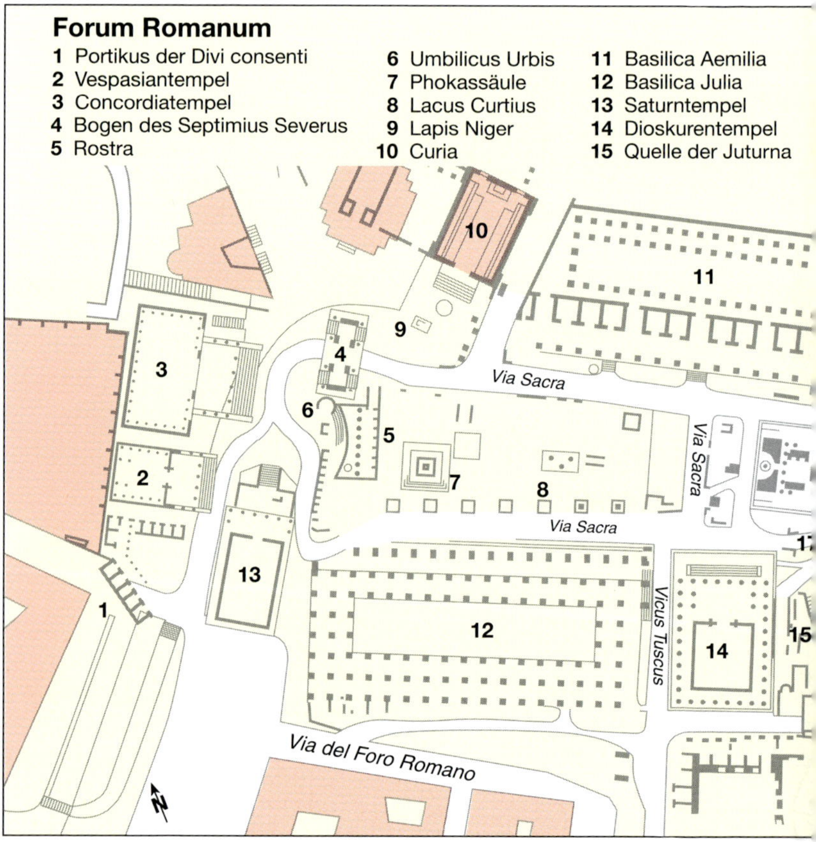

Blick durch den Bogen des Septimius Severus zum Vestatempel

neren Bogen stellen Schlüsselszenen aus dem Feldzug des Kaisers gegen die *Parther* (197–202) dar. Auf den Schauseiten der Säulensockel sind römische Legionäre mit gefangenen Parthern abgebildet. Septimius Severus hatte in einem großen Feldzug die Parther besiegt und sogar ihre Hauptstadt Ktesiphon erobert.

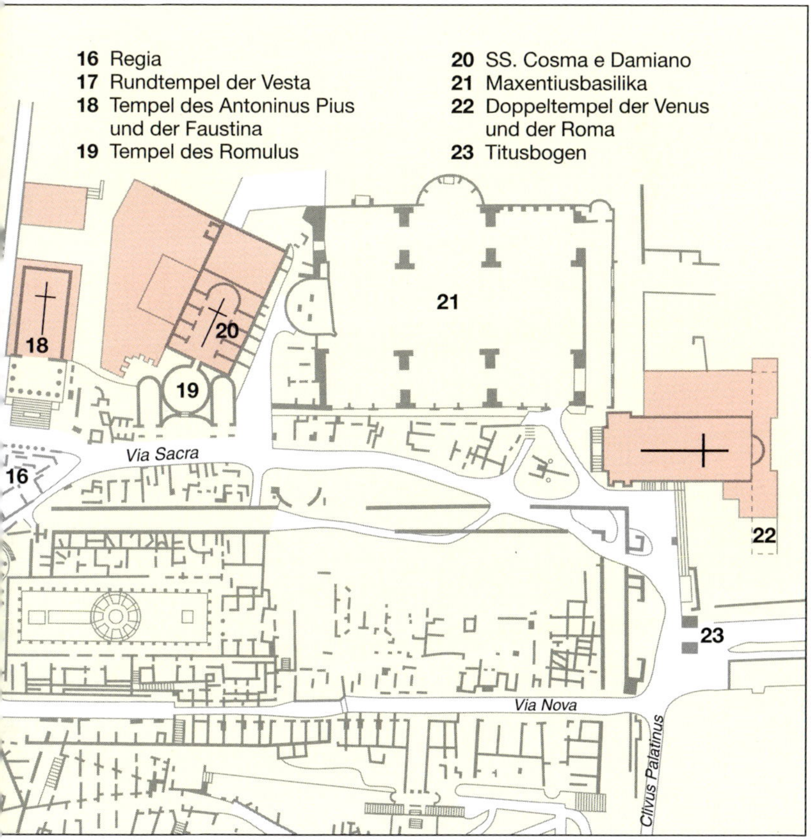

Forum Romanum: im Vordergrund der Rundtempel der Vesta, im Hintergrund der Titusbogen, nach rechts der Anstieg zum Palatin

Diese Tat sollte dem Römischen Reich für zwei Jahrzehnte Ruhe in dem konfliktreichen Gebiet verschaffen. Der Triumphbogen war als Dank dafür nicht zu groß.

Dicht neben dem Bogen befindet sich die **Rostra** [5], die Rednertribüne, die von Caesar hierher verlegt wurde. Der Name kommt daher, dass die Schiffsschnäbel (*rostra*) eroberter feindlicher Schiffe hier angenagelt worden waren. Daneben steht der kleine runde Ziegelbau des *Nabels der Stadt*, **Umbilicus Urbis** [6]. Wenig zu sehen hingegen ist von einem der ältesten Heiligtümer Roms, dem *Volcanal* (Altar des Vulkan), das noch der Sabinerkönig Titus Tatius gegründet haben soll.

Vor der Rostra ragt die **Phokassäule** [7] auf, das letzte auf dem Forum errichtete Monument. 608 weihte Smaragdus, der byzantinische Gouverneur von Rom, dem Kaiser Phokas (einem der scheußlichsten Herrscher Ostroms) die Säule mit einer unsagbar speichelleckerischen Widmung, die im Übrigen der Papst (es war Bonifatius IV., 608–615) in einem Brief wiederholte. Der Papst hatte allen Grund dazu, denn der Kaiser hatte der Kirche eben das Pantheon [Nr. 29] geschenkt, das der Papst in die Kirche S. Maria ad Martyres umwandeln ließ. Der »ewige Ruhm« des Phokas, von dem die Weihinschrift spricht (»ad perennem ipsius gloriam«) dauerte nur zwei Jahre: 610 wurde Phokas gestürzt und getötet.

Ein unregelmäßig gepflasterter Platz daneben zeigt die Lage des **Lacus Curtius** [8] an. Dies war kein See, sondern eine offenbar trotz aller Melioration sumpfig gebliebene Stelle. Es gibt mehrere *Sagen*, die sich um diesen Lacus Curtius ranken. Eine besagt, dass sich dort eine fürchterliche Erdspalte aufgetan habe. Das Orakel verkündete, dass sie sich nur schließen werde, wenn das Beste, was Rom zu bieten habe, hineingeworfen würde, worauf der edle *Marcus Curtius* sich opferte und in voller Rüstung mit seinem Pferd hineinsprang – schließlich sei der Mut der Helden das Beste Roms. Tatsächlich habe sich dann die Spalte geschlossen. Der Abguss eines sehr alten *Reliefs*, das die Legende illustriert, wurde hier aufgestellt. Eine andere Geschichte besagt, die Stelle gelte als heilig, weil hier einst der Blitz eingeschlagen habe, worauf der Konsul *Gaius Curtius* (445 v. Chr.) die Stelle einfrieden ließ. Unmittelbar daneben standen die drei heiligen Bäume: ein Feigenbaum, ein Ölbaum und ein Weinstock. Inzwischen wurden wieder drei solche Bäume hier gepflanzt.

Im Zuge der bereits erwähnten Ausgrabungen stieß man am 10. Januar 1894 auf den **Lapis Niger** [9], eine schwarze (oder jedenfalls dunkle) Marmorplatte, die sich deutlich von der übrigen weißen Pflasterung abhebt. Unter der Platte (nicht zugänglich) befindet sich ein Stein, der die älteste erhaltene lateinische *Inschrift* trägt. Die Bedeutung dieses sicher sehr alten, während der Antike verehrten Heiligtums ist ungeklärt. Die Inschrift (in archaischer zeilenwendender Form geschrieben, *Bustrophedon*, also je eine Zeile von links nach rechts und eine umgekehrt) ist wohl ein Fluch, der vor Entweihung schützen sollte.

Unmittelbar daneben liegt das *Comitium*, wo die Volksversammlungen statt-

fanden, dahinter steht die **Curia** [10]. Das Gebäude ist erhalten, weil sich hier vom 7. Jh. an bis 1937 die Kirche *S. Adriano* befand. Die erste Kurie brannte 52 v. Chr. ab, wurde von Augustus wieder aufgebaut, später von Domitian und zuletzt nach dem Brand von 283 von Diocletian erneuert. Der Bau ist bis auf die Holzdecke original. Von der Innenausstattung ist nur der *Fußboden* ursprünglich. Die originalen *Portalflügel* sind heute an der Lateranbasilika [Nr. 97] angebracht, hier verblieben Kopien. Die Wandnischen im Inneren waren einst mit *Statuen* geschmückt. Eine davon war die altehrwürdige, sieg- und glückbringende *Victoria*, die gegen Ende des 4. Jh. durch Blitzschlag zerstört wurde. *Aurelius Symmachus*, ein Senator und edler Heide, bemühte sich darum, dass die Statue wieder aufgestellt würde. Kaiser Valentinian II. (375–392), der in Mailand residierte, hätte das schon fast genehmigt, da heizte ihm der hl. Ambrosius, der machtbesessene Kirchenvater, unter Ausmalung aller Höllenstrafen derart ein, dass der Kaiser die Genehmigung versagte. Die arme Victoria blieb gestürzt. Wir kennen dieses Beispiel frühchristlicher Borniertheit und Intoleranz aus den Briefen des Symmachus, die erhalten sind.

In der Kurie tagte normalerweise der *Senat*. Er hatte aber auch andere Tagungsstätten in Tempeln und Basiliken. Und der Mord an Caesar geschah auch nicht hier, denn 44 v. Chr. war die Curia noch nicht wieder aufgebaut.

Die beiden noch in ihren Grundrissen erkennbaren Säulenhallen sind die Basilica Aemilia und die Basilica Julia. Die **Basilica Aemilia** [11] wurde 179 v. Chr. gegründet und mehrfach umgestaltet. Man nimmt an, dass sie als Börse und Gerichtssaal diente. Bei der Zerstörung der Stadt durch Alarich 410 brannte auch dieses Gebäude ab. Im Boden sind noch eingebrannte Abdrücke geschmolzener Münzen zu sehen. Die **Basilica Julia** [12] wurde von Caesar an Stelle eines älteren Baues errichtet und diente als Tribunal. Auch sie erfuhr Umgestaltungen. (Die aufgemauerten Pfeiler sind nicht original.)

Zwischen Basilica Julia und dem Kapitol erhebt sich die imponierende Reihe ionischer Säulen des **Saturntempels** [13]. Der Überlieferung nach handelt es sich hierbei um den ältesten Tempel auf dem Forum, der bereits in der Königszeit erbaut worden sein soll. Die letzte Bauphase des Tempels, von der die Säulen übrig geblieben sind, datiert in diokletianische Zeit.

Eines der Wahrzeichen Roms, die drei durch den Rest des Simses zusammengehaltenen korinthischen Säulen des **Dioskurentempels** [14] stehen östlich der Basilica Julia. Die Dioskuren *Castor und Pollux* (von den Römern auch *castores* genannt) galten als wichtige Schutzgötter Roms. Die heroischen Zwillinge, der Sage nach Söhne der Leda und des Schwanes, in dessen Gestalt sich Zeus ihr genähert hatte, waren angeblich den Römern in der Schlacht gegen die Latiner am Lacus Regillus 499 v. Chr. zu Hilfe gekommen und hatten anschließend selbst die Siegesmeldung in die Stadt gebracht. An der **Quelle der Juturna** [15] (durch den Zaun hindurch zu sehen) haben die Dioskuren dann ihre Pferde getränkt. Auch der Dioskurentempel wurde mehrmals erneuert. Die Säulen stammen von einem Bau, den Tiberius während der Regierungszeit des Augustus errichten ließ.

Der Amtssitz Caesars als Pontifex Maximus (Oberster Priester) war die **Domus publica**, die vermutlich zwischen Dioskurentempel und Basilica Aemilia stand. Hierher wurde auch Caesars Leichnam gebracht und anschließend verbrannt. An der Stelle wurde zunächst eine Ehrensäule, später ein *Tempel* errichtet. Augustus hatte seinen ›Vater‹ Caesar sehr bald divinisieren lassen und ehrte ihn durch diesen Bau, der im Jahr 29 v. Chr. geweiht wurde und dessen Fundamente noch zu sehen sind. Dahinter liegt die **Regia** [16], ein uraltes Gebäude, in dem die *heiligen Schilde* sowie die Kalender und Annalen der Stadt aufbewahrt wurden.

Nahe den Hängen des *Palatin* erhebt sich der **Rundtempel der Vesta** [17], der zusammen mit dem dahinter liegenden ›Kloster‹ das *Atrium Vestae* bildete. Die Vestalinnen, sozusagen Nonnen auf Zeit (in der Regel vom 6. bis zum 30. Lebensjahr), bewachten symbolisch das *heilige Herdfeuer des Staates*. Das ›Kloster‹ war sehr reich, die Vestalinnen wurden zwar streng gehalten und waren zur Keuschheit verpflichtet, aber zugleich hoch angesehen. Zu ihren Aufgaben gehörte auch die Aufbewahrung von Testamenten. Das heilige Feuer brannte im Rundtempel, der deswegen noch öfter als andere Gebäude Bränden zum Opfer fiel. Hinter dem Rundtempel ist noch der idyllische *Innenhof* mit dem Wasserbecken und den *Statuen* einiger Vestalinnen zu sehen, außerdem die *Zellen*, in denen sie wohnten. Die letzte Vestalin verließ 394 nach Aufhebung der heidnischen Kulte das Atrium Vestae.

Auf der anderen Seite der Via Sacra, der uralten Forumsstraße, steht der **Tempel des Antoninus Pius und der Faustina** [18], den Kaiser Antoninus Pius (138–161) für seine verstorbene Frau errichten ließ und der nach dessen Tod und der (damals bereits üblichen) Divinisierung auch ihm geweiht wurde. Im 11. Jh. wurde der Tempel zur Kirche *S. Lorenzo in Miranda* umgewidmet, weshalb er relativ gut erhalten ist. Die zehn hohen *Cipollinsäulen* weisen Spuren von Rillen auf, die im Mittelalter hineingeschliffen wurden, um die Seile aufzunehmen, mit deren Hilfe die Säulen umgerissen werden sollten. Zum Glück ist das in diesem Fall nicht gelungen.

Auf derselben Seite der Via Sacra fällt ein eigenartiges rundes Gebäude auf, der **Tempel des Romulus** [19], der aber wohl eher ein Penatentempel war. Dahinter befindet sich ein rechteckiger Bau, die einstige *Biblioteca Pacis* des Friedenstempels [s. S. 25]. Im frühen Mittelalter (527) wurde die Bibliothek in eine Kirche umgewandelt, die Basilica beati Felici. Diese wurde später **SS. Cosma e Damiano** [20] genannt und 1632 barockisiert (vom Forum aus nicht zugänglich).

Eines der auffallendsten Gebäude ist die **Maxentiusbasilika** [21]. Der ehemals dreischiffige Bau muss von überwältigender Pracht gewesen sein. Er wurde von Kaiser Maxentius (307–312) begonnen und nach dessen Niederlage und Tod in der Schlacht an der Milvischen Brücke [s. S. 64] von Kaiser Konstantin vollendet. Die Grundfläche betrug 100 x 65 m, an der Stirnseite stand die *Kolossalstatue* des

Statuen der Vestalinnen schmückten das Atrium und den Tempel der Göttin Vesta mit dem heiligen Herdfeuer des römischen Staates ▷

DIVO ANTONINO ET

Die drei Säulen des Dioskurentempels auf dem Forum Romanum

Kaisers Konstantin, deren Fragemente, z. B. Kopf und Fuß (2,60 bzw. 2 m groß), sich heute im Hof des Konservatorenpalastes befinden [s. S. 23].

Auf einem künstlichen Hügel steht neben der Maxentiusbasilika der größte Tempel Roms, der unter Kaiser Hadrian und (nach der Überlieferung) sogar nach seinen eigenen Plänen erbaute **Doppeltempel der Venus und der Roma** [**22**]. Die beiden Rücken an Rücken stehenden spiegelbildlich gleichen Tempel maßen insgesamt 145 x 100 m und waren von 150 Säulen umgeben. (Einige davon sind jetzt wieder aufgerichtet.) Die Anlage folgte dem typischen hadrianischen Programm: Die Göttin *Roma* (Dea Roma) schaute nach Osten, also in den Orient, aus dem der Sage nach Aeneas, der Urvater Roms, kam und wohin sich die römische Macht nun wieder ausgedehnt hatte; die Göttin *Venus*, die Mutter des Aeneas und damit Stammmutter und Schutzgöttin der Römer und des Kaiserhauses, wandte ihren Blick der Stadt zu.

Der **Titusbogen** [**23**], der auf der Anhöhe des *Velia* genannten Hügels steht, wurde vermutlich 81 n. Chr. von Kaiser Domitian zum Andenken an den Triumph seines Bruders Titus über die Juden errichtet. Titus hatte 71 n. Chr. einen *Aufstand der Juden* gegen die römische Herrschaft in einem Feldzug unterdrückt, der mit der Eroberung und Zerstörung *Jerusalems* endete. Die beiden *Reliefs* an den inneren Flanken der Tordurchfahrt zeigen die Glanzpunkte des Triumphes

Francesca und der Autosegen

Im Westportikus des Venus- und Romatempels wurde im 8. Jh. ein Peter-und-Paul-Oratorium eingerichtet, in das der Titel der sehr alten, durch Erdbeben und Sarazenen-Brandschatzung zerstörten Kirche S. Maria Antiqua (am Fuß des Palatin hinter der Quelle der Juturna, nicht zugänglich) übertragen wurde. Diese Kirche hieß dann S. Maria Nuova. 1421 gründete die römische Adelige **Francesca Ponziani** (1384–1440) aus dem Hause Buzzi oder de Buscis in der Kirche eine Oblaten-Kongregation. Ihre karitativen und mildtätigen Werke, ein strenger bußfertiger Lebenswandel und (angeblich) 97 Visionen führten 1608 zur Heiligsprechung der Donna Ponziani, die seitdem als **S. Francesca Romana** verehrt wird. Die Kirche wurde von da an nach ihr genannt. Womit es die sympathische Heilige verdient hat, dass sie zur Patronin des **Autos** ernannt wurde, weiß wohl kein Mensch. Die Abgase, die täglich aus den Schluchten der Via dei Fori Imperiali und der Via Cavour herüberwehen, haben jedenfalls trotz aller Patronanz sowohl die von Carlo Lombardi 1615 errichtete Barockfassade wie auch die Reste des Venus- und Roma-Tempels genauso schlimm in Mitleidenschaft gezogen wie alle anderen Altertümer Roms. Am Tag der Heiligen (9. März) ballen sich noch größere Blechlawinen als sonst in dieser Gegend, weil dann der Autosegen erteilt wird.

des Titus in überhöhter, symbolverbrämter Form. Realistisch dargestellt sind die erbeuteten Tempelschätze der Juden, darunter die rituellen Trompeten und der siebenarmige Leuchter, die im Zug mitgeführt wurden. (Den in Rom lebenden Juden war es von der jüdischen Obrigkeit verboten, unter dem Bogen hindurchzugehen, denn sie sollten diese Gotteslästerung nicht anschauen.) Die beiden Tafeln gelten als die wichtigsten Beispiele römischer Reliefkunst.

Der Titusbogen diente im Mittelalter als Festung für die Familie *Frangipani*, die ihn zu einem Turm umbaute. Erst im 19. Jh. wurde der Bogen von den unschönen An- und Aufbauten befreit. (Lenbachs Frühwerk ›Der Titusbogen‹ zeigt noch den Zustand davor.) Seine heutige Gestalt, eines der Wahrzeichen Roms, beruht weitgehend auf Ergänzungen und Rekonstruktionen. Die Reliefs aber sind echt.

Die erwähnten Beutestücke aus dem Tempel von Jerusalem wurden als Weihegaben im *Friedenstempel* niedergelegt. Dort blieben sie fast 400 Jahre lang, bis bei der Plünderung der Stadt durch die Vandalen im Jahr 455 auch diese Schätze geraubt wurden.

Neben S. Francesca Romana befindet sich der Eingang zum **Antiquarium Forense** (Piazza S. Maria Nova 53, Tel. 0 66 99 01 10, tgl. 9–18.30 Uhr), einem kleinen Museum mit Fundstücken, Modellen und Dokumentationen zum Forum und den Grabungen sowie einem Abguss der Lapis-Niger-Inschrift.

5 Palatin
(Palatino)

Auf diesem Hügel stand die Wiege Roms (Roma quadrata). Die Ruinen der Paläste, Wohn- und Regierungssitz der Kaiser, sind ein steinernes Lehrbuch der römischen Geschichte; außerdem ist der Palatin eine grüne Oase der Ruhe mitten im Zentrum.

Piazza S. Maria Nova 53
Tel. 06 39 96 77 00
www.archeorm.arti.beniculturali.it
April–Aug. tgl. 9–19.30 Uhr, sonst frühere Schließzeiten.
Metro B: Colosseo
Bus: 60, 75, 85, 87, 117, 175, 810, 850
Tram: 3

Der Legende nach wurde auf dem Palatin 753 v. Chr. die Stadt Rom gegründet. *Siedlungsspuren* weisen jedoch auf das Jahr 1000 v. Chr. zurück. In republikanischer Zeit (5.–3. Jh. v. Chr.) sind hier viele Sakralbauten bezeugt, deren genaue Lokalisierung aber wegen der späteren Überbauung schwierig ist. Im 2. und 1. Jh. v. Chr. war der Palatin das bevorzugte *Wohnviertel* der Aristokratie und der aufstrebenden *homines novi*. (Cicero kaufte 62 v. Chr. für 3,5 Millionen Sesterzen ein Haus auf dem Palatin.) Am 23. September 63 v. Chr. wurde auf dem Palatin im Haus ›Bei den Rinderköpfen‹ (Sueton) Gaius Octavius, der spätere **Augustus** geboren. Von etwa 40 v. Chr. an ließ Augustus mehrere Gebäude und Grundstücke ankaufen, insgesamt ein Areal von ungefähr 10 000 m^2. Das Haus des Augustus und der Livia umfasste ca. 2700 m^2. Davon wurden ⅔ für öffentliche Bauten (u. a. Apollotempel, Bibliotheken), der Rest für Privatzwecke des Kaisers genutzt. 14–98 n. Chr. entstanden die **Kaiserpaläste** unter Tiberius (*Domus Tiberiana*, ca. 10 000 m^2) und Caligula, später Domitian (*Domus Flavia* und *Domus Augustiana*, ca. 24 000 m^2). Nero plante eine Kaiservilla, die sich vom Palatin über Esquilin und Caelius erstrecken sollte. Nur Teile davon (z. B. *Domus transitoria*) wurden verwirklicht. 193–211 errichtete Septimius Severus anschließend an die Domus Augustiana an der Südecke des Hügels das Ende des 16. Jh. abgerissene *Septizonium*, eine Wasserschaufront. Um 220 erbaute Heliogabalus den großen *Tempel des Sol Invictus*, von dem so gut wie nichts erhalten ist.

Mit dem Ende des Weströmischen Reiches verfielen auch die Paläste auf dem Palatin. Doch noch im frühen Mittelalter müssen sie von imponierender Pracht gewesen sein. Erdbeben und Plünderungen zerstörten dann im Laufe der Zeit die Bauten und Monumente. Vom 17. Jh. an wurde gegraben; die archäologischen Forschungen sind auch heute noch nicht ganz abgeschlossen.

Da in spätantiker Zeit der ganze Hügel praktisch eine einzige Residenz war, wurde er ein Synonym für *Haus des Kaisers*, also Palast, welches Wort von *palatium* abgeleitet ist. Und so erhielt der Hügel seinen Namen. Für die Antike ist nur diese Form, *Palatium*, bezeugt. Die Bezeichnung *Palatinus* tauchte erst in der Renaissance auf.

Zeitweilig zählte man den Palatin als drei Hügel (von Süden her), das eigentliche Palatium, ferner Germalus und Velia. Wenn man vom Kapitol herüberschaut, sieht man noch die Einschnitte. Velia ist die Erhebung, auf der der *Titusbogen* steht, der also streng genommen zum Palatin gehört, aber hier als Abschluss des Forums behandelt wurde [s. S. 36]. Am Titusbogen vorbei führt der *Clivus Palatinus* (z. T. noch mit antikem Pflaster) aufwärts, wo man links zum *Tempel des Jupiter Stator* gelangt (der ›das Heer standfest machende‹ Jupiter), 294 v. Chr. vom Senat gelobt. Es ist heute nur noch das Fundament zu sehen. Weiter aufwärts nach rechts gelangt man zu den **Orti Farnesiani** [1] (Farnesische Gärten). Nachdem sich zunächst das Baronengeschlecht der *Frangipani* auf dem Palatin festgesetzt und mit dem Baumaterial der antiken Ruinen eine Burg erbaut hatte (von der allerdings nichts mehr zu sehen ist), ging der Großteil des vorderen Palatin an die Familie Papst Pauls III. *Farnese* über. Sie ließ einen *Garten* anlegen. Die barocke Treppenanlage mit dem Casino erinnert daran [s. S. 43]. Die Orti Farnesiani bilden den ersten systematisch angelegten *botanischen Garten* Europas. Von der nahe gelegenen Terrasse ist ein instruktiver Blick über das Forum möglich, das sich von hier aus wie ein Geländeplan entfaltet.

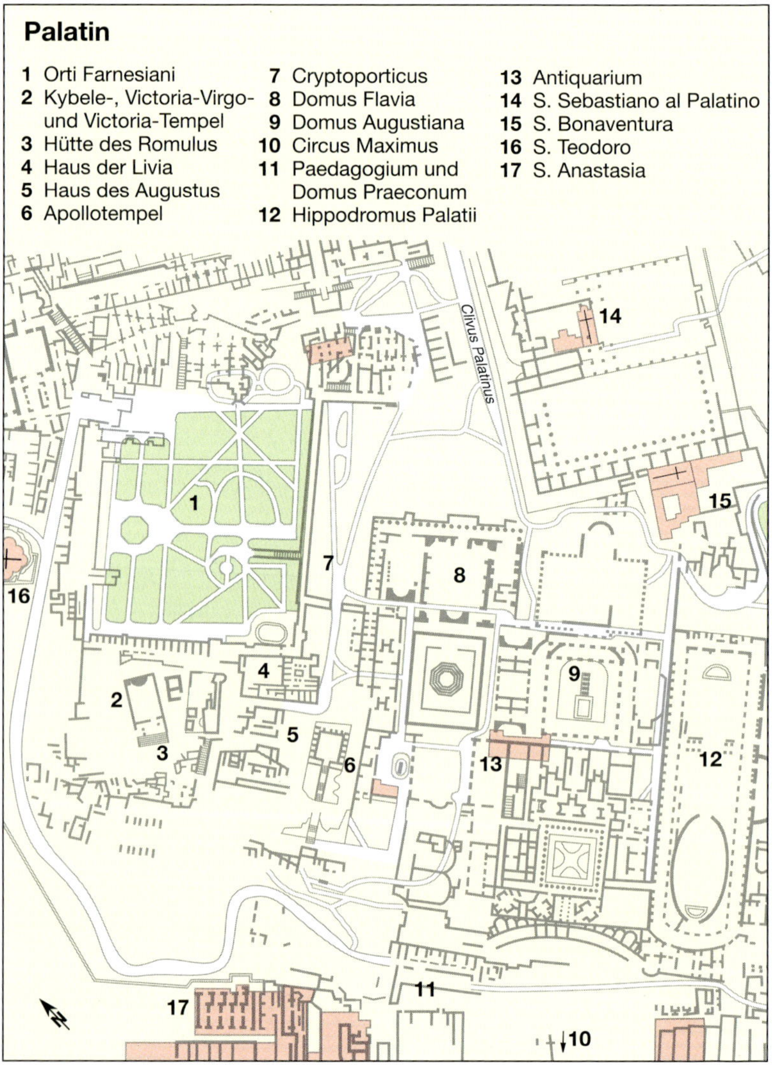

Geschützt von der Großen Mutter

Die Kybele oder Magna Mater war eine archaische **Muttergottheit**, die in der kleinasiatischen Stadt Pessinunt ihr kultisches Zentrum hatte. Dort wurde sie in Gestalt eines schwarzen, konischen Steines (Meteorit?) verehrt. Nach den verheerenden Niederlagen im Zweiten Punischen Krieg befragte man die Sibyllinischen Bücher und die sagten, dass zum Schutze Roms der **Kybele-Stein** hierher geholt werden müsse. 204 v. Chr. reiste also eine Abordnung des Senats nach Pessinunt und verkündete den Orakelspruch. Seltsamerweise fügte sich die dortige Bevölkerung und gab den Stein heraus. Er wurde zunächst im Tempel der Victoria untergebracht, bis ca. 191 v. Chr. ein eigener Magna-Mater-Tempel, auch Kybeletempel genannt, errichtet wurde. Der Stein ist verschwunden, aber in einer der Kammern hinter dem Tempel (die zur Domus Tiberiana gehören) steht eine **Statue** der Göttin, die hier in der Nähe gefunden wurde. Der Kybele-Kult war die erste orientalische (und überhaupt fremde) Religion, die von Rom übernommen wurde.

Durch eine schattige Allee (seitlich ein kleines Labyrinth aus Taxushecken) erreicht man den *Kybeletempel.*

Kybele-, Victoria-Virgo- und Victoria-Tempel [2] bildeten ein fächerförmig ausgerichtetes Ensemble, das sehr reizvoll gewesen sein muss. Vom Kybeletempel steht noch das Podium. Der kleinere Victoria-Virgo-Tempel daneben wurde früher fälschlich als der der Juno Sospita oder als Auguratorium bezeichnet. Gleich daneben sind noch die Substruktionen des republikanischen Tempels der Victoria zu sehen, 294 v. Chr. vom Konsul L. Postumerius Megellus erbaut, unter Caligula erneuert. Zur Treppe vor diesen Tempel führte der alte *Clivus Victoriae*, der Aufgang aus dem Tal mit dem Circus Maximus.

Weiter unten steht (überdacht) die sog. **Hütte des Romulus** [3], in Wirklichkeit die Reste einer der eisenzeitlichen Hütten, die hier ein dicht gedrängtes Dorf bildeten, das mit der halblegendären *Roma Quadrata* in Verbindung gebracht werden kann. Mitten in der Ansiedlung sind noch zwei *Zisternen* zu sehen. Die Hütten bestanden aus Balken, die in die noch sichtbaren Löcher gerammt wurden, darum wurden Zweige und dergleichen geflochten, das Ganze war überdacht. Die Rekonstruktion einer solchen Hütte – die dank der noch vorhandenen Spuren ziemlich genau sein dürfte – ist im Museo della Civiltà Romana [Nr. 120] im EUR zu sehen.

Das **Haus der Livia** [4] enthält bedeutende Fresken aus der Zeit um 30 v. Chr. Die Bezeichnung des Gebäudes ist willkürlich gewählt, jedenfalls gehört der Bau zum *augusteischen Wohnkomplex*, der hier entstand, nachdem Augustus in der Schlacht von Actium (31 v. Chr.) seine Alleinherrschaft endgültig gefestigt hatte. Zwei Räume im Haus der Livia sind mit den erwähnten, teilweise recht gut erhaltenen *Fresken* ausgemalt. Gerahmt von ägyptisch beeinflussten, ›grotesken‹ Or-

Priester, Wölfe, Fruchtbarkeit

Jenseits und unterhalb der Hütten am Palatin befand sich das **Lupercal**, von dem bisher noch keine Spur gefunden wurde, das wir aber aus Berichten kennen. Es hat sich um die – wohl später mit Sakralbauten ummantelte – **Höhle** gehandelt, in der die Wölfin (Lupa) die Zwillinge Romulus und Remus gesäugt haben soll. Das Lupercal stand im Mittelpunkt eines offenbar sehr alten, nie ganz geklärten Kultes. Am 15. (oder 17.) Februar liefen die Luperci, die Priester des Kults, als **Wölfe** verkleidet oder mit Ziegenfellen behängt, vom Lupercal aus um den Palatin und peitschten mit Gürteln die ihnen begegnenden Frauen, die sich das gern gefallen ließen, weil es Fruchtbarkeit verhieß (so wie später das Küssen des vatikanischen Petrus-Zehs).

Das Lupercalien-Fest artete in eine Art **Fasching** aus. Ob es tatsächlich ein Vorläufer des Karneval war, konnte bislang nicht geklärt werden. Es hielt sich bis ins 5. Jh., dann wurde es von Papst Gelasius I. verboten, der es durch das Fest Mariä Reinigung ersetzte, was jedoch an Unterhaltungswert nicht an die Lupercalien heranreichte.

namenten präsentieren sie Szenen aus der griechischen und römischen Mythologie: Polyphem und Eos, Galathea auf dem Seepferd, Io von Argus bewacht.

Hinter dem Haus der Livia, aber zum Tiberiuspalast gehörig, liegen die Reste eines *Vivariums*, in dem lebende Fische für die Küche gehalten wurden. Anschließend an das Haus der Livia steht das **Haus des Augustus** [5], in dem das Privatstudio (*Siracuso*) des Kaisers rekonstruiert wurde. Das Gebäude lehnte sich an das Podium des Apollotempels an. Das Studio, ein kleiner quadratischer Raum von nicht mehr als 3,5 x 3,5 m, ist fensterlos, nur von der Tür her beleuchtet, und mit *Fresken* ausgemalt, die zu den besten gehören, die aus der Antike überliefert sind. Zwei Drittel der Bemalung sind erhalten geblieben und zeigen ›groteske‹ Ornamente von großer Schönheit und Intensität, Verflechtungen von floralen, architektonischen und abstrakt-dekorativen Elementen, die z.T. geradezu surrealistisch anmuten. Augustus, heißt es bei Sueton, habe sich hierher zurückgezogen, wenn er wichtige politische Entscheidungen zu überdenken und zu fällen hatte. Das Zimmer – eher eine bessere Zelle – war der Nukleus der Macht.

Der angrenzende **Apollotempel** [6] (Apollo Palatinus), von dem nur noch das Podium zu sehen ist, war nach Berichten, die aus der Antike überliefert sind (u.a. Properz und Sueton), der prächtigste unter allen Tempeln Roms. *Augustus*, der den Gott Apollo besonders verehrte und sich in dessen Schutz stellte, gelobte ihm 36 v. Chr., während des Krieges gegen Pompeius, den Bau. 28 v. Chr. wurde der Tempel geweiht. Er war selbstverständlich aus kostbarstem Marmor, wies z.T. vergoldete Säulen auf und war mit zahlreichen Skulpturen geschmückt, u.a. einer Gewandstatue des Lyra schlagenden Gottes. Gekrönt war der Tempel von einem vergoldeten Sonnenwagen. Die Pracht des Gebäudes sollte dem Volk ständig den strahlenden, endgültigen Sieg seines Stifters Augustus vor Augen halten.

Gegenüber dem Haus der Livia, direkt neben dem Palast des Tiberius, liegt der **Cryptoporticus** [7], ein langer, schmaler, überwölbter Gang, der zu den neronischen Bauten am Palatin zählt. Die Decke war mit Stuckaturen geschmückt, die sich heute im *Antiquarium* [s. S. 43] des Palatin befinden. An Ort und Stelle wurden qualitätvolle Abgüsse angebracht, und es empfiehlt sich, den Abstecher bis zur betreffenden Stelle des Ganges zu machen. Die Stuckaturen zeigen Eroten, Schwäne und Rankenwerk in sehr elegantem Stil.

Folgt man dem Cryptoporticus, so gelangt man nach wenigen Metern zu einer Abzweigung nach rechts, die zur **Domus Flavia** [8] führt, dem eigentlichen Kaiserpalast auf dem Palatin. Das große Gebäude wurde unter Domitian erbaut. Aus einem Epigramm Martials, das 92 n. Chr. die Fertigstellung preist, kennen wir auch den Namen des Architekten: *Rabirius*. Anhand der erhaltenen Basisstrukturen, die wie ein Grundriss vor uns liegen, können wir die Anlage rekonstruieren und (annähernd) deuten. Vom Clivus Palatinus her betrat man das Gebäude durch einen Säulenvorbau. Drei Tore führten in das Innere, das größte, mittlere in die *Aula Regia*, den Thronsaal. Die Funktionen der Räume links und rechts sind umstritten, allgemein bezeichnet man das linke als *Lararium* (etwa Palastkapelle, in der die Laren, Schutzgötter des Hauses, und Ahnenbilder des Kaisers verehrt wurden), das rechte als *Basilica* (Gerichts- und Regierungssaal). Dahinter ist noch der Grundriss des *Peristyls* (Zwischenhof) mit labyrinthartigem Brunnen zu sehen, an das sich nach hinten weitere Gemächer anschlossen. Sueton weiß zu berichten, dass in diesem Gebäudeteil alles mit spiegelnd poliertem Marmor ausgekleidet war, damit Domitian, der ständig in Angst vor Attentaten lebte, sehen konnte, was hinter ihm geschah. Der Raum zum Apollotempel hin mit dem Mittelstück in Form einer Anrichte war vermutlich ein *Triclinium* (Speisesaal), vielleicht aber auch ein ritueller Raum, *Coenarium Jovis*, Jupiters Speisesaal.

Nach Osten anschließend erhob sich der etwas jüngere Teil der Palastanlage, die **Domus Augustiana** [9], ebenfalls unter Domitian erbaut. (Die beiden Anlagen werden gelegentlich auch unter der zuletzt genannten Bezeichnung zusammengefasst.) Dieser Teil, der sich parallel zur Domus Flavia erstreckt und bis weit nach vorn an den Südabhang des Hügels reicht, enthielt die Privat- und Wohnräume des Kaisers. Alle Kaiser, sofern sie in Rom waren, haben hier gewohnt und nebenan residiert. Der Palast, im Verlaufe der Regierungszeiten mehrfach umgebaut und restauriert, wurde bis zum Ende des Weltreiches beibehalten.

Der Circus Maximus – einst eine riesige Vergnügungsanlage, in der es wohl eher laut und trubelig zuging. Heute eine Oase der Ruhe und Idylle für Hobby-Archäologen

Die Domus Augustiana ist auf zwei Ebenen angelegt, sozusagen über den Rand des Hügels hinausgebaut. Oben befand sich, um zwei Peristyle gruppiert, eine Folge von Sälen und Zimmern. Im südlichsten Teil fällt ein *Peristyl* mit den Resten der doppelt symmetrischen *Brunnenanlage* auf, die wie ein geometrisches Muster wirkt. Von der dem Circus Maximus zugewandten *Schaufront* des Palastes sind die Ziegelkerne erhalten, die hoch aufragen. Von dort aus blickt man 12 m tief in die offene südliche *Eingangshalle* hinunter. Wenn man sich die spiegelnd polierte Marmorverkleidung, die Säulen und die vergoldeten Statuen hinzudenkt, kann man sich Größe und Pracht des Palastes vorstellen, der alles übertraf, was die damalige Welt sonst zu bieten hatte.

In der Senke zwischen Palatin und *Aventin* liegt der **Circus Maximus** [**10**]. Von der Plattform der Domus Augustiana hat man den besten Blick auf das heute von Gras bedeckte Areal. Dieser Circus, die größte öffentliche Vergnügungsanlage, die je in Rom gebaut wurde, geht der Legende nach schon auf die Königszeit zurück, wo hier im *Vallis Murecia* Wagenrennen stattgefunden haben. Die hölzernen Tribünen und Stallungen wurden im Laufe der Zeit durch steinerne Bauten, zuletzt aus Marmor, ersetzt. Der Circus brannte mehrmals ab, u. a. beim großen Brand unter Nero. Nero selbst ließ den Circus wieder aufbauen und vergrößern. Er fasste nun 250 000 Zuschauer. Sogar in konstantinischer Zeit wurde die Anlage nochmals erweitert und bot dann angeblich Platz für 385 000 Menschen.

Der Circus Maximus bildete ein lang gestrecktes Rechteck (ca. 600 x 200 m) mit einer abgerundeten Seite. Die gerade Seite schaute zum Tiber und war mit einem *Triumphbogen* geschmückt. Der Circus diente hauptsächlich für *Wagenrennen*. Die vier Mannschaften, die Weißen (Albata), Roten (Russata), Grünen (Prasina) und Blauen (Veneta), spielten für das Volk die gleiche Rolle wie heute für die Römer die Fußballklubs Roma und Lazio. Um die *Rennbahn* herum zogen sich mehrere Etagen von Sitzreihen. In der Mitte trennte ein heute noch sichtbarer *Wall* die Fahrbahnen. Die Enden bezeich-

Als Lehrbuch für Architekten können die Ruinen auf dem Palatin noch heute gelten. Seit der Renaissance waren römisches Mauerwerk und Gewölbetechnik vorbildlich

neteten *Meten* (Steinmale), die von den Wagen umfahren werden mussten. Auf dem Wall befand sich eine Vorrichtung zur Zählung der Runden. Sie bestand zunächst aus sieben großen steinernen Eiern, 33 v. Chr. stiftete Agrippa sieben bewegliche Bronzedelphine zu diesem Zweck. In der Mitte des Walls stand ein *Obelisk*, heute befindet er sich vor S. Giovanni in Laterano [Nr. 97].

Unterhalb des Kaiserpalastes, von der Terrasse aus rechts gegen S. Anastasia hin, sind die Reste von **Paedagogium** und **Domus Praeconum** [11] zu sehen, wahrscheinlich Diener- und Sklavenwohnungen. Dort wurden antike Wandkritzeleien gefunden, u.a. eine wohl die Christen verspottende Karikatur eines gekreuzigten Esels.

Seitlich der Domus Augustiana und zu ihr gehörend öffnet sich in der Tiefe der **Hippodromus Palatii** [12]. Die auch Stadion des Domitian genannte Anlage war allerdings keine Rennbahn, sondern ein von Säulen gerahmter *Garten*, vielleicht mit Wasserspielen. Die ovale Konstruktion, deren Funktion unklar ist, wurde erst im 6. Jh. eingebaut.

Jenseits erheben sich die Reste der *Septimius-Severus-Thermen*, am eindrucksvollsten ist die Exedra zu den Gärten hin. Die Thermen erstreckten sich bis zur heutigen Via di San Gregorio, wo ehemals das *Septizonium* [s. S. 37], die Wasserschaufront, stand.

Vom Hippodromus aus führt ein kurzer Weg seitlich zurück zum Clivus Palatinus oder ein etwas längerer, schöner Spaziergang hügelabwärts zum Seiteneingang

des Palatin, einer schönen *Treppenanlage* von Vignola aus dem 16. Jh., die früher den Eingang zu den *Orti Farnesiani* [s. S. 38] bildete.

Auf dem Palatin stand ehemals der Konvent der *Nonnen von der Heimsuchung Mariä*. Der Rest des Konventsgebäudes dient heute als **Antiquarium** [13] des Palatin. Es enthält zahlreiche Skulpturen, u.a. die *Hera Borghese*, Fragmente der Wandmalereien aus dem *Haus des Augustus* und die Stuckdekorationen des *Cryptoporticus*.

Im Bereich des Palatin liegen vier Kirchen: **S. Sebastiano al Palatino** [14] oder *alla Polveriera*, weil nebenan das päpstliche Schießpulverlager untergebracht war. Die Kirche stammt aus dem 10. Jh., ging im Jahr 1060 an die Benediktiner über und wurde 1630 barockisiert. Der Platz davor vermittelt noch etwas von päpstlich-römischer Idylle. Am Ende der schmalen Straße liegt die kleine Kirche **S. Bonaventura** [15], die im Jahr 1677 erbaut worden ist. Vom *Garten* hinter der Kirche hat man einen schönen Panoramablick über das Colosseum. Unterhalb der Orti Farnesiani an der Flanke des Hügels steht die sehr alte, 1450 umgestaltete Rundkirche **S. Teodoro** [16]. Die Mosaiken im Innern sind leider zu Grunde restauriert worden.

Die bedeutendste der Palatin-Kirchen ist die neben dem Circus Maximus gelegene alte Diakonie- und Titelkirche **S. Anastasia** [17]. Die barocke Fassade (1636–44) stammt aus der Werkstatt Berninis. Der hell beleuchtete Innenraum geht auf den Umbau im 18. Jh. zurück, die 20 schönen Marmor- und Granitsäulen wurden jedoch schon im 8. Jh. eingebaut. Sie stammen vermutlich aus den prächtigen kaiserlichen Palästen auf dem Palatin.

Rund um das Colosseum – das zweite antike Zentrum

Um das eigentliche Zentrum des antiken Rom entstand im Laufe der Jahrhunderte ein Kranz von heidnischen und christlichen Bauwerken und Denkmälern, die räumlich mit Forum, Kapitol und Palatin eng zusammenhängen. Über der untergegangenen **Domus Aurea** Neros stehen die Reste von Thermen und das **Colosseum**, das größte Amphitheater der römischen Welt, flankiert vom **Konstantinsbogen**, dem Triumphbogen des Kaisers, der als der erste christliche Herrscher gilt. Hier schließt sich ein Spaziergang zu drei sehr alten Kirchen an, **San Pietro in Vincoli**, **San Martino ai Monti** und schließlich **San Clemente**, wo man sogar tief in die antike und heidnische Vergangenheit Roms hinuntersteigen kann.

6 Colosseum
(Colosseo)

TOP TIPP

Dieses Amphitheater war jahrhundertelang Stätte grausamer Gladiatorenspiele und anderer Volksbelustigungen. Später diente es als Steinbruch für Bauten des Mittelalters.

Piazza del Colosseo
Tel. 06 39 96 77 00
www.archeorm.arti.beniculturali.it
tgl. 8.30 Uhr bis 1 Std. vor Sonnenuntergang
Metro B: Colosseo
Bus: 60, 75, 85, 87, 117, 175, 810, 850
Tram: 3

Nach dem Tod und der Ächtung *Neros* (68 n. Chr.) blieb sein unvollendeter Palast, die Domus Aurea, zurück. Der Bau wurde wohl aus finanziellen wie auch aus politischen Gründen nicht weitergeführt. Vespasian ließ vielmehr dort, wo Nero seinen *Privatsee* angelegt hatte, zum Volkswohl oder besser: zur Volksbelustigung ein Amphitheater errichten. Das bisherige große römische Theater, das *Taurus*, war dem Brand von 64 zum Opfer gefallen.

Die ›Eingeweide‹ des Colosseums. Ob man nicht doch den antiken Boden rekonstruieren sollte? ▷

Das Colosseum wurde 80 n. Chr. von Kaiser *Titus* mit 100 Tage währenden Spielen eingeweiht, bei denen zahlreiche Gladiatoren und 5000 wilde Tiere getötet wurden. Es war das größte Theater der römischen Welt, die Höhe misst ungefähr 50 m, der große Durchmesser der Ellipse 188 m, der kleine 156 m. Die oberste Galerie (ohne Säulen und Pfeiler) wurde später von *Domitian* angebaut. Die Anlage fasste 50 000, nach anderen Schätzungen sogar über 70 000 Zuschauer. Das monumentale Amphitheater diente als Schauplatz für Gladiatorenkämpfe und Tierhetzen [s. S. 47]. Christen wurden im Colosseum entgegen anderslautenden Legenden nie wilden Bestien vorgeworfen. Im Jahre 404 allerdings eiferte ein Mönch namens *Telemachos* gegen die Spiele und sprang protestierend in die Arena, worauf er von der Menge zerrissen wurde. Kaiser Honorius nahm den Vorfall zum Anlass, die Gladiatorenspiele zu verbieten. Tierhetzen fanden noch bis ins 6. Jh. hinein statt.

Das Theater konnte mit einem Sonnensegel überzogen werden. Der Boden der Arena war mit Brettern bedeckt. Es konnten auch *Naumachien* (Seeschlachten, bei denen die Arena mit Wasser gefüllt wurde) abgehalten werden. Deutsche Archäologen haben inzwischen den *Bühnenmechanismus* erforscht und dadurch eine Teilrekonstruktion der Anlage ermöglicht.

Der auch heute noch überaus beeindruckende Bau besteht aus 100 000 m³ Travertinblöcken, die **Fassade** ist – einschließlich des Erdgeschosses – in vier Stockwerke gegliedert. Die unteren drei zieren Halbsäulen und Bogen, von unten nach oben in dorisch-toskanischer, dann ionischer und schließlich korinthischer Ordnung. Das oberste Geschoss gibt sich glatt und eher schmucklos. Die Konsolen und Löcher, die für die Pfähle zur Halte-

Das Colosseum, oben die Mauervorsprünge für die Befestigung des großen Sonnensegels

rung des Sonnensegels dienten, sind dort noch zu sehen.

Das **Innere** ist wie ein Bauskelett entblößt. Im Untergrund sind die Zweckräume, Käfige usw. zu sehen. Die *Ränge* waren teilweise mit Marmor verkleidet, z.T. mit Stein oder Holz. Es gab eine strenge Sitzordnung. Die besten Sitze waren den Senatoren vorbehalten und namentlich bezeichnet, ein weiterer Sektor den Priestern. Dahinter saßen die Nobili, dann kam das gemeine Volk, ganz oben auf den schlechtesten Plätzen saßen die Frauen.

Die Holzteile des Colosseums brannten mehrmals ab, es musste daher einige Male restauriert werden. 320 schlug der Blitz ein, 429 und 443 wurde es von Erdbeben erschüttert. Die letzte Darbietung ist für das Jahr 523 bezeugt. Im Mittelalter baute das Adelsgeschlecht der *Frangipani* das Theater zur Burg um, die später an die *Annibaldi* überging. 1312 schenkte *Kaiser Heinrich VII.*, der in der Nachfolge der römischen Kaiser als verfügungsberechtigt galt, das Colosseum der Stadt und dem Volk von Rom. Seitdem diente es, wie viele antike Gebäude, als Steinbruch. Sogar die Peterskirche des Vatikan ist z.T. aus hier herausgebrochenen Travertinblöcken erbaut. Erst Benedikt XIV. (1740–58) machte diesem Unfug ein Ende und Pius VII. ließ 1805 die Ruinen sichern.

Zwischen dem Colosseum und der *Via dei Fori Imperiali* ist im Boden ein großes Quadrat durch abgesetzte Pflasterung gekennzeichnet. Dort stand einst die 35 m hohe *Kolossalstatue des Nero, die sich ursprünglich* auf dem Forum befand. Vespasian ließ sie durch Auswechseln des Kopfes in einen *Helios* verwandeln und Hadrian vom Forum hierher bringen. Der Ingenieur, der dies bewerkstelligte, hieß Decrianus und er verwendete für den Transport 24 Elefanten. Von dieser Nerostatue (deren letzte Überreste ein anderer Politclown, nämlich Mussolini, sinnlos zerstören ließ) hat das Colosseum seinen *Namen*, der allerdings erst aus dem 8. Jh. bezeugt ist.

7 Konstantinsbogen (Arco di Costantino)

Das Denkmal aus der Spätantike ist ein Beispiel für monumentales Recycling.

Piazza del Colosseo
Metro B: Colosseo
Bus: 60, 75, 85, 87, 117, 175, 673, 810, 850
Tram: 3

Der wohlproportionierte dreitorige Triumphbogen wurde, wie die Inschriften auf den *Attiken* lehren, aus Anlass des Sieges Kaiser Konstantins über seinen Mitkaiser Maxentius 312 in der *Schlacht an der Milvischen Brücke* [s. S. 64] errichtet und 315 fertig gestellt. Das war bereits zu einer Zeit, als die Residenz nach Byzanz verlegt worden war und der Stern Roms zu sinken begann. Nur die relativ kleinen *Reliefs* direkt oberhalb der Seitendurchgänge sind eigens für diesen Triumphbogen geschaffen, der übrige Figurenschmuck wurde aus älteren Monumenten (namentlich aus der Zeit Trajans, Hadrians und Commodus') herausgebrochen und hier wieder verwendet. Die Werke sind von ganz unterschiedlicher künstlerischer Qualität: Die Figuren der etwas groben, konstantinischen Reliefs wirken wie Gartenzwerge neben den großen, ›romantischen‹ Darstellungen etwa in den *Medaillons* direkt darüber, die von der höchst verfeinerten Skulpturenkunst der hadrianischen Zeit zeugen. Das Fehlen christlicher Symbole am Bogen weist darauf hin, dass der religiöse Hintergrund der Auseinandersetzung zwischen Konstantin und Maxentius eine später etablierte Legende ist.

Die Helden der Arena

Gladiatorenspiele und Tierhetzen waren seit alters her in Rom sehr beliebt und erlebten namentlich in der Kaiserzeit Höhepunkte an Pracht, aber auch an Grausamkeit. Volk, Aristokratie und Hof ergötzten sich an den beispiellosen Brutalitäten. Der Kampf der Gladiatoren war – für jene – kein Spiel, sondern buchstäblich blutiger Ernst. Es gab ›Spiele‹, bei denen im Lauf mehrerer Tage Tausende von Gladiatoren abgeschlachtet wurden. Sie rekrutierten sich aus Sklaven, Kriegsgefangenen, Verbrechern, aber auch aus Desperados und Abenteurern. Berühmte Gladiatoren waren Stars wie heutige Fußballhelden.

Der Gruß, mit dem die Gladiatoren bei ihrem Einzug vor die kaiserliche Loge traten: »Ave, Caesar (oder: Imperator), morituri te salutant!« (Heil, Caesar, die Todgeweihten grüßen dich!), ist von Sueton überliefert.

Der Konstantinsbogen: ein imposantes Beispiel für Monumental-Recycling

Vor dem Bogen zum Colosseum hin sieht man am Boden die Reste der **Meta Sudans**, eines Brunnens aus römischer Zeit, der die Form eines konischen Steins hatte, über den das Wasser herabrann. Dieser älteste Brunnen Roms wurde 1936 auf Geheiß Mussolinis zerstört.

8 Ludus Magnus

Hier übten die Gladiatoren, bevor sie drüben im Colosseum »Ave Caesar, morituri te salutant!« schrien.

Via Labicana
Metro B: Colosseo
Bus: 60, 75, 81, 85, 87, 117, 175, 673, 810, 850
Tram: 3

An der Via Labicana am Fuß des Colle Oppio findet sich einige Meter unterhalb des heutigen Straßenniveaus, von allen Seiten gut einzusehen, die 1937 entdeckte, 1959–61 ausgegrabene Ruine des Ludus Magnus, der größten der vier Gladiatorenkasernen, die alle unter Kaiser Domitian (81–96) erbaut wurden. Freigelegt ist nur die eine Hälfte, die andere steckt unter den Häusern der Via S. Giovanni in Laterano, dürfte aber wohl spiegelbildlich identisch sein. Deutlich zu erkennen sind die Grundrisse der Kammern, in denen die Gladiatoren wohnten, sowie die Trainingsarena in der Mitte.

9 San Clemente

TOP TIPP

Römische Baugeschichten: Zwei Kirchen übereinander und darunter ein Mithräum.

Piazza San Clemente,
Eingang Via S. Giovanni in Laterano
tgl. 9–14 Uhr, außerhalb der Gottesdienstzeiten
Metro B: Colosseo
Bus: 85, 87, 117, 810, 850
Tram: 3

An dieser Stelle in der Talsenke zwischen Caelius und Colle Oppio stand einst ein *Haus des Clemens*, dessen Reste heute etwa 10 m unter dem Straßenniveau liegen.

In einem Nachbarhaus, das später in den Kirchenkomplex einbezogen wurde, lag ein **Mithräum**, der Andachtsraum eines in der Antike weit verbreiteten Kultes. An den Wänden des kleinen Mithräums laufen Sitzbänke entlang. Vorn befindet sich ein sehr gut erhaltenes *Kultbild*, von dem man sogar den Stifter kennt: Gn. Arrius Claudianus, ein *Pater*, d. h. ein höherer Priester des Mithraskultes. Das Kultbild zeigt den Schöpfungsmythos dieser Religion: *Mithras* tötet den Urstier, Hund und Schlange lecken das Blut auf, der Skorpion beißt in die Hoden des Stiers, aus dem Samen entsteht die Welt. Der Rabe bringt von Helios (links oben zu sehen) den Befehl zum Schöpfungsopfer. An den Flanken des Steins sind die Reliefs von *Cautes und Cautopates* zu erkennen, die Begleiter des Mithras, der eine mit erhobener, der andere mit gesenkter Fackel (Leben und Tod). In einer Nische wurde auch eine *Statuette* gefunden, die die Geburt des Mithras aus einem Felsen am 25. Dezember zeigt, ein Datum also, das sich der christliche Kult dann für den Tag der Geburt seines Erlösers aneignete.

Dem nur sehr schattenhaften zweiten (nach anderer Zählung dritten) Nachfolger Petri auf dem römischen Bischofsstuhl, also Papst Clemens I., ist die **Kirche San Clemente** geweiht. Papst Siricius (384–399) erbaute über dem Mithräum, das dabei vermutlich zugeschüttet wurde, die heutige **Unterkirche**, eine ehemals dreischiffige Säulenbasilika, die mit *Fresken* ausgestattet war, von denen bedeutende Reste erhalten sind: Begebenheiten und Wunder aus der Vita des hl. Clemens, die Himmelfahrt Christi mit Aposteln, der hl. Petrus und Papst Leo IV. Der Papst selbst ist kenntlich am viereckigen Heiligenschein, was bedeutet, dass er zu der Zeit noch gelebt hat; so kann man auf eine Entstehungszeit zwischen 847 und 855 schließen. Außerdem die Legende des hl. Alexius, Drei Marien am Grab, Christus in der Vorhölle, die Hochzeit zu Kanaan. Der Stil der Fresken zeigt den Übergang vom streng stilisierten byzantinischen Kultbild zu einer lebendigeren, fast naturalistischen Darstellung.

Diese frühchristliche Basilika wurde 1084 beim Normanneneinfall zerstört. Etwa 20 Jahre später wurden die Ruinen zugeschüttet. Schließlich ließ Papst Paschalis II. (1099–1118) eine etwas kleinere Basilika darüber errichten, die wir heute – mit Umbauten aus späterer Zeit – als **Oberkirche** vor uns haben. Der Quadriportikus ist leider nicht mehr der Eingang, man betritt die Kirche von der Seite, von der Via S. Giovanni in Laterano her. Auf den besonders edlen *Cosmatenfußboden* sei hingewiesen, ebenso auf den *Sängerchor* aus wieder verwendeten Marmorplatten der Unterkirche.

Der Hauptglanz der Kirche aber sind die **Mosaiken** des Triumphbogens und der Apsis (12. Jh.). Das *Apsismosaik* zeigt die Verherrlichung des Kreuzes: Zwölf Tauben als Sinnbild für die Apostel schmücken die Balken. Vom Kreuzesstamm aus verbreitet sich ein Akanthus nach allen Seiten hin und erfüllt den (Welt-)Raum. Zahllose Figuren füllen die Räume zwischen den Ranken, wobei sich schon damals der Künstler nicht scheute, heidnische Motive zu verwenden, z. B. eine auf dem Delphin reitende Amorette. Sehr schön ist der bunte Abschluss nach oben: ein mit großem Realismus dargestelltes Zelt, das das Himmelszelt symbolisiert. Davor auf dem *Triumphbogen* Christus in der Mandorla, seitlich Engel, Apostel und Propheten, darunter die Stadt Jerusalem auf der einen, Bethlehem auf der anderen Seite. Ein Fries mit zwölf Schafen und dem Agnus Dei in der Mitte schließt das Bild nach unten ab.

Die erste *Seitenkapelle* links wurde um 1430 von Masolino da Panicale mit Frührenaissance-*Fresken* ausgemalt.

Mithräum und Unterkirche, die *Sotterranei*, sind von der Sakristei aus zu besichtigen.

Das Apsismosaik mit Kreuz und Lebensbaum in S. Clemente (1. Hälfte 12. Jh.)

10 Domus Aurea

Die berüchtigste Bauruine des alten Rom – oder: was einem größenwahnsinnigen Imperator alles einfiel, weil er »wie ein Mensch« wohnen wollte.

Via della Domus Aurea, Parco Oppio
Tel. 06 39 96 77 00
www.archeorm.arti.beniculturali.it
Mi–Mo 9–19.45 Uhr (nur auf Voranmeldung; z. Zt., Mitte 2007, wegen Restaurierung geschlossen)
Metro B: Colosseo
Bus: 75, 85, 87, 117, 175, 810, 850
Tram: 3

Wo sich heute vom Hang des Monte Oppio – gegenüber dem Colosseum bis fast zu S. Martino ai Monti – ein *Park* mit einer schönen Treppenanlage und großen Pinien hinzieht, liegen unterirdisch die Reste der skandalumwitterten **Domus Aurea**, des *Goldenen Hauses* des Kaisers Nero. Nach dem Brand von Rom im Jahr 64, bei dem auch die kaiserliche Residenz zerstört worden war, ließ Nero in kürzester Zeit und mit einem Geldaufwand, der die Staatskasse auf Jahre hinaus belastete, einen neuen Palast, eben die Domus Aurea, erbauen, die sich vom Palatin bis in die Gegend erstreckte, wo heute S. Pietro in Vincoli steht. Für das Bauprojekt wurden unzählige Grundstückbesitzer enteignet, für die Ausstattung zahllose Statuen, namentlich hellenistisch-barocker Art, die dem Kaiser gefielen, zusammengestohlen. Wir kennen das Aussehen des Goldenen Hauses aus Suetons Beschreibung in seiner Vita des Nero. Nicht nur ein künstlicher See, auch ein Zoo lagen innerhalb der kaiserlichen Privatgemächer. In der Eingangshalle hatte eine etwa 35 m hohe Statue des Hausherrn Platz gefunden. Die Speisesäle verfügten über bewegliche Elfenbein-Plafonds, aus den Öffnungen rieselten Blütenblätter herab und wurde Parfüm versprengt. Die Decke des Hauptraumes rotierte ständig langsam um die eigene Achse. Nach Sueton soll Nero beim Einzug gesagt haben, nun wohne er endlich menschenwürdig. Er wohnte nicht sehr lange so, da er bereits 68 n. Chr. gestürzt und getötet wurde.

Die Namen der *Baumeister* sind bekannt: Severus und Celer, die Wandmalereien schuf Fabulus (oder Famulus). Die erhaltenen *Reste* des Bauwerks umfassen zwei getrennte Baukomplexe: einen offenen *Hof* mit Portiken und einem Nymphäum sowie die *Eingangshalle*, einen sehr großen fünfeckigen Raum, der vielleicht an einer Seite offen war. Zu dieser Anlage gehört auch noch ein architektonisch äußerst raffiniert gestalteter achteckiger *Kuppelsaal*.

Da von den *Malereien* nur geringfügige Reste, von den Mosaiken und Marmorverkleidungen gar nichts mehr erhalten ist (vom Skulpturenschmuck ganz zu schweigen), bedarf es einiger Fantasie, um sich die einstige Pracht vorzustellen. Nur ein kleiner Teil der Residenz wurde bislang ausgegraben und restauriert. Die hier gezeigten Statuen gehören übrigens nicht zur Originalausstattung. Noch zu Zeiten der Renaissance waren Gebäude und Wandmalereien besser erhalten. Als die ersten *Ausgrabungen* begannen, krochen Künstler, unter ihnen kein geringerer als Raffael, in die so entstandenen *Grotten* und entdeckten die feine, manieristische römische Wandmalerei wieder. Nach dem Fundort nannten sie die halb floralen Tier- und Fabelwesen **Grotesken** (aus den Grotten stammend) und übernahmen diese Bildsprache in ihre eigene Kunst, Raffael z. B. gestaltete so die Fresken in den Loggien des Vatikan.

Was mit der vermutlich nie fertig gestellten Domus Aurea nach Neros Sturz und Tod geschah, ist nicht bekannt. Die flavischen Kaiser taten alles, um sich von Nero zu distanzieren. Zu dieser Politik gehörte es wohl auch, dass – wie man vermutet – Titus die *Privatthermen* der Domus Aurea umbauen und dem Publikum öffnen ließ. Von diesen Thermen sind auf dem Monte Oppio nur geringfügige Reste erhalten.

Michelangelos Meisterwerk ›Moses‹ in S. Pietro in Vincoli

Im Jahr 104 brannte das Goldene Haus Neros ab. Trajan, der seit 98 Kaiser war, ließ die Brandstätte sogleich zuschütten und baute dort seine großen Thermen, von denen Ruinen, darunter eine *Exedra*, die zu einem Nymphäum gehörte, im Park nahe dem Viale del Monte Oppio zu sehen sind.

11 San Pietro in Vincoli

Ob die ›vincoli‹ (Ketten) Petri, die hier aufbewahrt werden, echt sind, ist die Frage; echt ist eines der Hauptwerke Michelangelos, der eindrucksvolle ›Moses‹ vom Grabmal für Papst Julius II.

Piazza di S. Pietro in Vincoli
Metro B: Cavour
Bus: 75, 84, 117
Tram: 3

Die dreischiffige Kirche, auch *Basilica Eudossiana* genannt, geht auf eine Gründung durch Kaiserin Eudoxia zurück, die Frau Kaiser Valentinians III. (425–455). Die Weihe des ersten Baus erfolgte 439 durch Papst Sixtus III. Umbauten wurden im 8. und 9. Jh. vorgenommen. Zuletzt ließ sie Kardinal Giuliano della Rovere, dessen Titelkirche die Basilika war, durch *Francesco Fontana* im Stil der Renaissance umgestalten. Das war kurz bevor der Kardinal 1503 zum Papst gewählt wurde, als der er den Namen *Julius II.* annahm. Am Marmorportal ist das Wappen des Kardinals angebracht.

Ein Glasbehälter unter der Confessio birgt die **Ketten** (*vincoli*), die zumindest seit 439 als diejenigen gelten, mit denen laut der Apostelgeschichte Petrus in Jerusalem im Gefängnis gefesselt war. Die Mutter der Kirchenstifterin, ebenfalls eine Eudoxia, Frau des oströmischen Kaisers Theodosius II., hatte die Ketten in Jerusalem gefunden und ihrer Tochter geschenkt, die zur Aufbewahrung der Reliquie die Basilika errichten ließ.

Ein Meisterwerk der Renaissance-Skulptur schmückt das *Grabmal Papst Julius II.*, Michelangelos berühmte Figur des **Moses** (1513–16). Die Planungen für das Grabmal zogen sich lange hin und das Konzept wurde mehrfach verändert, wie die Entwürfe Michelangelos doku-

Der Innenraum von San Martino ai Monti

mentieren. Letztlich wurde es in reduzierter Form fertig gestellt. Michelangelo hat für das Monument außer der großartigen Marmorskulptur des Moses auch die (z. T. unvollendeten) *Sklaven* geschaffen, die heute in der Accademia von Florenz und im Pariser Louvre gezeigt werden. Die beiden in den seitlichen Nischen des Grabmals stehenden anmutigen Figuren der **Rahel** (links) und **Lea** (1542–45) hat Michelangelo ebenfalls entworfen, ausgeführt wurden sie wohl hauptsächlich von Raffaello da Montelupo.

Über die Figur des gehörnten Moses, den die Zeitgenossen als *terribile* apostrophierten, ist viel gerätselt worden. Es wurde behauptet, Moses sei in dem Augenblick dargestellt, als er im Begriff ist, angesichts des ungehorsamen Volkes Israel in heiligem Zorn aufzuspringen und die Gesetzestafeln zu Boden zu schleudern. Sigmund Freud hat der Skulptur 1914 ein Essay gewidmet, in dem er nachweist, dass Michelangelo Moses mitnichten kurz vor dem Aufspringen zeige, sondern im Augenblick großer innerer Bewegung, und wie ihm im Moment der Erkenntnis über die Undankbarkeit seines Volkes die Gesetzestafeln zu entgleiten drohen.

12 San Martino ai Monti

Martin von Tours starb 397. Er legte eine rasche himmlische Karriere zurück: schon 100 Jahre später galt er als heilig, wurde ihm diese Basilika geweiht.

Viale del Monte Oppio
Metro B: Cavour
Bus: 16, 75, 84, 714

S. Martino ai Monti ist eine der ältesten Kirchen Roms und geht auf ein von Papst Sylvester I. (314–335) gegründetes Oratorium zurück. Um 500 ließ Papst Symmachus dann eine Basilika errichten und weihte sie dem hl. Sylvester (ein Patrozinium, das später in Vergessenheit geriet) sowie dem hl. Martin von Tours. Unter Verwendung der Säulen der alten Basilika errichtete Papst Sergius II. (844–847) einen Neubau. Er ist heute die *Unterkirche*, die ebenso wie die Krypta besichtigt werden kann. Im 17. Jh. erbaute Filippo Gagliardi dann die heutige *Oberkirche*, die 24 antike Säulen schmücken. Im linken Seitenschiff zeigen zwei interessante *Fresken* eines unbekannten Meisters Innenansichten der alten Peterskirche und der Lateranbasilika vor ihrem Umbau.

Piazza Venezia, Corso und Spanische Treppe – wo Rom am römischsten ist

Die schnurgerade Straße, die sich von der **Piazza Venezia** zur **Piazza del Popolo** hinzieht, die Via del Corso oder schlechthin **Corso** genannt, ist eine der Lebensadern der Stadt. Der Corso war Schauplatz grausamer Pferderennen und Tierhetzen vom Mittelalter bis ins 19. Jh., der entwürdigenden ›Rennen‹ der Juden, aber auch des fröhlichen Treibens des römischen Karnevals. Er ist gesäumt von Palästen adeliger Familien und an mehreren Stellen öffnet er sich zu Plätzen. Die Seitenstraßen gewähren Ausblicke nach links und rechts, der berühmteste dieser Blicke ist der durch die **Via Condotti** zur **Spanischen Treppe**. Ein Abstecher zur berühmten Brunnen-Schauwand der **Fontana di Trevi** ist für jeden Rom-Besucher obligatorisch. Und wer heute den Corso, der inzwischen in einigen Abschnitten als Fußgängerzone gestaltet wurde, herauf und herunter flaniert, wird auch viele interessante, mehr oder weniger elegante Läden fürs Shopping-Vergnügen finden.

13 Piazza Venezia

Wenn man die Frage beantworten soll, wo der zentrale Punkt Roms ist, kommt man in Verlegenheit: Rom hat mehrere Zentren. Die Piazza Venezia ist eines davon, überragt vom ›großen Gebiss‹ des Vittoriano.

Bus: 40, 46, 60, 63, 64, 70, 81, 87, 492, 628, 916

Die Piazza Venezia liegt ziemlich genau in der geographischen Mitte Roms und ist einer der wichtigsten Verkehrsknotenpunkte der Stadt. Sie wird im Süden überragt vom Kalksteinmonstrum **Vittoriano** (Piazza Venezia, Tel. 0 66 99 17 18, Di–So 10–16 Uhr). Dieses Monument für König *Vittorio Emanuele II*, auch Denkmal für den Unbekannten Soldaten oder *Altare della Patria* genannt, mit seinen ewigen Lichtern, Fahnen und Wachen, wurde 1885–1911 von Giuseppe Sacconi errichtet, der dafür zwei Renaissancepaläste abreißen ließ. Er verwendete für den Bau nicht Marmor, sondern grell-weißen *Botticino*. (Sacconi erhielt vom Lieferanten Prozente.)

Im Inneren des Denkmals ist das **Museo del Risorgimento** untergebracht (Via San Pietro in Carcere, Tel. 06 67 93 59 8, www.risorgimento.it, tgl. 9.30–18 Uhr). Die Sammlung dokumentiert die Geschichte Italiens vom Ende des 18. Jh. bis zum Ersten Weltkrieg. Außerdem werden in den Museumsräumen Wechselausstellungen moderner Kunst gezeigt (Via San Pietro in Carcere/Fori Imperiali, Tel. 0 66 78 06 64, Mo–Do 9.30–18.30, Fr/Sa bis 22.30, So bis 19.30 Uhr).

Am Nordende der Piazza Venezia beginnt die alte Via Flaminia [Nr. 23], die bis

›Porträt Innozenz' X.‹ von Velazquez in der Galleria Doria Pamphilj

Imperiale Gedenkstätte – König Vittorio Emanuelle II und den Helden des Risorgimento ist dieser monumentale Altar an der Piazza Venezia gewidmet

zur Piazza del Popolo – wohin sie schnurgerade verläuft – **Via del Corso** heißt. Der Platz selbst ist umgeben von einigen bemerkenswerten Bauten, von denen der **Palazzo Venezia** besonders hervorzuheben ist. Er wurde 1455 vom venezianischen Kardinal Pietro Barbo begonnen, dem späteren *Papst Paul II.*, dessen Titelkirche S. Marco in unmittelbarer Nähe liegt. (Die römische Markuskirche ist traditionsgemäß die Titelkirche des Patriarchen von Venedig, sofern er Kardinal ist.) 1467 wurde der Palast von einem unbekannten Baumeister vollendet. Trotz seines noch mittelalterlichen, burgartigen Erscheinungsbildes, das durch den zinnenbewehrten *Turm* verstärkt wird, gilt er als erster Renaissancepalast Roms. 1564 überließ die Kirche den Bau der Republik *Venedig*, daher der Name. Der Palast war dann bis 1797 Sitz der venezianischen Gesandtschaft und ging nach dem Niedergang der Seerepublik an Österreich über. Er diente als Gesandtschaftsgebäude für Österreich-Ungarn, bis ihn 1916 der italienische Staat als Feindvermögen beschlagnahmte. Zu faschistischer Zeit war er der Amtssitz *Mussolinis*, der vom Balkon aus seine Reden in die römische Luft bellte. Heute ist der Palazzo Venezia Museum.

Das **Museo di Palazzo Venezia** (Via del Plebiscito 118, Tel. 06 69 99 41, Di–So 9–19 Uhr) zeigt neben den Räumen mit ihrer originalen Ausstattung einige Gemälde aus dem 14.–16. Jh. sowie Porzellan-, Keramik- und Kleinkunstgegenstände. Gelegentlich finden auch Sonderausstellungen statt. Die Sammlung verfügt ferner über eine größere Anzahl flämischer und französischer Gobelins sowie alter persischer Teppiche. Im Saal 34 finden sich einige Terrakotta-Bozzetti (plastische Skizzen) u.a. von Bernini, in der *Sala del Mappamondo* (so genannt wegen der großen gemalten Landkarte) sowie der *Sala Regia* (Säle 8 und 10) illusionistische Architekturmalerei großen Stils von Mantegna bzw. Bramante (leider nicht immer zu besichtigen).

Die Sala del Mappamondo war das *Arbeitszimmer* Mussolinis. Im Saal stand damals ein riesiger Schreibtisch, der immer vorbildlich aufgeräumt war. Nach Berichten seiner Mitarbeiter war das darauf zurückzuführen, dass Mussolini schlichtweg zu faul zum Arbeiten war. Wurde ihm ein Schriftstück vorgelegt, schrieb er angeblich nur »molto importante« (sehr wichtig) an den Rand und legte es wieder in den Auslauf.

Weit älter als der Palazzo Venezia ist die Basilika **S. Marco**. Sie wurde schon 336 gegründet, im 8. und 9. Jh. umgebaut und schließlich im 15. Jh. durch Papst Paul II. weitgehend erneuert. Das *Innere* der dreischiffigen Kirche ist vor allem wegen zweier Kunstdenkmäler bemerkenswert. Die bei der Restaurierung im 15. Jh. eingezogene *Kassettendecke*, vergoldet auf blauem Grund, lässt die Kirche sehr farbenfroh wirken. Die Apsis schmücken *Mosaiken* aus dem 9. Jh. Die Zentralfigur stellt den segnenden Christus dar, zu Füßen ein Phönix, flankiert von Heiligen, u. a. dem damals noch lebenden Gregor IV. (links außen) mit dem viereckigen Nimbus. Sehenswert ist auch der *Kreuzgang* der Kirche, der zugleich Hof des Palazzo Venezia ist.

An der linken Platzecke zum Corso hin fällt der kleine **Palazzo Bonaparte** auf, ein Bau aus dem 18. Jh., in dem nach Napoleons Sturz seine Mutter Letizia Bonaparte, genannt Madame Mère, bis zu ihrem Tod 1836 lebte. Von dem überdachten Balkon aus pflegte sie – ohne selbst gesehen zu werden – das Treiben auf der Piazza und dem Corso zu beobachten. Gegenüber steht der **Palazzo Moncini-Salviati**, Ende des 17. Jh. nach Plänen von Carlo Rainaldi errichtet.

Dominierend aber ist hier der große **Palazzo Doria Pamphilj**. Der im 15. Jh. von der Familie della Rovere erbaute Palast ging später durch Kauf oder Erbschaft an verschiedene andere Adelshäuser über, zuletzt an die Doria, denen er heute noch gehört. Im 18. Jh. wurde die reich gegliederte *Rokokofassade* vorgeblendet. Der schöne *Innenhof* im bramantesken Stil stammt aus dem 16. Jh.

TOP TIPP Der Palast birgt die bedeutende **Galleria Doria Pamphilj** (Eingang Piazza del Collegio Romano 2, Tel. 0 66 79 73 23, www.doriapamphilj.it, Fr–Mi 10–17 Uhr). In dieser Sammlung sind hervorragende Gemälde des 16.–18. Jh. versammelt, u. a. Meisterwerke von Annibale Carracci, Tizian, Tintoretto, Giovanni Bellini, Correggio sowie Arbeiten flämischer und niederländischer Maler. Das Porträt Innozenz' X. (ein Werk Velazquez') zeigt den Papst tückisch grinsend. Rätselhaft wirkt die *Ruhe auf der Flucht* von Caravaggio. Die Skulpturen-Sammlung präsentiert Werke von der Antike bis zum Barock, darunter auch Berninis Porträt von Innozenz X.

14 Santi XII (Dodici) Apostoli

Ursprünglich den Heiligen Philipp und Jakob geweiht, dann auf alle Apostel ausgedehnt: eine alte, behäbig-quadratische Basilika mit einem klassizistischen Portikus.

Piazza di SS. Apostoli
Bus: 40, 60, 64, 70, 117, 170

SS. XII Apostoli ist eine sehr alte Kirche, sie wurde 560 von Papst Pelagius I. als Dank für die Befreiung der Stadt von den Ostgoten gestiftet. In der Renaissance wurde sie bereits einschneidend umgestaltet, und 1703 ließ sie Clemens XI. von Vater und Sohn Fontana im spätbarocken Sinn umbauen. Die charakteristische *Fassade* mit dem breit ausladenden Portikus stockte Giuseppe Valadier im 19. Jh. auf. Die Kirche, deren *Inneres* mehr durch den dreischiffigen Raum beeindruckt als durch die Ausstattung, enthielt vor der Restaurierung bedeutende *Fresken* des Melozzo da Forlì (u.a. musizierende Engel von großer Anmut), deren Reste jetzt in den Vatikanischen Museen zu sehen sind.

Die Scheinarchitektur des Deckengemäldes in S. Ignazio von Andrea Pozzo (1640)

Piazza di Pietra, links die Säulen des Hadrianstempels, hinter denen heute die Börse tobt

1788 wurde (im linken Seitenschiff) das *Grabmal Papst Clemens' XIV.* enthüllt, des Papstes, der 1773 den Jesuitenorden aufhob und der deswegen als geisteskrank denunziert wurde. Die Jesuiten wiederum wurden des Giftmordes an diesem Papst beschuldigt. Das Grabmal ist die erste Arbeit des *Antonio Canova*, die in Rom öffentlich aufgestellt wurde. Im Portikus liegt der Komponist Girolamo Frescobaldi begraben, ein Stein bezeichnet die Stelle.

Der lang gestreckte, im Gegensatz zur angrenzenden Via Cesare Battisti meist stille Platz vor der Kirche, die **Piazza SS. XII Apostoli**, wird von drei Palästen gerahmt. Gegenüber der Kirche steht an der Ecke der *Palazzo Ruffo* und daneben der breite Barockbau des *Palazzo Odescalchi*, nach Plänen von Bernini gebaut.

Rechts der Kirche erstreckt sich bis zum Quirinal der große **Palazzo Colonna**, die Residenz der berühmten Familie, deren einziger Papst Martin V. (1417–31) den Bau begann. An der Rückseite führen vier schöne Barockbrücken vom Palast über die Straße in die *Colonna-Gärten*.

Die **Galleria Colonna** (Piazza SS. XII Apostoli 66, Eingang Via della Pilotta, Tel. 06 678 43 50, www.galleriacolonna.it, Sa 9–13 Uhr, Aug. geschl.) enthält wertvolle Gemälde, u. a. von Carracci, Rubens und Tintoretto. Der Hauptsaal ist mit effektvollen *Fresken* ausgestattet, die den Sieg über die Türken bei Lepanto (1571) verherrlichen. Der damalige Hausherr, Fürst Marcantonio Colonna, war der Kommandant des päpstlichen Geschwaders. Auf den Fresken erscheint er mal als barocker Held, mal als antiker Marcus Antonius. Im Treppenabsatz des Saales steckt eine Kanonenkugel, die hier während der Belagerung Roms durch die Franzosen 1849 einschlug.

15 Sant' Ignazio

Die runde Marmorscheibe im Zentrum des Hauptschiffs gibt den besten Standpunkt an, das himmlische Geschehen des barocken Deckenfreskos zu betrachten.

Piazza S. Ignazio
Bus: 116, 117, 119

S. Ignazio ist neben Il Gesù [Nr. 53] die zweite große Jesuitenkirche in Rom, sie wurde auf Kosten des Kardinals Ludovico Ludovisi (Neffe Gregors XV.) nach Plänen *Carlo Madernos* von dem Jesuiten P. Orazio Grassi 1626–50 erbaut. Der Entwurf lehnt sich an Il Gesù an. Bemerkenswert an der Innenausstattung sind die Scheinkuppel und das illusionistische *Deckengemälde* (1690), das den Einzug des hl. Ignatius von Loyola in den Himmel darstellt. Dieses Werk stammt von einem Jesuitenpater namens Andrea Pozzo.

Den gleichnamigen Platz vor der Kirche dominiert ein besonders hübsches Ensemble von *Rokoko-Palazzetti,* von Filippo Reguzzini 1727/28 errichtet. Die Römer nennen die Häuser *i canterani* (die Kommoden), was der ansprechenden Architektur aber nicht gerecht wird.

Die Marc-Aurel-Säule auf der Piazza Colonna: Statt des Kaisers segnet heute der hl. Paulus die Stadt

16 Hadrianstempel (Tempio di Adriano)

Im einstigen Hadrianeum laufen heute Börsengeschäfte.

Piazza di Pietra
Bus: 116, 117, 119

Der Tempel wurde unter Kaiser Hadrians Nachfolger Antoninus Pius im Jahr 145 errichtet. Die Reihe der 11 (von ehemals 13) weißen **Marmorsäulen** korinthischer Ordnung ist ein Überbleibsel des Säulenschmuckes, der den Tempel einst auf allen Seiten umgab. Die Wand dahinter gehört zur antiken **Cella**, dem eigentlichen Heiligtum. Sie war mit Marmor verkleidet, was man an den Befestigungslöchern noch sehen kann. Ein Teil der Hohlkehle zwischen Säulenreihe und Cellawand ist antik und mit Reliefs geschmückt. Eine Kuriosität findet sich auf der zweiten Säule von links: ein eingeritztes Kreuz, sozusagen ein Graffito aus der Antike. 1695 ließ Innozenz XII. die Tempelruine zum päpstlichen Zollamt ausbauen, 1878 wurde der einstige Hadrianstempel zur Börse umgestaltet, die sich heute noch in diesem uralten Ambiente befindet.

Auf dem Tempelareal unter der Börse wurden **Reliefplatten** gefunden, von denen einige im Hof des Konservatorenpalastes [s. S. 23] ausgestellt sind. Sie waren Teil einer Balustrade, die Reliefs stellen weibliche Figuren dar, Personifikationen der Provinzen. Sie sollten wohl die römische Zentralmacht und das friedliche Gedeihen der Provinzen verherrlichen.

17 Piazza Colonna

In der Mitte des Platzes die Colonna di Marco Aurelio, das weniger berühmte, aber nicht minder schöne Gegenstück zur Trajanssäule.

Bus: 62, 63, 81, 85, 116, 160, 850

Etwa auf der Hälfte zwischen Piazza Venezia und Piazza del Popolo öffnet sich der Corso zur Piazza Colonna, auf der die Ende des 2. Jh. errichtete **Ehrensäule für Kaiser Marc Aurel** steht. Ähnlich wie bei ihrem Vorbild, der Trajanssäule [s. S. 27], windet sich um die Säule ein Reliefband. Dies hier zeigt Szenen aus den beiden Feldzügen des Kaisers gegen die *Markomannen und Sarmaten* (168/169). Die Säule war mit einem Standbild des Kaisers gekrönt, es wurde im 16. Jh. durch eine Statue des hl. Paulus ersetzt.

Vor der Säule zum Corso hin steht ein Brunnen, den Giacomo della Porta entworfen hat, hinter der Säule begrenzt den Platz der klassizistische **Palazzo Wedekind**, der 1838 für das deutsche Bankhaus dieses Namens erbaut wurde. Auch hier wurden in großem Umfang antike Spolien verwendet, die 16 schönen ioni-

Und immer wieder ist Premiereabend – das barocke Wassertheater der Fontana di Trevi

schen *Säulen* des Portikus stammen aus dem antiken Veji.

Die Nordfront des Platzes nimmt der **Palazzo Chigi** ein, ein Bau der Spätrenaissance, 1562 von Giacomo della Porta begonnen, von Carlo Maderno vollendet. Der Palast dient heute als Sitz des italienischen Ministerpräsidenten. In der Häuserfront gegenüber sieht man die kleine Kirche **S. Bartolomeo dei Bergamaschi**, 1561 als S. Maria della Pietà erbaut und damals zu einem Irrenhaus gehörig. Jenseits des Corso öffnet sich die **Galleria Colonna**, eine Y-förmige Einkaufspassage vom Ende des 19. Jh.

18 Fontana di Trevi

TOP TIPP *Theaterhaft inszeniertes ›Wasserschauspiel‹ – der berühmteste Brunnen Roms.*

Via delle Muratte
Bus: 62, 63, 81, 85, 95, 116, 117, 119, 160, 175, 492, 628, 630, 850

Der Brunnen ist nicht nur eine Sehenswürdigkeit, er gilt – seit dem Film ›Three Coins in the Fountain‹ (1954), spätestens aber seit ›La Dolce Vita‹ (1960) – als Kultplatz. Woher der Aberglaube stammt, dass man eine Münze in das Wasser werfen muss (manche sagen: rückwärts über die linke Schulter), um die Rückkehr nach Rom zu sichern, und wie lang es diesen Aberglauben schon gibt, ist nicht festzustellen. Älter als gut 200 Jahre kann er nicht sein, denn die Fontana di Trevi ist das jüngste der sozusagen klassischen römischen Bauwerke. Sie wurde als Brunnen für die bereits seit dem Altertum existierende *Aqua Vergine* 1732–51 von Nicola Salvi vor dem Palazzo Poli angelegt. Den Figurenschmuck gestaltete u. a. Pietro Bracci (1762). Der über das Meer und seine Bewohner gebietende *Neptun* steht vor einer antikisierenden Schauwand, einem Triumphbogen nachgebildet, auf einem Muschelwagen, der von Seepferden und Tritonen gezogen wird. Der Name Trevi kommt von einem bescheideneren Vorgängerbrunnen, der hier am Schnittpunkt dreier Wege (*tre vie*) stand oder (nach anderer Lesart) von der Nymphe Trevia.

Weil man meist mit Blick zum Brunnen steht, übersieht man die mit vielen Säulen geschmückte schräg dahinter stehende Barockkirche **SS. Vincenzo e Anastasio**. Die *Fassade* (1650) stammt von Martino Longhi d. J. Bauherr war Kardinal Mazarin, der hier seine Titelkirche hatte.

Der Innenraum von San Silvestro in Capite

19 Sant' Andrea delle Fratte und San Silvestro in Capite

Zwei sehenswerte kleinere Kirchen mit interessanter Ausstattung.

Via di Sant'Andrea delle Fratte,
Via Capo le Case
Metro A: Spagna
Bus: 116, 117, 119, 590

Die kleine Kirche **S. Andrea delle Fratte** im Gassengewirr unterhalb des Quirinal bestand schon im 12. Jh., wurde später mehrfach umgestaltet, zuletzt seit 1653 durch Francesco Borromini, der die Apsis, die (unvollendete) Kuppel und den äußerst bemerkenswerten Glockenturm errichtete. Dieser Campanile ist ein ganz typischer Borromini-Entwurf mit sich vielfach verschränkenden geometrischen Dekorationselementen.

Im Altarraum sind zwei der einst die Engelsbrücke [s. S. 118] schmückenden *Engelsfiguren* Berninis aufgestellt: der Engel mit dem Schriftband INRI und der mit der Dornenkrone. Eine Marmortafel erinnert daran, dass in dieser Kirche die in Rom tätige deutsche Malerin *Angelika Kauffmann* (1714–1807) begraben ist.

Schräg gegenüber der Kirche (Ecke Via della Mercede/Via Propagande Fide) liegt das **Wohnhaus Berninis**. Bernini verfügte in seinem Testament, dass die Statue *La Verità*, sein letztes Werk, im Hausdurchgang aufgestellt werden sollte. Es wanderte aber schon bald ins *Museo e Galleria Borghese* [s. S. 96].

Von der Via della Mercede gelangt man zur Piazza San Silvestro. Der Platz ist nach der Kirche **S. Silvestro in Capite** benannt. Sie verdankt ihren Namen einer Reliquie, die seit Jahrhunderten als Kopf (Caput) Johannes des Täufers verehrt wird. Im 8. Jh. wurden Kirche und Konvent (heute steht an dessen Stelle die

Hauptpost) auf den Ruinen eines *Sonnentempels* erbaut, der seinerseits auf Kaiser Aurelianus zurückgeht. Der schöne, fünfstöckige *Glockenturm* und der Eingang zum *Portikus*, der trotz des Getöses auf dem Platz idyllisch ist, sind mittelalterlich. In die Wände des Portikus sind zahlreiche antike Reste, z.T. aus dem Sonnentempel, eingemauert. Das *Innere* der Kirche wurde Ende des 17. Jh. barockisiert. Sie ist die Nationalkirche der englischen Katholiken in Rom.

20 Spanische Treppe
(Scalinata della Trinità dei Monti)

Nicht nur mehrere Zentren hat Rom, es hat auch mehrere Wahrzeichen. Eines davon ist die Piazza di Spagna mit der Spanischen Treppe, dem Brunnen und der Kirche S. Trinità dei Monti.

Piazza di Spagna
Metro A: Spagna
Bus: 116, 117, 119, 590

Ein Wahrzeichen Roms und in der Tat selbst für den, der den Anblick hundert Mal genossen hat, immer wieder bewegend: die **Scalinata della Trinità dei Monti** mit den Blumenständen, dem Brunnen, dem Obelisk und der zweitürmigen Kirche oben, darüber der römische Himmel. Die Scalinata, bewegt und pittoresk, eine der prächtigsten *Treppenanlagen* des Spätbarock, wurde in den Jahren 1723–26 von Francesco de Sanctis erbaut, um einen feierlichen Aufstieg zur Kirche S. Trinità dei Monti zu schaffen, neben *S. Luigi dei Francesi*, die an die französische Villa Medici [Nr. 60] grenzt, die zweite Nationalkirche der Franzosen in Rom. Auch die Treppe ist auf Kosten eines Legates des damaligen französischen Botschafters in Rom, Gueffier, erbaut worden, sie müsste also eigentlich ›Französische Treppe‹ heißen.

Die Kirche **S. Trinità dei Monti** wurde 1502 auf Befehl König Ludwigs XII. von Frankreich erbaut, aber erst 1585 geweiht. Die malerische *Fassade* stammt von Carlo Maderno. Von der Stiege und dem Vorplatz der Kirche aus öffnet sich ein besonders schöner Blick über Rom, sofern

Ein Muss für jeden Rombesuch: Piazza di Spagna mit S. Trinità dei Monti

Cappuccino alla Romana – im Antico Caffè Greco war schon Goethe häufig zu Gast

man in der Lage ist, den Wald von Fernsehantennen zu ignorieren. Vor der Kirche steht ein *Obelisk* aus den antiken Sallustianischen Gärten, 1789 hier aufgestellt. Er ist eine römische Imitation, kein echter ›Ägypter‹.

Am Fuß der Treppe öffnet sich die großzügige, meist stark belebte TOP TIPP **Piazza di Spagna**, in die von der Piazza del Popolo her die Via del Babuino einmündet und von der auf der anderen Seite die Via Due Macelli in Richtung Quirinal abgeht. Gegenüber der Stiege aber führt die berühmte **Via Condotti** zum Corso hin. Den Platz selbst dominiert der von *Pietro Bernini*, dem Vater des Gian Lorenzo, in Form eines Kahns erbaute Brunnen, die **Fontana della Barcaccia** (1627–29). Die Palmen, wartende Pferdekutschen und ein Paar patrouillierender Carabinieri in Parade-uniform gehören zur romantischen Grundausstattung des Platzes.

Rechts neben der Scalinata steht das schöne Gebäude des **Keats-Shelley Memorial House** (Piazza di Spagna 26, Tel. 06 67 84 235, www.keats-shelley-house.org, Mo–Fr 9–13, 15–18, Sa 11–14, 15–18 Uhr, Metro: Linie A bis Spagna). Unter den vielen Engländern, die im 18. und 19. Jh. nach Rom reisten, von der Sehnsucht nach dem Land, »wo die Zitronen blühen« fast noch mehr ergriffen als die Deutschen, zählen zwei romantische Dichter: Keats und Shelley.

John Keats (1795–1821) kam im November 1820 nach Rom und starb hier schon im Jahr darauf. *Percy Bisshe Shelley* (1792–1822) lebte seit Anfang 1819 in Rom und ertrank auf einer Segeltour vor La Spezia. Beide sind auf dem Protestantischen Friedhof nahe der Cestiuspyramide [Nr. 85] begraben. Auf Keats Grabstein steht die schöne, von ihm selbst als Grabinschrift gewünschte Zeile: »Here lies one whose name was writ in water«. Zurück blieb Keats' Freund, der Maler *Joseph Severn* (1793–1879), der später englischer Konsul in Rom wurde. Auch er ist auf dem genannten Friedhof begraben. Keats, Shelley und Severn wohnten zusammen in diesem Haus an der Spanischen Treppe. (Die Wohnlage war damals noch nicht so unerschwinglich wie heute.) Severn konservierte liebevoll das Andenken an Keats und Shelley und auch an andere englische Dichter und Künstler in Rom. Das heutige Museum enthält interessante Erinnerungsstücke und Zimelien. Lohnend ist der Besuch aber vor allem wegen der sorgsam bewahrten Atmosphäre des Hauses, in dem die romantische Aura jener Italienreisenden des 19. Jh. wieder lebendig wird, die sich damals in Rom niedergelassen hatten.

Eher metaphysisch als romantisch geht es in der **Casa Museo Giorgio de Chirico** (Piazza di Spagna 31, Tel. 06 67 96 54 6, www.fondazionedechirico.it. Nur auf Voranmeldung Di–Sa 10–12.15 Uhr) zu. Der Maler De Chirico (1888–1978) hatte hier seit 1948 sein *Atelier*, in dem heute 70 Gemälde sowie Terrakotten des Meisters der Pittura Metafisica gezeigt werden.

Südlich der Treppe wird die Piazza vom **Palazzo di Spagna** beherrscht, einem Bau aus dem 17. Jh. mit wuchtiger Fassade, seit eben der Zeit Sitz der Spanischen Botschaft. Sie gab dem Platz und der Stiege den Namen.

Seitlich davon, die Via Due Macelli von der Via di Propaganda Fide scheidend, steht der **Palazzo di Propaganda Fide**, ein Bau aus dem 16. Jh., nach 1633 mehrfach umgebaut und seit damals Sitz der 1622 gegründeten Kongregation zur Glaubensverbreitung, der *Congregazio di Propaganda Fide*. Bernini hat die Fassade zum Platz hin gestaltet, die eigenartige Front mit den umgedrehten Pfeilern zur gleichnamigen Straße stammt von Borromini, der 1644–66 auch die – von der Straße her als solche nicht erkennbare – *Chiesa dei Re Magi* errichtete, eine verhältnismäßig schlicht ausgestattete Kirche mit hellem, weiten Innenraum (Eingang im Hof, nur auf Anfrage zugänglich). Vor dem Palazzo steht eine **Mariensäule**, die 1854 zur Erinnerung an die Verkündung des Dogmas von der Unbefleckten Empfängnis errichtet wurde; die Cipollinsäule selbst ist antik.

Wenige Schritte führen von der Piazza di Spagna in die Via Condotti und zum berühmten **Antico Caffè Greco** [s. S. 168], 1760 von einem Levantiner (daher der Name) gegründet. Das traditionsreiche Kaffeehaus, in dem Kellner im Frack servieren, präsentiert zahlreiche Kunstwerke von Malern und Bildhauern, die hier verkehrten. Die Zahl illustrer Gäste ist Legion: Goethe, Gogol, Schopenhauer, Stendhal, Leopardi, D'Annunzio, Michael Ende. Die Musiker Berlioz, Mendelssohn, Liszt, Sgambati, Grieg und Wagner; aber auch kuriose Leute wie Buffalo Bill tranken hier ihren Kaffee.

Top Tipp

Vom oberen Ende der Spanischen Treppe führen die noble **Via Sistina** (von Papst Sixtus V. angelegt) und die schmalere Via Gregoriana abwärts in Richtung Piazza Barberini und Via del Tritone. Am Anfang der *Via Gregoriana* steht der manieristische **Palazzo Zuccari**, dessen Tür und Fenster aus den aufgerissenen Mäulern steinerner Monster gebildet sind. Sie sind friedlich; hinter ihnen im Palazzo und dem angrenzenden sowie dem gegenüberliegenden Haus hat die **Biblioteca Hertziana** (nicht öffentlich zugänglich, www.biblhertz.it) ihren Sitz, das ›Max-Planck-Institut für italienische Kunstgeschichte‹, das auf eine Stiftung der Deutsch-Römerin Henriette Hertz zurückgeht. Mit über 250 000 Bänden besitzt die Bibliothek die reichhaltigste Sammlung zur römischen Kunst und Kunstwissenschaft. Mit einem neuen Bibliotheksgebäude, das momentan auf den Resten antiker Vorgängerbauten errichtet wird und 2007 fertig sein soll, setzt der spanische Architekt Juan Navarro Baldeweg an dieser Stelle einen spannenden modernen Akzent.

21 San Carlo al Corso und Casa di Goethe

Der geistliche Stützpunkt der Mailänder in Rom in der engen Straßenschlucht des Corso, wo einst Goethe gewohnt hat.

Via del Corso
Bus: 81, 224, 590, 628, 926

S. Carlo al Corso, eigentlich SS. Ambrogio e Carlo, ist die lombardische Nationalkirche in Rom. Beide Kirchenpatrone, Ambrosius (im 6. Jh.) und Karl Borromäus (im 16. Jh.), waren Erzbischöfe von Mailand. Die Kirche wurde zwischen 1612 und 1672 von Onorio und Martino Longhi errichtet, die eindrucksvolle *Kuppel*, eine der größten Roms, ist das letzte Werk Pietro da Cortonas. Die *Fassade*, die diesen oberen Teil des Corso beherrscht, fällt durch die hohen, strengen Halbsäulen auf, die sie in eine einzige Ordnung gliedern.

Das *Innere* der Kirche ist im Sinn hochbarocker Ausstattung reich vergoldet und mit prunkvollen *Fresken* von G. Brandi ausgestattet. Ein Chorumgang hinter dem Altar wie hier ist sonst in keiner römischen Kirche zu finden. Das *Altarbild Glorie der hll. Ambrosius und Borromäus* stammt von Carlo Maratta. Neben der 3. Kapelle links führt eine Tür in einen Hof, den Säulen umgeben. Hier steht die bereits 513 errichtete *Ambrosiuskapelle*.

Die ›Zwillingskirchen‹ S. Maria in Montesanto (links) und S. Maria dei Miracoli (rechts) an der Piazza del Popolo, in der Mitte der Obelisk aus dem Sonnentempel von Heliopolis

Der geheime Geheimrat

1786 reiste **Goethe** incognito als ›Kaufmann Möller‹ nach Italien. Am 29. Oktober betrat er durch die Porta Flaminia die Ewige Stadt. Seine ›**Italienische Reise**‹, das ohne Zweifel schönste literarische Zeugnis deutscher Liebe zu Rom, lässt erkennen, welche – ihm selber nicht ganz erklärliche – Faszination diese Stadt auf ihn ausgeübt hat. Den Aufenthalt hier (mit Unterbrechungen bis Mai 1788) bezeichnete Goethe selbst später als glücklichste Zeit seines Lebens. Er schrieb hier u. a. ›Iphigenie‹, ›Tasso‹ und die ›Römischen Elegien‹, vor allem aber zeichnete und malte er sehr viel. Er stand in lebhaftem Kontakt mit der damals schon großen deutschen **Künstlerkolonie** (u. a. Angelika Kauffmann). Sein ambivalentes Verhältnis zum Katholizismus und zum Papsttum ist eines der merkwürdigsten Kapitel in Goethes Biografie. Goethe hatte vor, nach kurzem Aufenthalt in Weimar nach Rom zurückzukehren und in der Stadt zu bleiben. Christiane Vulpius kam dazwischen.

In einer Wohnung des Hauses Via del Corso 18 wohnte einst Goethe bei seinem Freund, dem Maler Johann Heinrich Wilhelm Tischbein. Die **Casa di Goethe** (Via del Corso 18, Tel. 06 32 65 04 12, www.casadigoethe.it, Di–So 10–18 Uhr) wurde von deutscher Seite mit großem Aufwand in ein geschmackvolles, vorzügliches Museum verwandelt. Es präsentiert Wechselausstellungen, Vorträge etc. zu Goethe und seiner Zeit, angeschlossen ist eine Bibliothek.

22 Piazza del Popolo

TOP TIPP

Über diesen Platz mit dem alten Stadttor, den Zwillingskirchen und dem Obelisk betraten aus dem Norden Kommende die Ewige Stadt, ehe es die Stazione Centrale Roma Termini und den Flughafen gab.

Metro A: Flaminio
Bus: 81, 88, 95, 117, 119, 490, 495, 590, 628, 926
Tram: 2

Dort wo die Via Flaminia die Stadtgrenze überschritt, wurde als Teil der Aurelianischen Mauer die Porta Flaminia errichtet, heute Porta del Popolo, das Tor Roms nach Norden. In der Nähe lag ein *Ustrinum* (wahrscheinlich des Hadrian), das im Volksglauben als *Neros Grab* galt.

Da Neros Geist dort bzw. in einem Nussbaum neben dem Tor vermutet wurde, entstand hier 1099 eine Kapelle, die 1227 zu einer Kirche vergrößert wurde. Die Kosten trug die Gemeinde, also der *popolo*, daher der Name **S. Maria del Popolo**. Er ging allmählich auch auf das Tor und den Platz über, der durch den Zusammenlauf des Corso, der damaligen Uferstraße Via Ripetta und der Via del Babuino entstand.

Die äußerlich schmucklose Kirche wurde Ende des 15. Jh. – z. T. nach Plänen Bramantes – erneuert und vergrößert und unter Alexander VII. innen barockisiert. Sie enthält einige *Grabdenkmäler* von kunsthistorischer Bedeutung: in der *ersten Seitenkapelle rechts* das Grabmal der Kardinäle Cristoforo und Domenico della Rovere (Neffen Sixtus' IV.) von Andrea Bregno mit einer schönen Madonna von Mino da Fiesole (1477 bzw. 1501); die zweite Kapelle links, die *Cappella Chigi,* wurde von Raffael für den reichen Bankier Chigi (Bauherr der Villa Farnesina, Nr. 72) als eine Art kleines Pantheon entworfen; von Raffael stammt auch der Entwurf für die *Kuppelfresken*, eine eigenwillige Darstellung der Schöpfungsgeschichte. In vier Nischen stehen vier **Propheten**, zwei davon – Daniel und Habakuk – in dramatisch bewegter Pose, unverkennbare Werke Berninis; der nackte Jüngling mit dem Fuß im furchtbaren Fischmaul ist der Prophet Jonas (von Lorenzetto nach einem Entwurf Raffaels); die *dritte Kapelle rechts* ist mit **Fresken** aus der Schule Pinturicchios geschmückt und u.a. mit einer sehr feinen *Himmelfahrt Mariens* von Tiberio d'Assisi über dem Bronzegrabmal des Bischofs Girolamo Foscari (1505).

Eine ganz andere Welt öffnet sich in der *letzten Kapelle links*, hier finden sich zwei Hauptwerke Caravaggios: die *Bekehrung Pauli und die Kreuzigung Petri* (1601/02). Hinter dem Altar im – leider schlecht beleuchteten – *Chor* steht das figurenreiche Grabmal des Kardinals Ascario Sforza von Andrea Sansovino (1507) und gegenüber vom selben Künstler das Grabmal des Kardinals Girolamo Basso della Rovere, dessen floraler Reliefschmuck erstaunlich an den der Ara Pacis Augustae [s. Nr. 25] erinnert.

Die Malereien an der *Decke des Chores* gehören zu den Höhepunkten der Frührenaissance: die Marienkrönung, die Evangelisten, die Kirchenväter und vor allem die eleganten Sibyllen von Pinturicchio. Eine Seltenheit für Rom sind die farbigen *Glasfenster,* sie wurden im 15. Jh. von Guglielmo di Marsiglia geschaffen.

Der Platz vor der Kirche und dem früher schmucklosen Stadttor, die **Piazza del Popolo**, wurde zum Empfangssalon Roms für die vom Norden kommenden Reisenden. So empfand ihn auch Goethe, als er hier die Ewige Stadt betrat. 1561–63 wurde die Nordfassade der **Porta del Popolo** nach Plänen Michelangelos umgestaltet, 1655 die reich geschmückte Südfront errichtet. Eine Inschrift feiert den Einzug der zum Katholizismus konvertierten Königin Christine von Schweden. Ehemals standen seitlich zwei Tortürme, die leider 1879 beseitigt wurden, als man die beiden Seitendurchgänge öffnete.

Der **Obelisk** in der Platzmitte stammt aus Heliopolis, er war 1250 v. Chr. von Ramses II. vor dem dortigen Sonnentempel errichtet worden. Unter Augustus kam er als Schmuck für den *Circus Maximus* nach Rom, Domenico Fontana stellte ihn auf Anweisung Sixtus' V. 1589 hier auf. Der Brunnen wurde 1823 hinzugefügt.

Prägend für das Erscheinungsbild des Platzes sind außerdem die (beinah) Zwillingskirchen, die die Winkel der drei Straßenfluchten besetzen: von der Porta del Popolo aus gesehen links **S. Maria in Montesanto** und rechts **S. Maria dei Miracoli**, die erste steht auf elliptischem, die zweite auf rundem Grundriss. Die als

›Die Bekehrung Pauli‹, ein Hauptwerk Caravaggios in S. Maria del Popolo

städtebaulicher Akzent entworfenen Kuppelkirchen wurden zwischen 1662 und 1679 nacheinander erbaut, und zwar von Carlo Rainaldi, von dem später Gian Lorenzo Bernini und Carlo Fontana die Bauleitung übernahmen.

1816–24 gestaltete der klassizistische Baumeister Giuseppe Valadier den Platz mittels großzügiger Schaukulissen um, darunter die vielgestaltigen, malerischen *Treppen und Rampen*, die zum Pincio hinaufführen.

23 Via Flaminia

Die alte Konsularstraße, die dorthin führt, wo die von Goethe erwähnten »graulichen Tage hinten im Norden« herrschen.

Metro A: Flaminio
Tram: 2

Die antike Via Flaminia, Fortsetzung des Corso, war die Verbindung von Rom nach Norden und eine der wichtigsten Konsularstraßen, angelegt 220 v. Chr. durch den Zensor G. Flaminius, der drei Jahre danach als Konsul in der Schlacht am Trasimenischen See fiel. Das Schlachtfeld hatte er mit seinen Truppen über eben diese Straße erreicht. Sie durchquerte die gesamte Halbinsel Italien, überstieg den Apennin, erreichte die Adria bei Fano und endete in Rimini. Die heutige Straße folgt noch ihrem alten Verlauf außerhalb der Porta del Popolo und führt an der Villa Ruffo und der Villa Strohl-Fern (einer Kunstschule) vorbei zunächst bis zum Valle Giulia, wo an der Kreuzung zum Viale delle Belle Arti die **Palazzina di Pio IV.** steht, ein Palast mit konkaver Fassade, vermutlich ein Entwurf Vignolas von 1552 (heute Sitz der Italienischen Botschaft am Heiligen Stuhl).

Von hier ab begleitet der neue, breite *Viale Tiziano* parallel zur alten Trasse die Straße in Neubaugebiete und zu den ausgedehnten Sportstätten hinter dem Piazzale Manila. Kurz davor erhebt sich der kostbare kleine **Tempietto di S. Andrea**, eine Arbeit *Vignolas* mit klaren Renaissanceformen und einer elliptischen Kuppel. Den Tempietto gelobte Kardinal Cecchi del Monte, der spätere Papst Julius III., als er beim Sacco di Roma 1527 gefangen genommen wurde.

An der **Milvischen Brücke** (*Ponte Milvio* oder Ponte Molle) stößt die Via Flaminia auf den Tiber. Die heutige Brücke geht auf ein antikes Bauwerk zurück, das vermutlich im Zug der ersten Straßenanlage errichtet und 109 v. Chr. durch den Zensor M. Aemilius Scaurus erneuert wurde. Im 15. Jh. veranlasste Papst Nikolaus V. einen Neubau, unter Papst Pius VII. fügte Giuseppe Valadier 1805 die Fortifikationen hinzu. *Giuseppe Garibaldi* ließ die Brücke teilweise sprengen, um das Vorrücken der Franzosen zu verhindern. 1850 wurde sie unter Papst Pius IX. wieder aufgebaut. Die mittleren Pfeiler und Bogen sind noch antik. Der Verkehr fließt heute über den weiter flussaufwärts gelegenen modernen *Ponte Flaminio*, die Milvische Brücke hingegen ist Fußgängern vorbehalten und ermöglicht einen idyllischen Spaziergang über den Tiber.

Der Fehler des Maxentius

Berühmt wurde die **Milvische Brücke** durch die Schlacht vom 28. Oktober 312, in der **Konstantin** seinen Mitkaiser **Maxentius** besiegte. Das Christentum interpretierte diesen Sieg später als Triumph des neuen Glaubens über das Heidentum. Eusebius und Lactantius schmückten die Ereignisse mit der Legende vom **Kreuz Christi** aus, das Konstantin mit dem Hinweis »hoc signo victor eris« (unter diesem Zeichen wirst du Sieger sein) erschienen sei. Die Tatsache aber, dass Konstantin noch zehn Jahre nach der Schlacht beinah ausschließlich heidnische Götterdarstellungen auf seine Münzen prägen ließ sowie den Titel Pontifex Maximus und den religiösen Kaiserkult beibehielt, verweisen die Erzählung in das Reich der Fantasie.

Nicht göttlicher Beistand hat Konstantin bei der Schlacht begünstigt, sondern das strategische Ungeschick Maxentius', der sein Heer mit dem Rücken zum Tiber aufstellte und sich selbst durch Abbrechen der Milvischen Brücke den Rückzug vereitelte. Er und zahllose seiner Soldaten ertranken bei der Flucht. Für Konstantin war dieser Sieg der entscheidende Schritt zur **Alleinherrschaft** über das römische Reich.

Die künstlerisch wohl bedeutendste Darstellung der Kreuz-Legende stammt von Bernini, sie befindet sich im rechten Pavillon des Portikus der Peterskirche [s. S. 105].

Marsfeld, Pantheon und Piazza Navona – prachtvolle Stadtlandschaften

Mars galt immer schon als ein den Römern wohlgesonnener Gott, war er doch der – wenngleich ›illegitime‹ – Vater des Stadtgründers Romulus. Mars war nicht nur der Gott des Krieges, sondern ursprünglich ein Sonnengott, der Schutzherr der Saat und der Ernte. In dem lange Zeit so gut wie unbesiedelten Stadtgebiet nördlich des Kapitols stand einst ein Mars-Altar, der besondere Verehrung genoss. Von diesem Altar hat der Stadtteil im Tiberknie seinen Namen: **Campo Marzio**, lateinisch Campus Martius, das Marsfeld. In der Antike fanden hier die Volksversammlungen und – sinnigerweise – die Aufstellung der ausrückenden Heere statt. In späterer republikanischer und vor allem in augusteischer Zeit entwickelte sich das Marsfeld durch Thermen und Theater, aber auch durch politische Prachtbauten wie die **Ara Pacis Augustae**, das **Augustusmausoleum** und das **Pantheon** zu einer großzügig gestalteten Stadtlandschaft. Im Mittelalter und in der beginnenden Neuzeit, als die Stadtteile südlich des Kapitols verfielen, bevölkerte sich das Marsfeld, sodass bis weit in die Barockzeit hier das eigentliche *abitato*, das bewohnte Rom zu finden war. Viele Straßenzüge folgen noch der antiken Bebauung, am deutlichsten ist dies bei der **Piazza Navona**, deren Grundriss und Anlage auf das Stadion des Domitian zurückgehen.

24 Augustusmausoleum (Mausoleo di Augusto)

Hier im nördlichen Marsfeld ließ Augustus ein politisches Bauensemble errichten, Ausdruck seines Herrschaftsanspruchs.

Piazza Augusto Imperatore
Tel. 06 67 10 38 19
Sa/So 10–13 Uhr
Metro A: Spagna
Bus: 81, 224, 590, 628, 926

An der heutigen Piazza Augusto Imperatore erstreckte sich im Altertum ein großer Park mit einigen augusteischen Monumenten. Der Garten sollte den Bürgern zur Erholung dienen, und die Denkmäler zeigten ihnen, wem sie diese Errungenschaften und den Kaiserfrieden zu verdanken hatten.

Schon in jungen Jahren ließ Augustus nach dem Vorbild hellenistischer Königsgräber das **Augustusmausoleum** errichten. Wann es fertig wurde und welche äußere Gestalt es hatte, ist nicht gesichert. Es war mit Marmor verkleidet, vielleicht war die flache Kuppel mit Bäumen bepflanzt und von einer Augustus-Statue

Relief von der Ara Pacis (9 v. Chr.): oben der feierliche Prozessionszug, unten die üppigen floralen Dekorationen ▷

bekrönt. Der erste, der hier beigesetzt wurde, war Augustus' Schwiegersohn *Marcellus* († 23 v. Chr.). In der Folge wurden fast alle Mitglieder der kaiserlichen Familie hier bestattet, nur Nero nicht. Im *Inneren* sind die Nischen für die Statuen noch sichtbar, einige Inschriften sind ebenfalls erhalten. Der Bau war lange Jahrhunderte verschüttet und wurde erst 1936–38 freigelegt.

25 Ara-Pacis-Museum
(Museo dell'Ara Pacis)

Ein neues Museum für den Friedensaltar des Augustus.

Lungotevere in Augusta
Tel. 06 82 05 91 27
www.arapacis.it
Di–So 9–19 Uhr
Metro A: Spagna
Bus: 81, 224, 590, 628, 926

Südlich des Mausoleums stand einst die **Sonnenuhr des Augustus**. Den Zeiger bildete ein *Obelisk*, den Augustus 10 v. Chr. aus Ägypten hierher bringen ließ. Die Ziffern und Sternkreissymbole aus großen Bronzebuchstaben waren in die Marmorplatten der Pflasterung eingelassen. Ein kleiner Teil davon wurde unter dem Haus *Via Campo Marzio 48* gefunden, an der Fassade ist ein Plan der Ausgrabungen angebracht. Die Uhr ›ging‹ aber schon zu Plinius' Zeiten nicht mehr richtig, vielleicht, weil der Obelisk sich bei einem Erdbeben gesenkt hatte. Später stürzte er um und zerbrach, wurde aber 1792 vor dem Palazzo Montecitorio [Nr. 27] wieder aufgestellt.

Der Schatten des Obelisken zeigte am 23. September, dem Geburtstag des Augustus, zur **Ara Pacis Augustae** hin, die ›vom Senat und dem Volk Roms‹ dem Friedensbringer Augustus gestiftet und am 30. Januar 9 v. Chr. eingeweiht wurde. Der *Altar* war jahrhundertelang verschüttet, erst im 16. und 19. Jh. wurden erste Teile des Bauwerkes gefunden. Nach erfolgreichen Grabungen 1937/38 rekonstruierte man den Altar und stellte ihn in eine verglaste Halle, allerdings nicht an seinen ursprünglichen Standort (dort erhebt sich jetzt der Palazzo Fiano-Almagià), sondern ans Tiberufer. Nach neuerlicher jahrelanger Restaurierung ist der Altar seit 2006 wieder der Öffentlichkeit zugänglich. Mit dem die Gemüter erregenden, aber zweifellos würdigen Neubau von Richard Meier & Partners Architects, hat Rom nun eine weitere, die Jahrtausende überspannende Sehenswürdigkeit erhalten.

Die Ara Pacis wurde wohl von *griechischen* Bildhauern geschaffen. Sie gilt als eines der wichtigsten Denkmäler der frühen Kaiserzeit und als das bedeutendste Zeugnis augusteischer Reliefkunst. Einige der Platten befinden sich heute in verschiedenen auswärtigen Museen [s. Nr. 60], doch wurden von ihnen Abgüsse hergestellt und hier eingefügt. Einige Reliefpartien und Figuren wurden aus spiegelbildlich vorhandenen Vorlagen ergänzt. Ob die Ergänzungen gelungen und ob die Anordnung der Reliefplatten richtig ist, bleibt umstritten.

Im *Inneren* der Anlage steht der eigentliche Altar, zu dem Stufen hinaufführen. Der mit Sicherheit vorhanden gewesene Figurenschmuck ist fast gänzlich verloren. Um den Altar zieht sich eine innen mit Rankenornamenten und außen mit zahlreichen Reliefs geschmückte *Umfassungsmauer*.

Die Reliefs verlaufen in zwei Zonen: Die untere zeigt üppige florale Muster, die das Gedeihen des augusteischen Staatswesens symbolisieren. Die obere zeigt an den Seitenwänden eine figurenreiche *Opferprozession*. Hier sind die Mitglieder der kaiserlichen Familie dargestellt, über die Identifikation der einzelnen Figuren besteht aber keine Sicherheit.

Die Reliefs an der Vorder- und Rückseite stellen mythologische und allegorische Szenen dar. Die relativ gut erhaltene Darstellung vorn rechts ist als Opfer des Aeneas (Stammvaters der Römer) zu entschlüsseln; die ebenfalls gut erhaltene Figur hinten links ist entweder als Gäa (Erde) oder als Italia zu betrachten, umgeben von zwei Kindern und den Symbolen von Wasser und Luft.

26 San Lorenzo in Lucina

Eine schöne, würdige römische Kirche – innen schaut ein steinerner Arzt ganz seltsam aus einem Bernini-Fenster.

Piazza S. Lorenzo in Lucina
Bus: 52, 53, 61, 71, 80, 85, 117, 119, 160

San Lorenzo liegt an einem trapezförmigen Platz, der sich westwärts des Corso unweit der Stelle öffnet, wo sich einst die *Ara Pacis Augustae* befand. Die Kirche ist sehr alt, der frühchristliche Vorgängerbau wurde schon im 4. Jh. auf dem Grundstück einer ›Matrone Lucina‹ erbaut. Unter Papst Paschalis II. (1099–1118), einem der ersten päpstlichen Architekturmäzene, wurde die Kirche erneuert. Aus dieser Phase stammen der eindrucksvolle **Portikus** mit Granitsäulen, gekrönt von (den in Rom seltenen) ionischen Kapitellen, der typisch römische *Glockenturm* und die beiden hockenden, säulentragenden Porphyrlöwen vor dem Eingang.

Im 17. Jh. wurde das **Innere** barockisiert. Carlo Rainaldi errichtete den feierlichen Hochaltar mit den vier Säulen aus schwarzem afrikanischen Marmor. Das Altarbild, eine dramatische, psychologisch fein gedeutete *Kreuzigung* ist ein Spätwerk Guido Renis (ca. 1670), in der vierten Kapelle links hängt eine *Versuchung des hl. Franziskus* des lange in Rom tätigen französischen Monumentalisten Simon Vouet von 1624. Das bedeutendste Kunstwerk der Kirche ist aber (in der vierten Kapelle rechts) das theatralische, illusionistische **Porträt des Arztes Gabriel Fonseca** († 1668), ein Meisterwerk Berninis. Der Arzt scheint sich in andächtiger Haltung aus einem Fenster zu beugen. Auch bei dieser Skulptur Berninis beruht ein Teil der Wirkung auf der Verwendung verschiedenfarbigen Marmors.

An der Ecke der Piazza S. Lorenzo in Lucina und Corso steht der elegante **Palazzo Ruspoli** (1586) aus der Spätrenaissance, in dessen Räumen gelegentlich Ausstellungen stattfinden (Fondazione Memmo, Via del Corso, Tel. 06 68 74 704, www.palazzoruspoli.it).

27 Palazzo Montecitorio

Der Palast wurde von Bernini entworfen, heute werden hier Gesetze vom Parlament beschlossen.

Piazza di Montecitorio
Bus: 52, 53, 61, 71, 80, 85, 117, 119, 160

Der monumentale Palazzo Montecitorio (Tel. 06 67 60 1, www.camera.it, 1. So im Monat 10–17.30 Uhr, Führungen: Eingang Piazza del Parlamento 24) ist seit 1870 Sitz der *italienischen Abgeordnetenkammer*. Er wurde 1650 nach Entwürfen von Bernini als Familienpalast der Ludovisi begonnen. Erst 1694 vollendete ihn Carlo Fontana, und Innozenz XII. bestimmte ihn zum Sitz der päpstlichen Gerichte (Curia Innozenziana). Nach 1900 wurden der rück-

Grabmal des Arztes Fonseca von Bernini in S. Lorenzo in Lucina

wärtige Teil und die entsprechende Fassade im leicht gigantesken Stil der Gründerzeit angefügt (von Ernesto Basile, vollendet 1918); auch die Umgestaltung des Inneren ist auf diese Zeit zurückzuführen.

Die Schauseite, die *Fassade* Berninis und Fontanas, ist eine breite, konvex ausladende Front mit Rustika-Verzierungen und einem typischen Bernini-Uhrturm. Der *Obelisk* davor – aus der Zeit Psammetichs II. (6. Jh. v. Chr.) – war der Zeiger der Sonnenuhr des Augustus [s. Nr. 25]. Er war der erste, der aus Ägypten nach Rom gebracht und der letzte, der – 1792 unter Pius VI. – wieder aufgerichtet wurde.

28 Santa Maria sopra Minerva

Ein Sinnbild für die Koexistenz von Heidnischem und Christlichem in Rom.

Piazza della Minerva
Bus: 46, 62, 63, 64, 70, 81, 87, 116, 492

Der Name der einzigen gotischen Kirche Roms ist geradezu römisches Programm: die Kirche der Mutter Jesu auf den Fundamenten des Tempels der Minverva, der altlatinischen Beschützerin von Handwerk und Gewerbefleiß. Freilich ist die Zuschreibung willkürlich: Den *Bau*, auf dessen Resten die erste Kirche im 8. Jh. erbaut wurde, hielt man für einen *Tempel der Minerva Chalkidika*, in Wahrheit war es ein Isistempel. Der Isiskult kam im 1. Jh. v. Chr. in Rom zu Bekanntheit, nicht zuletzt durch Caesars Verbindung mit Cleopatra. Und die damit zusammenhängende *Ägypten-Schwärmerei*, von der die vielen Obelisken Roms zeugen, hielt sich lange Jahre. Dass die Marienkirche auf Resten eines Isistempels steht, ist zwar Zufall, aber sinnvoll, denn der christliche *Marienkult mit* jungfräulicher Geburt und anderen ikonographischen Details (Darstellung der *Mutter mit Kind*) ist dem ägyptischen Isiskult nachgebildet.

Die heutige Kirche S. Maria sopra Minerva wurde um 1280 begonnen. Sie gilt als unmittelbar von der Florentiner Kirche S. Maria Novella beeinflusst. Vollendet wurde sie erst 1450, schon zu Zeiten der Renaissance. Im Barock umgestaltet, im 19. Jh. unbeholfen regotisiert, bildet sie heute ein nicht gerade glückliches Stilgemisch, das auf den ersten Blick nicht dem entspricht, was wir als gotisch empfinden. In der Kirche sind mehrere Päpste, darunter Clemens VII. und Leo X. Medici, begraben sowie die hl. Katharina von Siena und der einzige Maler, der als ›selig‹ gilt: Fra Angelico.

Bedeutend ist die Ausstattung der Kirche, vor allem der **Triumphierende Christus** von Michelangelo (1519–21), eine eher heidnische Darstellung des Heilands, die etwas kalt wirkt. Christus hält

Der kleinste Obelisk Roms und Berninis Elefant mit dem längsten Rüssel

ein unproportional kleines Kreuz, das er eher wie ein Handwerkszeug bei sich hat. In der letzten Seitenkapelle rechts, in der *Cappella Carafa,* finden sich sehr schöne Fresken (1488–92) von Filippino Lippi, dem unartigen, aber genialen Sohn des Filippo Lippi. In der *drittletzten Kapelle rechts* hat einer der großen Meister der Frührenaissance, Melozzo da Forlì, ein Fresko geschaffen: Christus als Weltenrichter zwischen zwei Engeln. Hinter dem *Altar*, etwas im Finstern und nicht immer zugänglich, stehen die beiden *Grabmäler* für die erwähnten Medici-Päpste, beides Entwürfe von Antonio da Sangallo d. J. Die Statue Leos X. stammt von dem Michelangelo-Schüler Raffaello da Montelupo. Das Altarbild in der *dritten Kapelle rechts* – ein Erlöser – wird Pinturicchio zugeschrieben.

Der Platz vor der Kirche wird von dem kleinsten **Obelisken** Roms dominiert. Er stand ursprünglich in dem erwähnten Isisheiligtum. Papst Urban VIII. Barberini (1623–44) ließ ihn hier aufstellen. Den Einfall, ihn auf einen Elefanten zu stellen, hatte *Gian Lorenzo Bernini*, der das überaus reizvolle Ensemble entwarf (gemeißelt von Ercole Ferrata 1667).

An der **Fassade** der Kirche, unten rechts, sind Steintafeln eingelassen, die anzeigen, wie hoch zwischen 1598 und 1870 in Hochwasserzeiten der Tiber gestiegen ist. Wenn man die Gasse, die hier beginnt (Via S. Caterina da Siena), weitergeht, kommt man zum *Piè di Marmo*, dem ›Großen Marmorfuß‹, Rest einer antiken Kolossalstatue.

29 Pantheon
(Santa Maria Rotonda)

TOP TIPP

In dem einzigartigen antiken Kuppelbau ist die Harmonie des Kreises Stein geworden.

Piazza della Rotonda
Tel. 06 68 30 02 30
Mo–Sa 8.30–19.30, So 9–18,
Fei 9–13 Uhr
Bus: 46, 62, 63, 64, 70, 81, 87, 116, 492

Der einzige vollständig erhaltene Kuppelbau der Antike geht auf einen von *Agrippa*, dem Freund und Schwiegersohn des Augustus, gestifteten *Tempel* zurück, der 27 v. Chr. geweiht wurde. Das Pantheon, der dem ›Allgöttlichen‹ oder ›Allen Göttern‹ gewidmete Tempel, stand im Zusammenhang mit den etwas weiter

Piazza della Rotonda mit dem antiken Kuppelbau des Pantheon

südlich gelegenen *Agrippathermen*, von denen ein Rest in der Häuserfront der Via dell'Arco di Ciambella zu sehen ist. Das Heiligtum selbst brannte zweimal ab und wurde wieder aufgebaut, zuletzt unter Hadrian, der die auf Agrippa bezogene Weihinschrift wieder anbringen ließ.

Das Pantheon ist ein Rundbau mit einem großen *Pronaos* (Vorhalle) von 16 rosa und grauen Granitsäulen korinthischer Ordnung. Die **Kuppel** entspricht der Hälfte einer Kugel mit einem Durchmesser von 43,30 m, die exakt in das Gebäude hineingedacht ist. Das Licht fällt allein durch die 9 m breite Öffnung im Zenith. Die Kuppel ist, wie der ganze Bau, auch architekturgeschichtlich interessant: Sie wurde über einer Holzverschalung aus Mörtel mit Tuffstein in einem Stück gegossen. Sie war in der Antike mit vergoldeten Bronzeziegeln gedeckt. Kaiser Constans II. ließ 663 die Ziegel nach Byzanz schaffen. 735 ersetzte sie Papst Gregor III. durch einen Bleiüberzug. Das Innere der Kuppel, eine die Wölbung betonende, perspektivisch gearbeitete Kassettendecke, wurde ebenfalls seiner Vergoldung beraubt.

Der Bau, der bis in frühchristliche Zeit ein Tempel war, wurde 608 von Kaiser Phokas dem Papst geschenkt. Der Papst – es war Bonifatius IV. – missverstand den Namen Pantheon und übersetzte ihn mit *Allerheiligen*, welches Fest er 609 dann stiftete. Außerdem ließ er 28 Wagenladungen mit Gebeinen aus antiken Grabstätten (wie etwa an der Via Appia) hierher bringen. Er erklärte sie schlichtweg zu Reliquien von christlichen Märtyrern, seitdem hieß die Kirche *S. Maria ad Martyres*, heute wird sie *S. Maria Rotonda* genannt.

Das nicht nur schöne, sondern auch rätselhafte Bauwerk hat zu zahlreichen astronomisch-mathematischen und mystischen Deutungen Anlass gegeben. Es als Symbol für die Allherrschaft vom Gesetz der Zahl zu sehen, erscheint nicht abwegig.

Das **Innere** ist nur noch teilweise antik, original sind der polychrome Intarsienfußboden, die Säulen, Pfeiler und farbigen Marmorverkleidungen bis zur Höhe des Porphyrsimses. In den – abwechselnd halbrunden und viereckigen – Nischen, in denen heute Heiligenfiguren stehen, standen in der Antike Götterstatuen. Oberhalb des Simses wurde die Dekoration 1747 neu gestaltet. Über der rechten Nische neben dem Altar versuchte man 1930 ein Stück der originalen Raumdekoration zu rekonstruieren.

Die Bronzeverkleidungen an der Kassettendecke des Pronaos ließ Papst Urban VIII. Barberini abnehmen. Aus ihr wurden 80 Kanonen und der *Baldachin* des Altars in der Peterskirche [s. S. 106] gegossen, was zu dem berühmten Pasquill Anlass gab: »Quod non fecerunt barbari,

Himmlische Dimensionen: der Innenraum des Pantheon mit seiner großartigen Kuppel

fecit Barberini.« (Was die Barbaren nicht gemacht haben, machte Barberini.)

Die Pantheon-Kirche ist auch die Walhalla berühmter italienischer Persönlichkeiten: Die *Gräber* der Könige *Vittorio Emanuele II* und *Umberto I* nebst *Königin Margherita* befinden sich hier. In der ersten Nische links steht das Grabmal des Kardinals *Ercole Consalvi*, einer der wenigen bedeutenden Staatsmänner des Kirchenstaates im 19. Jh. Zuletzt sei das unauffällige Grab **Raffaels** am dritten Wandpfeiler links vom Eingang erwähnt. In der ersten Nische rechts befindet sich ein schönes *Verkündigungsfresko*, das wohl von der Hand Melozzo da Forlìs stammt.

Der Platz vor dem Pantheon lag in der Antike wesentlich tiefer, man stieg zum Tempel einige Stufen hinauf. Der **Brunnen**, der heute die Piazza schmückt, wurde 1575 (oder 1578) von Giacomo della Porta und Leonardo Sormani errichtet. Der *Obelisk* – ursprünglich Schmuck des Isistempels auf dem Marsfeld – wurde 1711 hinzugefügt.

30 Sant' Eustachio

Die alte Universitätskirche, die dem ganzen Viertel seinen Namen gab.

Piazza S. Eustachio
Bus: 70, 81, 87, 116, 186
Tram: 8

Die Kirche ist sehr alt, laut Überlieferung von Kaiser Konstantin gegründet. Im 12. und dann wieder im 18. Jh. wurde sie umgebaut. Über dem schönen, spätbarocken *Säulenportikus* erhebt sich auf der Spitze der Fassade ein Hirschkopf mit einem Kreuz zwischen dem Geweih, wie er der Legende nach dem hl. Eustachius erschienen ist (ähnlich der Hubertus-Legende). Der *Hochaltar* von 1739 stammt von Nicola Salvi, dem Erbauer der Fontana di Trevi [Nr. 18].

Die **Piazza S. Eustachio** vor der Kirche ist nicht nur wegen der beiden empfehlenswerten Bars S. Eustachio und Camilloni a S. Eustachio zu erwähnen, sondern wegen einiger feiner Renaissancepaläste, die dort stehen, und wegen des großartigen Blicks auf den Kuppelturm von S. Ivo [Nr. 31].

Wenige Schritte geradeaus von der Kirche, in der Via Monterone, steht der große, düstere *Palazzo Lante*, von Sansovino für den Neffen Leos X. erbaut.

31 Sant' Ivo alla Sapienza

Borrominis Meisterwerk der Geometrie.

Corso del Rinascimento
Bus: 70, 81, 87, 116, 1868
Tram: 8

Die Kirche hängt eng mit der römischen **Universität** zusammen, die 1406 von Innozenz VII. gegründet und *La Sapienza* genannt wurde. *Giacomo della Porta* errichtete Ende des 16. Jh. dann das Universitätsgebäude mit dem Arkadenhof, einem der schönsten Roms, in unmittelbarer Nachbarschaft zu S. Eustachio, die als Universitätskirche diente. (Nach dem Umzug der Universität in die neue Città Universitaria bei S. Lorenzo fuori le Mura 1935 zog das *Staatsarchiv* in das alte Gebäude).

1642–60 errichtete dann *Borromini* an der östlichen Schmalseite des Hofes die **Kirche S. Ivo alla Sapienza** (Mo–Sa 9–14, So/Fei 9–12 Uhr), wohl seine originellste Schöpfung. Der **Grundriss** ist eine Verschränkung von Dreipass und Dreieck, was eine Folge von Halbkreisen und Trapezen ergibt, die aber wieder durch Pilaster, Nischen und Apsiden gebrochen sind. Alles in allem offenbart sich der Entwurf als komplizierte Geometrie, die zugleich dank der klaren weißen Wände mit sparsamem Goldschmuck harmonisch wirkt. Die, wenn man so sagen darf, fantasievolle Gestaltung ist ohne Zweifel eine Huldigung an den Geist der Mathematik, der hier in der Sapienza seinen Sitz hatte. Die Kirche ist eine bewundernswerte Abfolge kunstvoll verflochtener konkaver und konvexer Architekturelemente. Das feurige Genie Borrominis hat hier seinen Ausdruck in der Strenge von Zirkel und Linie gefunden.

Die *Fassade* schwingt sich in einer aufsteigenden Folge von Pilastern bis zu einer bizarren, ehemals ein Leuchtfeuer tragenden *Laterne* empor. Eine Schneckentreppe, die sich zur Laterne hinaufwindet, gibt dem Bauwerk zusätzliche Originalität.

32 Palazzo Madama

Hier residiert keine ›Madama‹ mehr, sondern der italienische Senat.

Corso del Rinascimento
Bus: 70, 81, 87, 116, 186
Tram: 8

Der Palazzo Madama (Piazza Madama 11, Tel. 06 67 06 1, www.senato.it, 1. Sa im Monat Führungen 10–18 Uhr) wurde Anfang

Der Kuppelturm von Borrominis S. Ivo alla Sapienza: la lumaca (die Schnecke)

des 16. Jh. als römische Residenz für die Mitglieder der Familie *Medici* erbaut. Die späteren Päpste Leo X. und Clemens VII. wohnten als Kardinäle hier. Dann ging der Palast in das Eigentum der *Madama* über, und zwar der illegitimen Tochter Kaiser Karls V., *Margherita d'Austria. Sie war* die Gemahlin des Papstenkels Ottavio Farnese.

Die feierlich-barocke *Fassade* mit ihren ausladenden Balkonen wurde 1649 vorgeblendet. Sie schaut heute auf die Schneise des 1938 von den Faschisten angelegten *Corso del Rinascimento*. Seit 1870 tagt der Senat hier. Zur Hundertjahrfeier ließ man zur Piazza S. Eustachio hin einen *Brunnen* aufstellen, der aus einer antiken Rosengranit-Schale aus den Neronischen Thermen besteht.

33 San Luigi dei Francesi

Die französische Nationalkirche lohnt einen Besuch allein schon wegen der drei Hauptwerke Caravaggios.

Piazza S. Luigi dei Francesi
Bus: 70, 81, 87, 116, 186
Tram: 8

Die Kirche ist dem hl. Ludwig (König Ludwig IX. von Frankreich, 1219–1270, reg. ab 1230) geweiht, müsste also eigentlich S. Ludovico heißen. (Luigi entspricht dem lateinischen Aloysius, deutsch Alois.) Die Kirche wurde 1518–89 unter Mitwirkung französischer Künstler erbaut. Die etwas fantasielose *Giebelfassade* wird Giacomo della Porta zugeschrieben. In der Sockelzone sieht man ein Relief mit Salamandern, dem Wappentier König Franz I. von Frankreich, eines fernen Nachkommen des Kirchenpatrons.

Caravaggios bühnenreif inszenierte ›Berufung des Matthäus‹ in S. Luigi dei Francesi (Ausschnitt)

Das düstere **Innere** der Pfeilerbasilika ist wegen der Fresken und Gemälde bemerkenswert. Die *zweite Kapelle rechts* schmückt ein bedeutender Freskenzyklus (1611–14) Domenichinos, die Vita der hl. Cäcilia darstellend, in der *Contarelli-Kapelle* (fünfte links) hängen drei Frühwerke **Caravaggios** mit Szenen aus dem Leben des Evangelisten Matthäus. Besonders beeindruckend ist das großartige lebendig erzählte Bild von der *Berufung* des Apostels: Der Geldzähler Matthäus schaut auf und deutet ungläubig auf sich mit dem halb ängstlichen, halb ergriffenen Ausdruck »Bin wirklich ich gemeint?«. Die drei Bilder, 1599–1600 gemalt, ersetzten zehn Jahre früher entstandene Werke Caravaggios (er war damals 17 Jahre alt), die wegen ihres überdeutlichen Realismus Anstoß erregt hatten und entfernt werden mussten.

34 Piazza Navona

TOP TIPP

Die Piazza Navona gilt – wohl zu Recht – als einer der interessantesten Plätze der Welt.

Bus: 30, 70, 81, 87, 116, 186, 492, 628
Tram: 8

Die Form des Platzes – ein lang gestrecktes Rechteck, an der Nordseite abgerundet – geht auf das antike *Stadion des Domitian* zurück. Im Mittelalter errichtete man Häuser auf den Rängen des Stadions unter Einbeziehung der Außenmauern, sodass der Grundriss der alten Anlage erhalten blieb. Auf der Nordseite, an der *Piazza di Tor Sanguigna* ist unter den Häusern ein Stück des antiken Gebäudes zu sehen. Berühmt geworden aber ist die Piazza Navona durch ihre *Brunnenanlagen*, die mit der Kirche S. Agnese in Agone ein großartiges Ensemble bilden. Der Platz war einst Inbegriff des römischen Lebensgefühls und ist heute eine belebte Fußgängerzone. Leider wird der Genuss durch die überhöhten Preise in den Restaurants und Cafés beeinträchtigt.

Das Stadion des Domitian wurde um 86 n. Chr. erbaut. Der später entstandene

Stadion unter Wasser – wo Domitian seine Arena erbaute, lädt heute das barocke Ensemble der Piazza Navona mit dem Mohrenbrunnen zum Flanieren ein

Platz blieb Jahrhunderte lang schmucklos bis auf die heute eher unscheinbar wirkende Kirche in der östlichen Häuserfront, die 1450 erbaute S. Giacomo degli Spagnoli, die später aufgelassen, im 19. Jh. renoviert und in **Nostra Signora del S. Cuore** umbenannt wurde. Die Römer benutzen sie übrigens als Passage zwischen dem Corso del Rinascimento und der Piazza Navona.

1644–50 ließ Papst Innozenz X. von Girolamo Rainaldi den **Palazzo Pamphilj** errichten, in dem heute die Brasilianische Botschaft am Quirinal residiert. Eine Gebäudeachse mit Stiegenhaus stammt von Borromini. Der Papst schenkte den Palast seiner Lieblingsschwägerin Olimpia Maidalchini, auf die der römische Volkswitz das Wortspiel prägte: sie sei ›olim-pia‹ (also vor unvordenklichen Zeiten einmal fromm gewesen). Außerdem plante er, das ganze Viertel und insbesondere den Platz in ein nobles Ambiente zu verwandeln, weshalb er die Kirche S. Agnese in Agone in Auftrag gab sowie den Brunnen davor. Der **Vierströmebrunnen** (*Fontana dei Fiumi*) ist eines der Hauptwerke *Berninis* (1651) und stellt in einer lebhaft bewegten theatralischen Komposition, die das Wasser und den nach oben gelenkten Blick des Betrachters berücksichtigt, die Flüsse der (damals bekannten) vier Erdteile dar: der das Haupt verhüllende *Nil* (dessen Quellen damals noch im Dunkeln lagen) und dann im Uhrzeigersinn: *Donau, Rio de la Plata und Ganges*. Die Legende, dass die Personifikation des Rio de la Plata entsetzt die Hand ausstrecke, weil sie fürchte, dass die – von Berninis Konkurrenten seiner Meinung nach verpfuschte – Kirchenfassade auf sie stürzen werde, kann schon deswegen nicht stimmen, weil die Kirche erst später erbaut wurde. Der *Obelisk*, heute mit der Taube, dem Wappentier Innozenz' X. gekrönt, stammt ursprünglich aus dem Circus des Maxentius [s. S. 133].

TOP TIPP

Die Kirche S. Agnese in Agone steht an der Stelle, wo die hl. Agnes nackt an den Pranger gestellt wurde und der frommen Frau die Haare wundersam wuchsen, um gnädig ihre Blöße zu bedecken. Den Kirchenbau begannen Vater und Sohn *Rainaldi* 1652, 1653–57 wurde er von *Borromini* fortgeführt. Die Kirche bildet mit ihrer breiten *Fassade*, den beiden Glockentürmen und mit der nur wenig höheren Kuppel eine überaus harmonische Anlage. Das hochbarocke, mit Gold und Marmor geschmückte *Innere* wurde von Borromini entworfen. Der plastische

Der ›Nil‹ mit dem verhüllten Haupt an Berninis Vierströmebrunnen

Schmuck – u.a. eine hl. Agnes in den Flammen – wurde von Berninis Schülern, die auch die Brunnenfiguren draußen meißelten, nach Entwürfen des Meisters ausgeführt.

Kurz nach dem Vierströmebrunnen wurde 1654 der **Mohrenbrunnen** (*Fontana del Moro*) von Giovanni Antonio Mari nach einem Modell Berninis ausgeführt. Den barockisierenden **Neptunbrunnen** (*Fontana di Nettuno*) auf der Nordseite schufen Antonio della Bitta und Gregorio Zappalà 1878.

Etwas nördlich der Piazza Navona, an der Piazza S. Apollinare, liegt der TOP TIPP **Palazzo Altemps** (Piazza S. Apollinare 44, Tel. 06 39 96 77 00, www.archeorm.arti.beniculturali.it, Di–So 9–19.45 Uhr), 1585 von Martino Longhi d.Ä. für den Kardinal Hohenems erbaut. (*Altemps* ist die etwas missglückte Übersetzung des Namens Hohenems.) Dieser Palazzo birgt heute einen bedeutenden Teil des **Museo Nazionale Romano** und zeigt insbesondere die qualitätvolle *Antikensammlung Ludovisi*. Schon allein die Räume dieses schönen Renaissance-Palastes sind äußerst sehenswert. Das 1997 eröffnete Museum enthält darüber hinaus zahlreiche Meisterwerke erster Güte. Eindrucksvoll ist der *Trono Ludovisi*, ein griechisches Original, wahrscheinlich die *Geburt der Venus* aus dem Meeresschaum darstellend und als Postament einer Venusstatue fungierend. Auch die Bedeutung des lieblichen, die Doppelflöte spielenden Mädchens auf der einen Wange des ›Thrones‹ ist noch ungeklärt.

Weitere Kostbarkeiten dieses Museums sind der *Ares Ludovisi* und die hochdramatische Figurengruppe des *Galliers* (eigentlich: Galaters), der, besiegt, sein Weib getötet hat und nun Hand an sich selbst legt.

35 Sant'Agostino

Die etwas abseits gelegene, oft übersehene Kirche birgt ein schönes Raffael-Fresko.

Piazza S. Agostino
Bus: 70, 81, 87, 116, 492, 628

Eine feierliche breite Stiege führt zur strengen *Renaissance-Fassade* aus Travertin empor – eine der ersten dieser Art in Rom. 1479–83 wurde die Kirche nach dem Entwurf von Giacomo da Pietrasanta errichtet. Die neben S. Maria del Popolo zweite Augustiner-Chorherren-Kirche enthält einige bedeutende Kunstschätze. So am dritten Pfeiler links der von einem Luxemburger namens Jan Goritz gestiftete *Prophet Jesaias* (1512), ein Meisterwerk *Raffaels*, das den Propheten in leidenschaftlicher, michelangelesker Haltung zeigt. Rechts neben dem Mittelportal steht die *Madonna del Parto* (1521), eine äußerst elegante Arbeit Jacopo Sansovinos, die leider durch die glitzernden Weihgaben beeinträchtigt wird. In der ersten Kapelle links befindet sich die *Madonna dei Pellegrini* (1605), ein dramatisches Hell-Dunkel-Gemälde von Caravaggio.

Von hier aus in Richtung Pantheon gelangt man über die *Via della Maddalena* zur **Chiesa della Maddalena** in der Via delle Colonnelle. Sie ist das Musterbeispiel einer Rokoko-Kirche. Zwar wurde sie schon im 15. Jh. errichtet, ihre zweistöckige, konkav geschwungene und reich verzierte *Fassade* aber erst 1735 von Giuseppe Sardi vorgesetzt. Vor einigen Jahren restauriert, stellt sich die Kirche heute als farbiger Akzent des Viertels um das Pantheon dar. Ihre *Sakristei*, ein getäfelter Raum aus dem 18. Jh., gilt als eine der schönsten in Rom.

36 Sant' Antonio dei Portoghesi

Ein kleines, hübsches Kirchlein.

Via dei Portoghesi
Bus: 70, 87, 116, 492

S. Antonio dei Portoghesi, die reich dekorierte und im Inneren üppig ausgestattete Nationalkirche der Portugiesen, wurde von Martino Longhi d. J., Carlo Rainaldi und Cristoforo Schor erbaut und 1695 vollendet. Die Architekturformen spielen bereits ins Rokoko. Fast in die Kirche hineingebaut ist das hübsche kleine Hotel ›Portoghesi‹ [s. S. 178].

Gegenüber steht die **Torre della Scimmia** (Affenturm), an der vor einem Madonnenbild ein ewiges Licht brennt zur Erinnerung an die wundersame Errettung eines Neugeborenen, das ein Affe (daher der Name) geraubt und auf das Dach des Turmes verschleppt hatte.

Die Fortsetzung der Via dei Portoghesi ist die *Via dell'Orso*. An deren Ende steht das altberühmte **Albergo dell' Orso**, in dem schon im 13. Jh. Dante und später Rabelais, Montaigne und Goethe abgestiegen sind. Goethe wohnte hier allerdings nur kurze Zeit und übersiedelte dann in ein Privatquartier am Corso, die heutige Casa di Goethe [Nr. 21].

Die ›Madonna del Parto‹ von Sansovino in S. Agostino

37 Museo Napoleonico

Sehenswerte Erinnerungen an Napoleon I. und die Napoleoniden.

Piazza di Ponte Umberto I. 1
Tel. 06 68 80 62 86
Di–So 9–19 Uhr
Bus: 70, 81, 87, 116, 492, 628

Napoleon und seine Familie hatten vielfache Beziehungen zu Rom. Napoleon erklärte 1808 Rom zur ›Zweiten Hauptstadt des Kaiserreichs‹ und ernannte seinen Sohn bei Geburt 1810 zum ›König von Rom‹, welchen Titel das Kind allerdings nur bis 1815 tragen durfte. Napoleons Schwester Pauline oder Paolina heiratete den Principe Borghese, sein jüngerer Bruder Lucien (italianisiert Luciano) wurde nach Napoleons Sturz vom Papst zum Herzog von Canino erhoben und lebte in Rom. Auch Napoleons Mutter verbrachte ihre letzten Jahre hier [s. S. 54]. Eine Enkelin Luciens, Prinzessin Carlotta Bonaparte, heiratete einen Grafen Primoli und beider Sohn Conte Giuseppe Primoli schenkte den *Palazzo Primoli* am Tiberufer samt seiner Sammlung bonapartischer Zimelien der Stadt Rom. Die richtete hier ein Museum ein, das für die Geschichte des 19. Jh. nicht uninteressant ist. Es sind Porträts der Napoleoniden, u.a. von Gerard und Isebey, zu sehen, ein Marmorporträt Paolina Borgheses von Canova, Autographen und seltsamerweise auch eine Zuckerdose aus Silber nach dem Abguss des Busens der Königin Marie Antoinette.

38 Santa Maria dell' Anima

Die Nationalkirche der Deutschen oder besser: aller deutsch Sprechenden. Der Doppeladler auf dem Campanile deutet es an.

Via S. Maria dell'Anima
Bus: 30, 70, 81, 87, 116, 186, 492, 628

Die Stiftung der deutschen Nationalkirche in Rom geht auf *Johannes Burckardt*

zurück, der am Hof Papst Alexanders VI. Zeremonienmeister war und ein *Diarium* (Tagebuch) hinterließ, das zu den wichtigsten Quellen der Lebensgeschichte dieses Papstes gehört. Der Kirchenbau wurde 1501 begonnen und 1523 vollendet. Da sich der Wunsch des Stifters »alemanico more« zu bauen (also deutsch, d.h. gotisch) mit den Intentionen der (namentlich nicht dokumentierten) italienischen Baumeister stieß, die im neuen Renaissancestil bauen wollten, weist das Gebäude eine eigenartige Mischung beider Stile auf. Die Deckenfresken und das Glasfenster stammen allerdings erst aus dem 19. Jh.

Im Giebelfeld über dem Mittelportal der *Renaissance-Fassade* sieht man eine schöne Arbeit Sansovinos, *Maria mit zwei armen Seelen* (*anima* = Seele), woher der Name der Kirche kommt.

Schon im Jahr der Fertigstellung der Kirche wurde hier der für über 400 Jahre letzte nicht-italienische Papst begraben: Hadrian VI., ein Holländer. (Damals zählten Holländer wie Tschechen, Ungarn u. a. zur ›Deutschen Nation‹.) Sein von Peruzzi entworfenes *Grabmal* auf der rechten Chorseite zeigt ihn als Liegefigur. Den Kopf stützt er in die Hand, so als sei ihm die Tiara zu schwer: nicht unrealistisch für den hochgebildeten, tadelfreien, sensiblen und völlig erfolglosen Kirchenfürsten, dessen kaum zwei Jahre währendes Pontifikat von nichts als Enttäuschungen erfüllt war.

Der Kreuzgang von S. Maria della Pace von Bramante

39 Santa Maria della Pace

Ein besonders schönes Raffael-Fresko schmückt die kleine Kirche.

Vicolo della Pace
Bus: 30, 70, 81, 87, 116, 186, 492, 628

Die etwas versteckt liegende Kirche gehört brasilianischen Nonnen. Sie wurde 1480 erbaut, später im barocken Sinn renoviert. Der originelle halbkreisförmige *Portikus* stammt von Pietro da Cortona. Sehenswert ist im Inneren vor allem das *Fresko* von der Hand **Raffaels** über der ersten Kapelle rechts. Es empfiehlt sich der nachmittägliche Besuch, weil dann das Licht aus den gegenüberliegenden Fenstern auf das Wandbild fällt. 1514 vom Bankier Chigi in Auftrag gegeben, stellt es weissagende Frauen, die *Sibyllen*, dar, flankiert von Engeln. Von den zehn im Altertum bekannten Sibyllen sind hier vier dargestellt, von links nach rechts: die cumaeische, persische, phrygische und tiburtinische Sibylle. Man beachte, wie sich der Schein der Fackel, die der mittlere Engel hält, in einem schon überirdisch zarten Rosa in den Kleidern der Sibyllen spiegelt. Das Fresko mit den *Propheten* stammt aus Raffaels Werkstatt. Durch die Sakristei ist der *Kreuzgang* zugänglich, ein Werk von Bramante (1500–04).

40 Chiesa Nuova (Santa Maria in Vallicella)

Erst auf den zweiten Blick als solche erkennbar – die Kirche des ›Volksheiligen‹ S. Filippo Neri.

Piazza della Chiesa Nuova/
Corso Vittorio Emanuele II
Bus: 40, 46, 62, 64, 916

Die **Chiesa Nuova** wurde im Auftrag des neu gegründeten Ordens der Oratorianer nach Plänen Martino Longhis d. Ä. ab 1575 errichtet. Die flache, durch Säulen und Pilaster gegliederte *Fassade* (1605) stammt von Fausto Rughesi. Der Orden verdankt sein Entstehen dem *hl. Filippo Neri*, der 1533 nach Rom kam, um zu helfen, die katholische Kirche zu reformieren, was sie schon damals nötig hatte.

Das *Innere* der Chiesa Nuova ist, gegen den Willen des hl. Filippo Neri, später festlich ausgestattet worden, u. a. durch die drei Altarbilder, die der junge *Peter Paul Rubens* 1608 bei seinem Romaufenthalt malte, und die Deckenfresken Pietro da Cortonas, bewegte, hochbarocke Sakral-Inszenierungen in heiteren Farben.

Links neben der Kirche steht das **Oratorio dei Filippini**, das Gebets- und Versammlungshaus der Oratorianer, in dem auch die ersten *Oratorien* aufgeführt wurden. Die Musik spielte in dem Orden eine große Rolle, und das (Musik-) *Oratorium* hat daher seinen Namen. Der Bau (1637–50) ist ein Meisterwerk *Borrominis*. Die vielfach konvex-konkav geschwungene und gegliederte *Fassade*, eine zweigeschossige Schauwand von ebensoviel Harmonie wie Repräsentationswillen, ist ein Musterbeispiel des römischen Hochbarock und atmet in jedem Linienzug den Geist des großen Borromini. Sie wurde Vorbild für die folgende Kirchenarchitektur der katholischen Welt.

Im Erdgeschoss des Gebäudes liegt der heute *Sala Borromini* genannte Oratoriensaal, ein ruhiger, würdiger Ort, wohl einer der schönsten Innenräume des römischen Barock. Hier finden gelegentlich Ausstellungen und Konzerte statt. Der Bau beherbergt auch eine alte öffentliche römische Bibliothek: die *Biblioteca Vallicelliana*, 1581 vom Portugiesen Stazio gegründet. Sie enthält viele rare Werke zur Geschichte Roms und der Kirche.

Die dreieckige **Piazza** vor der Kirche, eigentlich nur eine Ausweitung des Corso Vittorio Emanuele, schmückt außer dem Denkmal für den Theaterdichter Metastasio, ein Werk Emilio Galloris, die wegen ihrer eigenartigen Form so genannte *Fontana della Terrina* (1590), die bis 1889 auf den Campo de' Fiori stand und dann dem Denkmal für Giordano Bruno weichen musste.

Die Chiesa Nuova oder S. Maria in Vallicella birgt Frühwerke des Italienreisenden Rubens

Corso Vittorio Emanuele II und Campo de' Fiori – uralte Gassen und viel Romantik

Auch der Stadtteil südlich des nicht so edlen **Corso Vittorio Emanuele II** gehört zum Marsfeld, hat aber seine eigene Geschichte. Hier befand sich bis ins 19. Jh. das verwinkelte Getto, hier öffnet sich aber auch die edle **Piazza Farnese** mit einem der schönsten Paläste der Stadt. Um den **Campo de' Fiori**, dem belebten und bunten Markt, erstreckt sich ein Gewirr von alten Gassen, die zum Teil den antiken Straßenzügen und Grundrissen der großen Bauwerke wie dem Pompejustheater folgen. In manchen Winkeln entdeckt man noch Reste des mittelalterlichen und romantischen Rom und nicht selten hat sich genau dort ein empfehlenswertes Restaurant etabliert. Man sollte sich den Appetit nicht dadurch verderben lassen, dass Caesar hier (in der Curia des Pompejus) ermordet wurde. Es ist mehr als zweitausend Jahre her.

41 San Giovanni dei Fiorentini

›Nationalkirche‹ der Florentiner und Grabstätte Borrominis.

Via Giulia
Bus: 23, 98, 280, 870, 881

Die ›Nationalkirche‹ der Florentiner ist schon deswegen ein Kuriosum, weil nahezu alle bedeutenden Baumeister Roms entweder Entwürfe dafür geliefert oder daran gebaut haben. Der aus Florenz stammende Leo X. schrieb für die am Tiber neu zu bauende Kirche einen Wettbewerb aus. Raffael, Peruzzi und Jacopo Sansovino reichten Pläne ein, der Papst wählte den *Sansovinos*, der 1518 dann mit dem Bau begann, jedoch gerieten die Arbeiten bald ins Stocken. Später baute Antonio da Sangallo weiter, starb aber 1546. Daraufhin beauftragte man *Michelangelo*, der das, was bisher stand (Teile des Langhauses), in einen Zentralbau umwandeln wollte. Der Plan wurde vom Papst allerdings nicht gebilligt. 1584 übernahm *Giacomo della Porta* die Bauleitung und stellte den Baukörper fertig, die Kuppel errichtete *Carlo Maderno* 1611–14, und endlich, 1734, vollendete der junge Alessandro Galilei die Fassade. Trotz dieser wechselhaften Baugeschichte bietet das Äußere der Kirche ein erstaunlich einheitliches Bild.

Das *Innere* hingegen ist etwas uneinheitlich, darüber tröstet aber der großartige Hochaltar von *Borromini* hinweg, mit Säulen aus sizilianischem Jaspis. Auch das Grabmal des Kardinals Celio Falconieri links hinter dem Altar und die Krypta mit weiteren Falconieri-Gräbern gehen auf Entwürfe Borrominis zurück. Borromini und Carlo Maderno sind in dieser Kirche begraben.

S. Giovanni dei Fiorentini steht am Anfang der ersten systematisch geplanten Straße seit der Antike, der zufällig genau 1 km langen, schnurgeraden **Via Giulia**, benannt nach Papst Julius II., der sie nach einem Plan Bramantes anlegen ließ. Sie zieht sich bis zur Rückfront des Palazzo Farnese hin, wo sie von einem malerischen, bewachsenen Bogen überspannt wird.

42 Palazzo della Cancelleria

Ein geschichtsträchtiger und staatsrechtlich exemter Ort. In der Portiersloge ist eine Basilika untergebracht.

Corso Vittorio Emanuele II
Bus: 40, 46, 62, 64, 70, 87, 116, 186, 628
Tram: 8

Die Cancelleria ist der *größte Palast* Roms, und dennoch übersieht man ihn fast zwi-

Blick in den Innenhof der Cancelleria

schen all den anderen Bauwerken, die später in der Umgebung entstanden. Namentlich die historisierenden Palazzi, die nach 1870 aufgeführt wurden, zerstörten durch Egalisierung die Proportionen der Renaissance- und Barockstadt.

Wer der Architekt dieses herausragenden Bauwerkes war, weiß man seltsamerweise nicht. Man weiß nur, dass Kardinal Raffael Riario, der Neffe Papst Sixtus' IV. (1471–84), in einer Nacht von Franceschetto Cybò, dem unehelichen Sohn des Kardinals Cybò (seit 1484 Papst Innozenz VIII.), 60 000 Scudi im Spiel gewann. Wie gewaltig diese Summe war, lässt sich daran ermessen, dass das ein Drittel der Baukosten für den ganzen Palast war, den *Kardinal Riario* von 1485 an ausführen ließ, wobei er die altehrwürdige Kirche *S. Lorenzo in Damaso*, seine Titelkirche, kurzerhand abzureißen befahl. 1511 (oder 1513) war der Palast fertig, er wurde den Riario aber schon bald danach von Leo X. Medici (1513–21) durch Enteignung abgenommen. Das Gebäude wurde nun Sitz des *Kardinalkanzlers* (daher der Name), des ersten ›Ministers‹ des Papstes. Die Inschrift über dem Haupteingang ›Corte Imperiale‹ weist darauf hin, dass die Cancelleria für kurze Zeit der Sitz der napoleonischen Justiz war.

Gegen Ende des 17. Jh. bekleidete der überaus kunstsinnige Kardinal Pietro Ottoboni (1667–1740), Großneffe Papst Alexanders VIII. (1689–91), das Amt des Kardinalkanzlers. Unter seiner Ägide feierte hier das literarische und musikalische Leben des römischen Barock seinen Höhepunkt.

Während der kurzlebigen ›Römischen Republik‹ 1798/99 war die Cancelleria Sitz des Tribunals, in der Revolutionszeit 1848/49 Sitz des Römischen Parlaments.

Am 15. November 1848 wurde auf den Stufen des Palastes der päpstliche Minister Graf Pellegrino Rossi erdolcht. Ein Aufruhr war die Folge und Papst Pius IX. Mastai-Ferretti (1846–78) sah sich gezwungen aus Rom zu fliehen. In der Cancelleria wurde dann am 9. Februar 1849 neuerlich die Republik ausgerufen, die jedoch bald unter der Gewalt französischer Bajonette zusammenbrach. Die Cancelleria blieb auch nach 1870 Sitz des Kardinalkanzlers und der Rota Romana und erhielt 1929 in den Lateranverträgen *exemten Status*, gehört also nicht zu Italien, sondern zum Vatikan. Heute ist sie auch Sitz der Päpstlichen Archäologischen Akademie, der *Pontificia Accademia Romana di Archeologia*.

Die **Hauptfassade** des im Grundriss dreieckigen Palastes weist auf die Piazza della Cancelleria. Sie ist dreigeschossig, das Parterre wirkt sockelartig mit kleineren Fenstern. Die beiden Obergeschosse weisen schöne Systeme von Fensterreihen, unterbrochen von Pilastern, auf. Über den Rundfenstern im ersten Stock erinnert je eine Wappenrose der Riario an den Erbauer. Das barocke Mittelportal (1589) ist eine Arbeit von Domenico Fontana. Im Palast befindet sich (anlässlich von Kongressen u. Ä. zugänglich) die **Sala dei cento giorni** (Hundert-Tage-Saal). *Giorgio Vasari malte sie* mit theatralisch-monumentalen Fresken aus, die die ›Ruhmestaten‹ Papst Pauls III. Farnese (1534–49) darstellen. Als Michelangelo erzählt wurde, dass Vasari die Fresken in nur 100 Tagen gemalt habe, soll er erwidert haben: »Das sieht man auch.«

Besonders schön ist der **Innenhof**, dessen Gestaltung *Bramante* zugeschrieben wird. Die Säulen stammen z.T. aus der alten Basilika *S. Lorenzo in Damaso*. Vor einigen Jahren wurden im Hof Grabungen unternommen, die interessante Spuren zutage brachten: Möglicherweise hat Kardinal Riario, wie ein kleiner Nero, S. Lorenzo anzünden lassen, um dann die Trümmer abreißen zu dürfen. Die Grabungen wurden allerdings durch die Weigerung der Monsignori behindert, ihre Parkplätze im Hof zu räumen.

Die Basilika **S. Lorenzo in Damaso** ist heute nicht viel mehr als die Hauskapelle der Cancelleria und im Eck zum Corso Vittorio Emanuele II untergebracht. Die Vorgängerkirche, von der nichts mehr außer den erwähnten Säulen im Hof vorhanden ist, war sehr alt. Sie wurde bereits 380 unter Papst Damasus I. als eine der ersten christlichen Heiligtümer errichtet.

43 Museo Barracco und Museo di Roma

Qualitätvolle Privatsammlung antiker griechischer Skulpturen und ein interessantes Stadtmuseum.

Corso Vittorio Emanuele und
Via di S. Pantaleo
Bus: 40, 46, 62, 64, 70, 87, 116, 186, 628
Tram: 8

In dem 1523 erbauten Palazzo, fälschlich *Piccola Farnesina* genannt (wegen der Lilien an der Fassade, die man irrtümlich für das Wappenzeichen der Farnese hielt), ist das **Museo Barracco** (Corso Vittorio Emanuele II 166/A, Tel. 06 82 05 91 27, www.museobarracco.it, Di–So 9–19 Uhr) die Sammlung des Senators Baron Giovanni Barracco, untergebracht, die er, beraten vom deutsch-römischen Archäologen Wolfgang Helbig, im 19. Jh. zusammentrug und 1902 der Stadt Rom schenkte.

Die kleine, aber außerordentlich qualitätvolle Kollektion ist reich an ansonsten eher raren *griechischen Original-Skulpturen*. Von diesen seien erwähnt: ein archaischer *Hermes Kriophoros* (Widderträger) und ein *Marsyas-Kopf* (nach einer Bronze des Myron), ein sich bekrönender *Athlet*, eine *Herakles-Statuette* nach oder aus dem Umkreis des Polyklet sowie die berühmte *Verwundete Hündin*, eine Kopie nach Lysipp.

Außerdem finden sich hier assyrische, ägyptische, etruskische und römische Plastiken. Im Keller ist ein *römisches Haus* (vermutlich ein Geschäftsgebäude) aus dem 5. Jh. zu besichtigen. Der Architekt verwendete Säulen aus einem Bau des 1. Jh., wobei er aber die Kapitelle als Basen benutzte.

Gegenüber dem Museo Barracco an der Piazza S. Pantaleo wurde 1952 im Palazzo Braschi, 1792 im klassizistischen Stil für den Neffen Pius VI. erbaut, das **Museo di Roma** (Stadtmuseum, Via di S. Pantaleo 10, Tel. 06 67 10 83 46, www.museodiroma.comune.roma.it, Di–So 9–19 Uhr) eingerichtet. Neben Veduten, Stichen, Gemälden, Plänen zum Leben, zu Kunst, Kultur und Geschichte Roms sind in den frisch restaurierten Räumen der Salonwagen Pius' IX. und eine Kutsche des Fürsten Chigi ausgestellt.

Botschaft der Steine

Am Palazzo Braschi befindet sich der **Pasquino**, eigentlich ein Fragment einer Menelaos-Patroklos-Gruppe. Dieser Pasquino ist die berühmteste der **Sprechenden Statuen**, die einst eine inoffizielle Institution im römischen Sozialleben darstellten. In Zeiten der strengen päpstlichen Zensur und Überwachung machten die Römer ihrem Unmut Luft, indem sie **Zettel** mit Spottversen auf Papst, Kirche und Obrigkeit an bestimmte Standbilder klebten und sie auf diese Weise zum Sprechen brachten. Obwohl die Obrigkeit wie ein Schießhund wachte, gelang es dem Volkswitz stets seine Botschaft anzubringen und dem Zerberus eins auszuwischen.

44 Palazzo Massimo alle Colonne

Ein einzigartiges Meisterwerk manieristischer Architektur.

Corso Vittorio Emanuele II
Bus: 40, 46, 62, 64, 70, 116, 186, 628

Der Palast mit der charakteristischen gekrümmten Straßenfront wurde 1532–36 von Baldassare Peruzzi anstelle einiger beim *Sacco di Roma* 1527 abgebrannter Häuser errichtet. Die Gebäude folgten in ihrer Ausrichtung dem Grundriss eines antiken Baus, nämlich des mit dem Sta-

Blumen, Obst, Gemüse – der Campo de' Fiori ist ein Erlebnis für Kulturbeflissene mit Kunstkater

dion des Domitian, der späteren Piazza Navona [Nr. 34], zusammenhängenden *Odeons*, also eines Konzertsaals in Form eines griechischen Theaters. Den Namen hat der Palast des Fürsten Massimo von den sechs dorischen *Säulen*, die dem Portikus und damit der ganzen Front den monumentalen Akzent geben.

Hinter dem Palazzo (von der Piazza Navona/Via della Posta Vecchia aus zu erreichen) steht der *Palazzetto Massimo* mit monochromen Renaissance-Sgraffiti an der Fassade. Dort erhebt sich auch eine eindrucksvolle *Cipollinsäule*, der einzige Überrest des Odeons. Der Name der Gasse, die hierher führt, erinnert daran, dass hier die *päpstliche Poststation* ihren Sitz hatte, denn die Massimi waren die Postpächter. Im Palazzetto selbst betrieben von 1467 an, also kurz nach Gutenberg, zwei Deutsche namens Pannartz und Sweynheym die *erste Druckerei* in Italien.

45 Campo de' Fiori

TOP TIPP

Wo Giordano Bruno verbrannt wurde, wird heute Obst und Gemüse verkauft.

Bus: 40, 46, 62, 64, 116

Unter den Märkten Roms ist der des Campo de' Fiori der berühmteste. Er hat seinen Namen aber nicht von den Blumen (*fiori*), die hier neben vielen frischen Lebensmitteln verkauft werden, sondern von denen, die im Mittelalter hier wuchsen, ehe der Platz römischer *Pferdemarkt* wurde. Traurigen Ruhm genießt der Campo de' Fiori als *Hinrichtungsstätte*. Am 17. Februar 1600 wurde hier auf Geheiß der Inquisition **Giordano Bruno** verbrannt, einer der bedeutendsten Denker der Renaissance, der als Erster die Unendlichkeit des Weltalls postulierte. Das Kopernikanische Weltbild sollte eigentlich ›Giordanisches Weltbild‹ heißen. Die mittelalterlichen *Fassaden*, die den Platz säumen, waren das Letzte, was der große Philosoph sah, bevor er unter unvorstellbaren Qualen starb. Noch 1887, als ihm hier ein *Denkmal* errichtet wurde, protestierte der Vatikan dagegen. Papst Leo XIII. (1878–1903) beschimpfte Bruno posthum aufs Übelste.

Das östliche Ende des Marktes stößt an die Substruktionen des *Pompejustheaters* (61 v. Chr.), des ersten permanenten Theaterbaus des alten Rom. Seine Reste sind im Keller des Restaurants ›Da Pancrazio‹ (Piazza del Biscione 92) zu sehen. Zum Komplex des Theaters gehörte auch die *Curia* des Pompejus, in der die Senatssitzung stattfand, bei der Caesar am 15. März 44 v. Chr. ermordet wurde.

Zwischen Campo de' Fiori, Largo Torre Argentina und Corso Vittorio Emanuele II zieht sich ein Gewirr von mittelalterlichen *Gassen* hin, das sehr reizvoll ist. Man beachte etwa das Haus im Hintergrund der *Piazza di Biscione* mit dem vorspringenden Dach; ein typisches römisches Bür-

Palazzo Farnese mit einem der Lilienbrunnen aus ägyptischem Granit

gerhaus. Daneben führt ein Durchschlupf zur *Via di Grotta Pinta*, deren Halbrund dem des Pompejustheaters folgt.

In der schmalen *Via del Biscione* befindet sich eine alte Pension, deren Ursprung vermutlich auf Venozza de' Catanei, die Mätresse Papst Alexanders VI. (1492–1503), zurückgeht. Da sie als Papst-›Witwe‹ keine Rente bekam, musste sich die Mutter von Cesare und Lucrezia Borgia nach dem Tod des Kirchenfürsten auf diesem Wege ein anderes Einkommen schaffen. Besucher können heute in der Pension ›Sole‹ [s. S. 178] nächtigen.

46 Palazzo Farnese

Der wohl eindrucksvollste Renaissancepalast Roms an einem Platz voll Würde und Ruhe.

Piazza Farnese 1
Tel. 06 68 80 97 91
www.france-italia.it
Führungen Mo und Do 16 und 17 Uhr (auf Voranmeldung)
Bus: 23, 116, 271, 280

Der Bau des Palazzo Farnese zog sich von 1514 bis 1580 hin. Er wurde im Auftrag des damaligen Kardinals Farnese, des späteren Papstes Paul III., begonnen. Der erste Baumeister war Antonio da Sangallo d. J. (1483–1546), dem Michelangelo folgte. 1580 wurde der Palast von Giacomo della Porta vollendet.

Es ist der bedeutendste *Profanbau* Roms aus der Renaissance und gilt als Höhepunkt und Vollendung der florentinisch-römischen Palastbautradition. Um einen Innenhof schließen sich vier dreigeschossige Flügel, deren Fassaden die aus der Antike überlieferte Pfeiler- und Säulenordnung (dorisch, ionisch, korinthisch) zeigen.

Die **Hauptfassade** zur Piazza Farnese atmet michelangelesken Geist, ist klar gegliedert, überwölbt von einem Gesims, begrenzt von Rustikaquadern an den Ecken. Die Ädikulen der Fenster sind denen des Pantheon nachgebildet. Schon in der Renaissance lobte man die vollendete Harmonie der Proportionen.

1597 ließ der damalige Bauherr des Palastes, der Kardinal Odoardo Farnese, die große **Galerie** im ersten Stock von *Annibale Carracci* ausmalen (unter Mitarbeit seines Bruders Agostino und Domenichinos). Diese Darstellung der heiteren Welt griechischer Mythologie (u. a. Artemis und Endymion, Herakles und Omphale, Polyphem und Galathea) wird mit Recht als Hauptwerk Carraccis und damit des römischen Manierismus in der Nachfolge Michelangelos angesprochen.

Im Palast war die große **Antikensammlung** der Familie Farnese beheimatet, zu der der *Herakles Farnese* und der *Farnesische Stier* gehören. Nach dem Tod Kardinal Odoardo Farneses diente das Gebäude als Sitz der Gesandtschaft des *Herzogs von Parma* in Rom. Kurze Zeit wohnte die schwedische Königin Christina hier, dann vermietete 1661 der Herzog den Palast an den französischen König. 1731 fiel das Herzogtum Parma und mit ihm der Palazzo Farnese an den *König von Neapel*, der – was Goethe miterlebte – Ende des 18. Jh. die Antikensammlung nach Neapel bringen ließ, wo sie heute im *Museo Archeologico Nazionale* zu sehen ist.

Während der Französischen Revolution und der Napoleonischen Kriege residierte hier zeitweilig die Königin von Neapel, die den geflohenen Papst vertrat. (In einem dieser Jahre spielt der 2. Akt der Oper ›Tosca‹ im Palazzo.) Nach der Vertreibung der Bourbonen aus Neapel zogen sich Exkönig und -königin hierher zurück und hielten Hof, bis ihnen das Geld ausging. Heute ist der Palast an den französischen Staat vermietet und birgt dessen Botschaft am Quirinal.

Die **Piazza Farnese** schmücken zwei *Brunnen* (1626), wohl von Girolamo Rainaldi. Die beiden wieder verwendeten Granit-Badewannen stammen aus den Caracallathermen. Die später angebrachten Lilien sind das Wappenzeichen der Farnese, das auch an der Fassade des Palastes vielfach auftaucht.

Seitlich auf dem Platz steht die kleine Kirche **S. Brigida** (18. Jh.). Sie ist der schwedischen Heiligen Birgitta geweiht, die 1373 in Rom starb. Der 1911 wieder gegründete Birgittinnen-Orden hat seinen Hauptsitz hier. Ab und zu kann man in der Kirche eine Ordensschwester mit der wohl eigenartigsten aller Nonnenkopfbedeckungen sehen.

47 Palazzo Spada

Ein römischer Adelspalast mit einer schönen Sammlung und einer perspektivischen Überraschung.

Piazza Capo di Ferro 13
Bus: 23, 116, 271, 280

1632 kaufte Kardinal Bernardino Spada den 1540 begonnenen Palast und ließ ihn von Borromini umbauen, der hier mit einem seiner seltenen Profan-Projekte ein Juwel manieristischer Architektur schuf. Die *Fassade*, die in ihrer Anlage noch auf den Vorgängerbau zurückgeht, ist reich mit Stuck und Figuren geschmückt. Zwischen den Fenstern stehen Statuen acht berühmter Römer. Den *Innenhof* gestaltete Giulio Mazzoni, von dem auch die Stuckdekoration der Fassade stammt, mit

Die optische Täuschung: Borrominis Kolonnade im Palazzo Spada

antikisierenden Relieffriesen im Stil der Grotesken und mit Statuen mythologischen Charakters. Die *Galerien und Korridore* sind ebenfalls mit reicher Stuckdekoration ausgestattet. Die Sensation des Palastes aber ist *Borrominis* **Kolonnade** im Garten: ein scheinperspektivischer Gang, der durch Ausnutzung optischer Täuschung (die Säulen hinten sind kleiner) eine Länge vorspiegelt, die er gar nicht hat. Das malerische Gegenstück dazu ist der *Salone del Trono* im Inneren des Palazzo, dessen Wandmalereien ebenfalls mit illusionistischen Effekten versehen sind.

Der Palazzo Spada ist heute Sitz des italienischen *Staatsrates* und der **Galleria Spada** (Piazza Capo di Ferro 13, Tel. 066832409, Di–So 8.30–19.30 Uhr), die die Kunstsammlung des Kardinals Spada enthält und somit als Beispiel einer Privatsammlung des 17. Jh. auch von kulturhistorischem Interesse ist. In vier Sälen sind hauptsächlich italienische und niederländische Gemälde ausgestellt, darunter *Tizians* unvollendetes Gemälde *Die Musikantin*, eine *Judith*, ein Porträt des Kardinals Spada von *Guido Reni* und eines von der Hand *Guercinos*.

48 Sant' Andrea della Valle

Die Idee des großen Vorbildes Il Gesù ist hier weitergeführt.

Piazza della Valle/
Corso Vittorio Emanuele II
Bus: 70, 81, 87, 116, 186, 492, 628
Tram: 8

Die Kirche wurde 1591 nach Plänen von Giovanni Francesco Grimaldi und Giacomo della Porta begonnen und 1608 von Carlo Maderno weitergeführt. Die *Kuppel* entstand 1622–25 und ist die zweitgrößte Roms nach der der Peterskirche. 1665 war die *Fassade* vollendet, ihre reiche Gliederung mit übereinander geordneten Säulen, Nischen, Portal und Fenstern erzeugt einen vitalen Hell-Dunkel-Effekt. Sie gehört zu den schönsten Fassaden des römischen Hochbarock, der Baumeister war *Carlo Rainaldi*. Warum nur ein Engel die sonst streng symmetrische Anlage ziert, weiß niemand. (Man sagt, der Engel zeige dort hinauf, wohin der andere entschwunden sei.)

Der hohe und weite, einschiffige *Innenraum* kulminiert in der Kuppel. Den Altarraum schmückt eine Reihe von michelangelesken *Fresken* (1624–28) von der Hand Mattia Pretis, die das Martyrium des Apostels Andreas in theatralisch-barocker Weise darstellen. Bemerkenswert sind die *Grabmäler* der Piccolomini-Päpste Pius II. und Pius III. an den Wänden oberhalb der letzten Kapellenöffnungen links und rechts vor dem Querschiff. Die Monumente, die noch in mittelalterlicher Manier gehalten, aber im Stil der Renaissance gearbeitet sind, wurden aus der alten Peterskirche hierhergebracht. Der Künstler ist unbekannt.

In der ersten Kapelle rechts, der *Cappella Lancelotti*, spielt übrigens der erste Akt der Oper ›Tosca‹ (dort heißt die Kapelle allerdings Attavanti).

Der Entwurf des *Brunnens* vor der Kirche wird Carlo Maderno zugeschrieben. Der Name der Kirche ›della Valle‹ geht auf den älteren *Palazzo della Valle* schräg gegenüber zurück, den sich Kardinal della Valle 1517 von Lorenzo Lotti errichten ließ und nach dem dann der Platz benannt wurde. Später folgte auch das weiter hinten gelegene *Teatro della Valle*, dessen neoklassizistische Fassade (1819–22) von Valadier stammt.

49 Area Sacra del Largo Torre Argentina

Als nebenan Rossinis ›Il Barbiere di Siviglia‹ uraufgeführt wurde, wusste man von den vier (etwas rätselhaften) Tempeln aus republikanischer Zeit noch nichts. Sie wurden erst im 20. Jh. entdeckt.

Corso Vittorio Emanuele II/
Largo Torre Argentina
Bus: 70, 81, 87, 186, 492, 628
Tram: 8

Der verkehrsreiche Platz etwa auf der Hälfte zwischen Piazza Venezia und dem Tiber an der Hauptabzweigung nach Trastevere gelegen, hat seinen Namen vom befestigten Wohnhaus (*Torre* = Turm) des Johannes Burckardt, Zeremonienmeister von Papst Alexanders VI. Burkardt war Kanonikus des Klosters St. Thomas in Straßburg (lat.: *Argentoratum*), daher Torre Argentina. Sein Wohnhaus ist in der westlichen Seitenstraße, der Via del Sudario 44, noch heute zu sehen.

1926 wurden bei Grabungen am Largo die vier *republikanischen Tempel* entdeckt und bis 1930 freigelegt. Da sie tiefer

Das barocke Kuppel-Szenario in S. Andrea della Valle (Paradies-Fresko von Giovanni Lanfranco, 1621–25) wurde Epoche machend. Die Darstellungen der Evangelisten in den Zwickeln der Kuppel stammen von Domenichino (1624–28)

als das Straßenniveau liegen, kann man das Areal bequem umrunden und sich einen Überblick verschaffen. Welchen Göttern die Tempel geweiht waren, ist nicht gesichert, daher werden sie mit A, B, C und D (von Nord nach Süd) bezeichnet. Klar ist jedoch, dass es sich um Heiligtümer aus früher Zeit handelt, nämlich aus dem 3. und 2. Jh. v. Chr. Der **Tempel A**, der nördlichste, wurde vermutlich von Pompejus restauriert, dessen Theater westlich an die Area Sacra anschloss. Die nördliche Flanke des Tempels begrenzt das *Hecatostylum* (Hundertsäulensaal) der Agrippathermen, die sich von hier bis zum Pantheon hinzogen. Einige Reste der Säulen sind noch zu sehen. Der **Tempel B**, ein Rundbau, ist der jüngste. In seiner Nähe wurden Fragmente einer weiblichen Kolossalstatue gefunden (jetzt in den Kapitolinischen Museen), er war also vermutlich einer Göttin geweiht. **Tempel**

C ist der älteste. Ein hoher Unterbau aus Tuffstein trägt die Cella, die lediglich an der Vorder- und Rückseite mit Säulen geschmückt war. Vom **Tempel D**, dem größten, steckt noch das meiste unter der Via Florida. Möglicherweise war er ein Heiligtum der Lares Permarini. Der kleine *Turm, der* am Rand der Ausgrabungen steht, ist der Rest einer mittelalterlichen Wehranlage.

Zwischen Area Sacra und Palazzo Venezia, in der *Via delle Botteghe Oscure* 31, liegt die **Crypta Balbi** (Tel. 06 39 96 77 00, www.archeorm.arti.beniculturali.it, Di–So 9–19.45 Uhr). Unter einem Wohnhaus hat man Reste des antiken *Balbus-Theaters* (13 v. Chr.) und einer Krypta ausgegraben. Die historische Bausubstanz reicht hier von der Renaissance über das Mittelalter bis in die Antike hinab. Das dazugehörige kleine *Museum*, die Anlage ist Teil des *Museo Nazionale Romano,* dokumentiert die Entwicklung der Stadtlandschaft seit der Antike, Rekonstruktionszeichnungen zu Grabungsbefunden ermöglichen sogar Einblicke ins tägliche Leben der Vergangenheit.

50 San Carlo ai Catinari

Die mittlere der ›Karls‹-Kirchen Roms dominiert die Piazza Cairoli.

Piazza Benedetto Cairoli
Bus: 70, 81, 87, 186, 492, 628
Tram: 8

Neben S. Carlo al Corso [Nr. 21] und S. Carlo alle Quattro Fontane [Nr. 56] ist sie die dritte römische Kirche, die dem hl. Karl Borromäus (Carlo Borromeo), des schon bald nach seinem Tod heilig gesprochenen Kardinals und Erzbischofs von Mailand, geweiht wurde. Dieser hatte im 16. Jh. versucht, das stark angeschlagene Ansehen der Kirche durch ernsthafte *Reformen* wieder zu heben. S. Carlo ai Catinari, eine schöne, typisch römische Kuppelkirche, wurde auf Anregung des Kardinals Leni von Rosato Rosati erbaut und 1620 geweiht, die *Fassade* (1634) ist ein Werk von Giovanni Battista Soria. Von der *Innenausstattung* sind die *Kuppelfresken* (1630) des Domenichino *mit den vier Kardinaltugenden* bemerkenswert. Das Altarbild ist ein Alterswerk Pietro da Cortonas (*Bittprozession des hl. Karl Borromäus, um das Ende der Pest herbeizuführen*), und in der *Sakristei* sieht man ein Fresko von Guido Reni. Den Namen hat die Kirche von den Catinari, den Töpfern, die früher hier im Viertel ihr Handwerk betrieben.

51 Marcellustheater
(Teatro di Marcello)

Zwei Gesichter Roms auf einen Blick: eine mittelalterliche Festung in ein antikes Theater hineingebaut.

Via del Teatro di Marcello
Bus: 63, 280, 780

Zwischen dem – damals – rückwärtigen Kapitolhang und dem Tiber entstand in frührepublikanischer Zeit der **Apollotempel**. Er wurde aufgrund eines Pestgelübdes gebaut und 431 v. Chr. dem Apollo Medicus geweiht. Es war der erste Tempel eines Gottes mit griechischem Namen in Rom. G. Sosius, Konsul des Jahres 32 v. Chr., ließ den Bau erneuern, seither hieß er Tempel des Apollo Sosianus. Drei seiner Säulen wurden wieder aufgerichtet und stehen hinter der (heute profanierten) Kirche *S. Rita*.

Zum Andenken an seinen früh verstorbenen Neffen und designierten Nachfolger Marcellus ließ Augustus beim Tempel ein Amphitheater für rund 14 000 Zuschauer errichten. Dieses **Marcellusthea-**

Der in das antike Marcellustheater eingebaute Palazzo Savelli-Orsini

ter war 17 v. Chr. vollendet. Seine halbrunde Fassade – mit Halbsäulen dorischer bzw. ionischer Ordnung in den beiden Geschossen – ist relativ gut erhalten, weil der Bau im Mittelalter nacheinander von den Adelsfamilien der Savelli und der Orsini als *Festung* genutzt wurde. 1926–32 wurden die nachantiken Anbauten abgebrochen und das in Schutt versunkene Erdgeschoss ausgegraben.

Auf der dem Kapitol abgewandten Seite des Marcellustheaters sind, einbezogen in die kleine, alte Kirche S. Angelo in Pescheria, Reste des **Portikus der Octavia** erhalten, ein der Schwester des Augustus (Mutter des Marcellus) gewidmetes Bauwerk.

Hier am Tiberufer befand sich das alte **Getto**. In Rom waren schon seit republikanischer Zeit Juden ansässig, sie wurden sogar von den Päpsten geduldet. Das Getto war bis ins 19. Jh. durch Mauern abgeriegelt, seine Bewohner durften es nachts nicht verlassen. Nach 1870 ließ man das malerische Viertel im Zuge der Stadterneuerung abreißen. Am Tiberufer aber entstand 1899–1904 eine *Synagoge* im assyrisch-babylonischen Stil mit einer Aluminium-Kuppel. Das dazugehörige Viertel wird heute noch von Juden bewohnt.

52 Piazza Mattei

Hübscher Platz mit tanzenden Jünglingen und Schildkröten.

Bus: 63, 271, 630, 780
Tram: 8

Die dreieckige Piazza Mattei liegt im Gewirr alter Gassen nahe dem einstigen Getto. Das Viertel gehörte der mächtigen Familie Mattei, die hier mehrere Paläste errichten ließ, zuletzt den **Palazzo Mattei di Giove** (nicht zugänglich) an der Nordseite des Platzes, 1598–1611 von Carlo Maderno für Archibald Mattei, Herzog von Giove, erbaut. Im *Innenhof* – manchmal steht das Tor offen – sind bemerkenswerte antike Fundstücke eingemauert.

Den Platz schmückt einer der hübschesten Brunnen Roms, die **Fontana delle Tartarughe** (1581–84). Den Schildkrötenbrunnen hat Giacomo della Porta entworfen, die schlanken Bronzejünglinge, die quasi einen Reigen um die Fontäne tanzen, hat Taddeo Landini geformt, die Schildkröten wurden 1658 hinzugefügt.

Die Fontana delle Tartarughe, der Schildkrötenbrunnen, auf der Piazza Mattei

In der Via dei Funari steht die kleine Barockkirche **S. Caterina dei Funari** im Gassengewirr des einstigen Viertels der Seilmacher (*funari*). Im Auftrag Kardinal Federico Casis wurde sie von Guidetto Guidetti errichtet (1564 vollendet). In der ersten Kapelle rechts befindet sich eine schöne *Marienkrönung* von *Annibale Carracci* (1560–1609).

53 Il Gesù

TOP TIPP

Diese Kongregationskirche (gemeinsamer Kirchenraum für Priester und Laien) wurde zu einem überaus einflussreichen Vorbild für die europäische Kirchenarchitektur.

Piazza del Gesù
Bus: 40, 46, 62, 63, 64, 70, 81, 87, 186, 492, 628
Tram: 8

Der Spanier *Ignatius von Loyola* (1491–1556) gründete 1534 eine geistliche Gemeinschaft, die sich von allen bisher bestehenden Mönchs- und Priesterorden grundlegend unterschied: die *Societas Jesu* (Jesuiten). Die Ordensmitglieder sollten nicht in klösterlicher Zurückgezogenheit leben, sondern in der Welt wirken. Mittelpunkt der Seelsorge waren die geistlichen Übungen (Exerzitien). 1540 wurde der Orden, dessen Bedeutung in der Gegenreformation stark anwuchs, vom Papst bestätigt. Der Sitz des Ordensgenerals wurde das heute noch bestehende Haus an der Piazza del Gesù (s. u.). Zur Zeit des hl. Ignatius stand hier eine

Die silbervergoldete Statue des hl. Ignatius in der linken Seitenkapelle von Il Gesù

kleine Kapelle. Sie ließ Kardinal Alessandro Farnese, ein Förderer der Jesuiten, 1568 durch eine große von Vignola geplante Kirche ersetzen.

Die zweigeschossige *Fassade* von Giacomo della Porta kündigt den Aufbau des Kirchenraums an. Die niedrigeren Seitenteile sind durch Voluten mit dem Mittelteil verbunden. Die Pilaster und Halbsäulen gliedern den Außenbau mit Hell-Dunkel-Effekten, betont wird der Mittelteil mit dem großen Portal.

Aufriss von Il Gesù

Im *Inneren* wird das tonnengewölbte Langhaus von offenen Seitenkapellen flankiert und kulminiert, unterstrichen von der Lichtführung, in der Vierung mit der großen, hellen *Kuppel*. Die kurzen Querschiffarme erreichen dieselbe Tiefe wie die Seitenkapellen, die Apsis rundet sich in der Breite der Vierung. Der Kirchenraum bildet die gelungene Synthese von Basilika und Zentralbau.

Die hochbarocke Dekoration wurde 1683, rund 100 Jahre nach dem Kirchenbau, vollendet. Die *Fresken* des Langhauses, der Kuppel und der Apsis stammen von Giovanni Battista Baciccia. Sein theatralisch-turbulentes Deckengemälde im Langhaus *Triumph des Namens Jesu* sprengt in illusionistischer Manier den Raum. *Grabmal und Altar des hl. Ignatius von Loyola* († 1556) in der linken Seitenkapelle schuf Andrea del Pozzo 1696–1700.

Im Haus rechts neben der Kirche ist ein kleines **Museum** eingerichtet. Gezeigt werden die Wohnräume des hl. Ignatius inkl. Arbeits- und Studierzimmer. Die kleine *Galerie* birgt verblüffende Trompe-l'œil-Malereien eines unbekannten Meisters. Die gemalten Säulen scheinen, aus der Entfernung betrachtet, aus der Wand herauszutreten, eine perspektivisch meisterhafte Komposition.

Quirinal, Via Veneto und Villa Borghese – Politik, Parks und Prachtstraßen

Dass der **Monte Quirinale** ein sehr früh besiedelter Hügel ist, beweisen Funde aus der Eisenzeit. Der Quirinal scheint sogar so etwas wie eine Konkurrenz zum aufstrebenden Rom drüben auf dem Palatin gewesen zu sein. Es ist nicht ausgeschlossen, dass die Sage vom Raub der Sabinerinnen ihren historischen Kern in einer kriegerischen Auseinandersetzung (wohl eher einer Rauferei) zwischen Palatinern und Quiriten hat. Den Titel *Quirites* jedoch zogen die Römer später an sich und nannten sich so, wenn sie fein redeten. Seit 1870 ist der Name ›Quirinal‹ Inbegriff für den italienischen Staat, denn damals quartierte sich der erste König in den päpstlichen Sommerpalast am Südhang des Hügels ein. Im Jahr 1946 wurde die Monarchie abgeschafft, seitdem residiert hier der Staatspräsident. Natürlich finden sich auch um den Quirinal einige wichtige Kirchen, so drei architektonische Juwele: **S. Carlino**, **S. Maria della Vittoria** und **S. Andrea**. Flaniermeile mit eleganten Geschäften, Hotels und Restaurants ist die **Via Veneto**, Parklandschaften als Großstadtoasen bieten der **Monte Pincio** und die weitläufige **Villa Borghese** mit ihren berühmten Museen.

54 Monte Quirinale

Der König nahm dem Papst seine Residenz weg, der Staatspräsident verjagte den König. Ab und zu dürfen auch gewöhnliche Sterbliche hinein.

Bus: 71, 116, 117, 119

Ein Sohn der Lucrezia Borgia, der Kardinal Ippolito d'Este, hatte hier eine Villa errichten lassen, 1573 befahl Papst Gregor XIII. an dieser Stelle den Bau des **Palazzo del Quirinale** (Piazza del Quirinale, Tel. 06 46 99 1, www.quirinale.it, So 8.30–12 Uhr, Juli/Aug. geschl.). Die Arbeiten zogen sich lange hin. Zahlreiche Baumeister darunter Domenico Fontana, Carlo Maderno, Gian Lorenzo Bernini und Ferdinando Fuga wurden im Laufe der Zeit mit dem Projekt beauftragt. Erst unter Clemens XII. (1730–40) war die riesige Anlage vollendet. Bereits 1592 hatte Clemens VIII. die *päpstliche Residenz* vom Vatikan hierher verlegt. 1870 zog dann der der *König von Italien* ein. Seitdem ist der Name des Hügels zum Synonym für den italienischen Staat geworden. Der Komplex, der seit dem Sturz der Monarchie 1946 als *Sitz des Staatspräsidenten* dient (deswegen am Eingang an der Via del Quirinale gegenüber S. Andrea und an der Piazza del Quirinale die Wachen, dabei jeweils ein Gardist mit Pferdeschweif am Helm), umfasst auch eine große Gartenanlage.

Die *Hauptfassade* des Quirinalpalastes wendet sich gegen die **Piazza del Quirinale**, die früher Monte Cavallo hieß, wegen der Statuengruppe der beiden von Pferden begleiteten *Dioskuren*, die schon seit dem Mittelalter hier steht. Die Dioskuren stammen aus den hier einst gelegenen Konstantinsthermen. Die Zuschreibung der Werke an einen griechischen Meister, Phidias oder Praxiteles, ist willkürlich. Die Pferde gehörten ursprünglich nicht zu den Statuen, was man an Proportionen und Bewegungen unschwer ablesen kann. Der *Obelisk* stammt vom Augustusmausoleum und wurde Ende des 18. Jh. unter Pius VI. hinzugefügt. Die *Brunnenschale* aus dem Dioskurentempel auf dem Forum Romanum installierte man 1818.

Gegenüber dem Haupteingang des Quirinalpalastes befinden sich die ehemalige päpstliche Münze *Scuderie Papali* (Via XXIV Maggio 16, Tel. 06 39 96 75 0, www.palaexpo.it), ein Bau aus dem 18. Jh., in dem heute Wechselausstellungen

stattfinden. Links davon an der Ecke der Via 24 Maggio steht der *Palazzo della Consulta* (1732–34), ein reich geschmückter Bau im spätbarocken Stil von Ferdinando Fuga. Hier hatte das päpstliche Tribunal seinen Sitz, heute der italienische Verfassungsgerichtshof. Der Platz senkt sich etwas zu einer weit vorspringenden *Terrasse*, von der aus man einen schönen Blick über die Stadt hat.

Der Quirinalhügel, der höchste der römischen Hügel, dessen Ausläufer hier in das Tal der Foren und der Subura absinkt, war in sehr früher Zeit besiedelt, was einige Funde ausweisen. Es standen hier zwei archaische Tempel: einer des Salus und einer des Quirinus. Dieser Ort wurde sogar *Capitolium Vetus*, also Altes Kapitol bzw. Quirinalisches Kapitol, genannt, und demnach für älter gehalten als das auf dem Palatin. Ob die Bezeichnung des Hügels vom Gott Quirinus kommt oder umgekehrt, ist nicht sicher. *Quirites* war später die Bezeichnung für die römischen Vollbürger, sofern sie nicht Soldaten waren.

Einige Schritte die Via XXIV Maggio abwärts liegt der Garteneingang des *Palazzo Pallavicini Rospigliosi* und dort das **Casino dell'Aurora Pallavicini** (Via XXIV. Maggio 43, Tel. 0 64 81 43 44, am 1. des Monats 10–12 und 15–17 Uhr, Jan. geschl., sonst nach Voranmeldung) mit dem berühmten Deckengemälde *Aurora* (1614), dem Hauptwerk Guido Renis.

Fassade und Treppenanlage von Berninis S. Andrea al Quirinale

55 Sant'Andrea al Quirinale

Wenn der Papst auch schmollte: Der König ging doch in die Kirche, und zwar hier.

Via del Quirinale
Bus: 71, 117

S. Andrea al Quirinale liegt gegenüber dem Seiteneingang des Quirinalpalastes. Die von *Gian Lorenzo Bernini* 1658–70 erbaute Kirche ist eine der merkwürdigsten Barockarchitekturen Roms. Sie ist ein quergestellter Ovalbau, bei dem die Achse vom Eingang zum Altar den kürzeren Durchmesser aufweist. Die Kirche wurde als Stiftung des Fürsten Camillo Pamphilj, eines Neffen Papst Innozenz' X. (1644–55), errichtet und gehört heute den Jesuiten. Von 1870 bis 1946 war sie die Hofkirche des italienischen Königshauses. Die elegante *Innenausstattung* ist in hellem

◁ *Der Quirinalpalast, Fassade von der Piazza del Quirinale aus mit dem Hauptportal*

Altrosa, Gold, Weiß und Hellgrau gehalten. Eine spielerische, barock-theatralische Wirkung entfaltet die ebenfalls ovale *Kuppel*, von deren Tambour teils gemalte, teils plastisch gearbeitete Putti das Altarbild herabzutragen scheinen.

56 San Carlo alle Quattro Fontane

S. Carlino: klein in den Ausmaßen, groß als Kunstwerk, also ein Juwel.

Via delle Quattro Fontane
Metro A: Barberini
Bus: 52, 53, 61, 62, 80, 95, 116, 175, 492

Im Auftrag des Trinitarier-Ordens erbaute 1634–41 der junge *Francesco Borromini* die dem hl. Karl Borromäus geweihte Kirche (auch S. Carlino genannt) und den dazugehörigen *Konvent* – ohne ein Honorar zu verlangen. Es war seine erste selbstständige Arbeit in Rom und er wollte so seine Fähigkeiten unter Beweis stellen. Die schwingenden hochbarocken Linien von Borrominis *intellektuellem Stil* der beseelten Geometrie täuschen geschickt darüber hinweg, auf welch engem Raum er hier bauen musste. Das gilt sowohl für die Kirche selbst (sie nimmt nicht mehr Platz ein als ein Pfeiler der Peterskirche) als auch für den angrenzenden winzigen *Kreuzgang*.

Der *Grundriss* der Kirche ist ein Rhombus, dessen spitze Enden durch Kreis-, die flachen Enden durch Ellipsensegmente abgerundet sind. Der Raumeindruck wird überlagert durch die vorgestellten *Säulen*, deren Kapitelle schräg zur Wand stehen. Altar- und Portalraum überwölbt je eine Halbkuppel, die *Hauptkuppel* (ein der Ellipse angenähertes Oval) ist mit den borrominischen Wabenkassetten geschmückt: Achtecke, Sechsecke und Kreuze greifen rhythmisch ineinander. Die *Fassade* (1667) wurde Borrominis letzte Arbeit, ein Schüler stellte sie fertig.

Den Namen hat die Kirche von den vier **Brunnen** der Straßenkreuzung. Die Brunnenfiguren (von einem unbekannten Künstler) stellen Tiber und Arno, Juno und Diana dar. Von der Mitte der Straße aus sieht man – sofern man nicht überfahren wird – durch die Straßenfluchten drei **Obelisken**: den am Quirinal, den vor S. Trinità dei Monti und den vor S. Maria Maggiore sowie am Ende der Via XX Settembre die Porta Pia.

57 Palazzo Barberini

TOP TIPP

Vom Portikus der Peterskirche aus konnte Papst Urban VIII. Barberini seinen Familienpalast sehen, den er hier an herausragender Stelle des Quirinal erbauen ließ.

Via delle Quattro Fontane 13
Tel. 06 32 81 0
Di–So 9–19 Uhr
Metro A: Barberini
Bus: 52, 53, 61, 62, 80, 95, 116, 175, 492, 590, 630

Der 1625 begonnene Palast stand als eine Art weltliches Pendant zur Peterskirche

Borrominis Kreuzgang in S. Carlino

auf der freien Anhöhe des Quirinalhügels. Diese Wirkung ging mit der Bebauung des Areals nach 1870 verloren.

Der erste Architekt des Palazzo war Carlo Maderno, nach dessen Tod 1629 setzte Bernini die Arbeit fort. Borromini, der hier unter beiden Baumeistern gearbeitet hat, steuerte wesentliche Aspekte zum Entwurf bei. Der Palast gilt als der bedeutendste Profanbau des Hochbarock in Rom. Sein *Grundriss* folgt nicht mehr, wie noch bei der Cancelleria, der wehrhaft geschlossenen Quaderform, er ist vielmehr durch Flügel spielerisch aufgelockert und ähnelt eher einem ins Große übersetzten Landhaus. Bemerkenswert ist die mittels der klassischen Säulenordnung (dorisch, ionisch, korinthisch) und großzügiger Arkaden- bzw. Fensterreihen gegliederte Fassade.

Die ovale Treppe im *Inneren* ist ein Werk Borrominis und zeigt den Hang des Meisters zur Spiralform. Den über zwei Geschosse gehenden *Salone* schmückt ein riesiges Deckengemälde (1632–39) von Pietro da Cortona. Im Zentrum der heidnisch-allegorischen Komposition erscheinen drei gigantische Bienen, die Wappentiere Papst Urbans VIII. Dieses Meisterwerk barocker Wandmalerei ist auch Indiz dafür, wie stark die Päpste jener Zeit ihren Glanz als weltliche Fürsten auf Kosten ihrer Aufgabe als christliche Hirten auslebten.

Der Palast ist heute Staatseigentum und gehört wie der *Palazzo Corsini* [Nr. 73] zur **Galleria Nazionale d'Arte Antica**. 1895 wurden hier die an den Staat übergegangenen Privatsammlungen Corsini und Torlonia untergebracht. Seit kurzem wurde auch die *Sala dei Marmi*, in der die Familie Barberini ursprünglich ihre Antikensammlung bewahrte, für das Publikum geöffnet.

Das heute didaktisch mustergültig gestaltete **Museum** präsentiert eine große Zahl bedeutender *Gemälde*, hauptsächlich italienischer Maler des 13.–17. Jh., aber auch Werke von deutschen, französischen, niederländischen und spanischen Meistern. Die beiden berühmtesten Werke sind Raffaels *La Fornarina* (1518/19) und das Porträt *König Heinrichs VIII. von England* (1540) von Hans Holbein d. J. Erwähnt seien ferner zwei Porträtbüsten Urbans VIII. von Bernini (im Vestibül), zwei schöne Andachtsbilder von Filippo Lippi (Saal 3), Tizians *Venus und Adonis* (Kopie), zwei El Grecos (Saal 8) und Caravaggios *Judith* (Saal 13). Hingewiesen sei auch auf einige Veduten Guardis und Canalettos sowie auf eine Reihe hübscher und interessanter römischer Veduten von Gaspare Vanvitelli (Kaspar van Wittel).

58 Via Vittorio Veneto

Filmsterne sind hier nur noch sehr selten zu sehen, dafür ein Gewölbe voller Knochen.

Metro A: Barberini
Bus: 52, 53, 61, 62, 80, 95, 116, 175, 492

Die Via Veneto, die lange als Inbegriff eleganten (und vielleicht auch sündigen) Lebens, des *Dolce vita*, in Rom galt, hat zwar einiges von dieser Aura verloren, ist

Elegant und luftig – die Fassade des Palazzo Barberini

Blick vom Monte Pincio aus über die ›Zwillingskirchen‹ nach St. Peter

aber immer noch eine beliebte Flaniermeile mit eleganten Geschäften, mit Restaurants und Straßencafés. Die Straße verbindet in zwei großen ansteigenden Kurven die *Piazza Barberini* mit der *Porta Pinciana*. Sie wurde im Zuge der Urbanisation nach 1870 als breite Allee angelegt und heißt eigentlich *Via Vittorio Veneto* nach einer kleinen Stadt in der Nähe von Belluno.

Am Beginn der Via Veneto, auf der *Piazza Barberini*, stehen zwei **Brunnen** von Bernini: die große *Fontana del Tritone* (1643) in der Mitte des Platzes und die kleine *Fontana delle Api* (1644) an der Ecke zur Via Veneto. Beide zeigen das Wappentier der Barberini, die Biene.

Luxushotels säumen die Via Veneto, weiter oben sieht man Banken und Verwaltungsgebäude. Kurz vor der Einmündung der Via Ludovisi/Via Boncompagni steht in einem gepflegten Garten die schwer bewachte *US-Botschaft*, ehemals Residenz der Königin Margherita, 1886–90 im Stil des 16. Jh. von Gaetano Koch errichtet.

Noch vor der ersten Kurve erhebt sich rechts die Kapuzinerkirche **S. Maria della Concezione**, im 17. Jh. für Kardinal Antonio Barberini, den Bruder Urbans VIII., erbaut. Die nicht sehr bedeutende Kirche enthält in der ersten Kapelle rechts ein berühmtes Bild von Guido Reni, *Der Erzengel Michael besiegt den Dämon*, in der Sakristei einen *Betenden hl. Franziskus* von Caravaggio. Die Hauptsehenswürdigkeit aber sind die fünf *unterirdischen Kapellen*, in denen die Schädel und Knochen von etwa 4000 Franziskanern aufbewahrt werden. Die Knochen sind z. T. zu Ornamenten zusammengefasst, eine makabre Inszenierung als barockes *Memento mori*.

59 Monte Pincio

Er zählt zwar nicht zu den sieben Hügeln Roms, doch den wunderbaren Ausblick von hier hat schon Goethe gezeichnet.

Metro A: Flaminio
Bus: 95, 491
Tram: 2

Dieser ›Berg‹ war im 1. Jh. v. Chr. wegen der *Horti Liciniani* berühmt. Der Feldherr Lucius Licinius Lucullus (von dem behauptet wird, er habe die Kirsche aus dem Orient in Italien eingeführt) ließ nach seinem Triumph über den pontischen König Mithradates 63 v. Chr. hier eine üppige *Villa* erbauen, in der er seine angeblich überbordenden *lukullischen Gastmähler* abhielt. Seit 46 n. Chr. gehörte die Villa zu den kaiserlichen Gütern. Es gab aber auch andere Landsitze hier, so die der Acilier, Anicier und *Pincier*. Letzte-

Die klassizistische Treppen- und Auffahrtsschaufront von der Piazza del Popolo zum Pincio

rem verdankt das Areal seinen Namen. Einige Gebäudereste sind erhalten, so auf der Rückseite des Pincio der *Muro Torto*, ein ungeschlachter Mauerbrocken und Überrest von den Substruktionen einer Villa.

Im Mittelalter gehörte das Gebiet nacheinander verschiedenen Klöstern und dem Großherzog der Toskana. Der der Porta Flaminia zunächst liegende Teil wurde 1814 von Giuseppe Valadier in einen der schönsten **Parks** Roms umgewandelt, mit einer *Aussichtsterrasse*, von der aus man das Häusermeer Roms mit der gigantischen Kuppel von St. Peter sehen kann. Bei Sonnenuntergang ist der Blick besonders malerisch. Valadier errichtete auch die klassizistische *Treppen- und Auffahrtsanlage*, die in vielen Windungen und mit zahlreichen Absätzen zur Piazza del Popolo hinunterführt. Der Park selbst ist ein großer Pinien- und Steineichenhain. Abgesehen von einigen Brunnen, einem Obelisken und dem idyllisch gelegenen Restaurant ›*Casina Valadier*‹ finden sich hier die Porträtbüsten zahlloser bedeutender Persönlichkeiten der vergangenen Jahrhunderte. Leider sind den meisten inzwischen die Nasen abgeschlagen worden.

An prominenter Stelle des Pincio, in der Via di Porta Pinciana, schon in Höhe des Quirinal, liegt die **Villa Malta**. Die Herkunft des Namens ist ungeklärt, denn mit der Insel Malta oder dem Malteser-Orden hatte die Villa nie etwas zu tun. Sie gehörte im 19. Jh. dem bayerischen *König Ludwig I.*, der nicht nur für Griechenland und (zeitweilig) für Lola Montez schwärmte, sondern auch von tiefer Liebe zu Italien und Rom erfüllt war. In der Villa Malta wohnte der Würzburger Maler und Bildhauer Johann Martin von Wagner, dessen Aufgabe es war, für die *Münchner Königlichen Sammlungen* Antiken anzukaufen. Das Gebäude war zeitweilig auch Sitz der preußischen Botschaft am Heiligen Stuhl und damit Wohnung *Wilhelm von Humboldts*. Später ging sie in den Besitz *Bernhard von Bülows* über, deutscher Botschafter in Italien und späterer Reichskanzler. Danach wurde das Haus Eigentum eines russischen Fürsten , der es um eine Etage aufstocken ließ. Heute gehört die Villa dem *Jesuitenorden* und die Redaktion der progressiv-katholischen Monatsschrift ›*La Civiltà cattolica*‹ sitzt hier.

Ein **Park** mit gepflegten Anlagen umgibt die Villa, die nicht öffentlich zugänglich ist. Den herrlichen Blick von der Dachterrasse über Rom hat schon 1829 im Auftrag König Ludwigs I. der Deutsch-Römer Johann Christian Reinhardt in vier großen Bildern (nach je einer Himmelsrichtung) festgehalten. Die Gemälde hängen in der Neuen Pinakothek in München.

60 Villa Medici

Hier werden französische Maler, Musiker und Schriftsteller von der römischen Muse geküsst.

Viale Trinità dei Monti
Tel. 066 76 12 55
Mi–Mo 11–19 Uhr (bei Ausstellungen, sonst nach Voranmeldung)
Metro A: Spagna
Bus: 590

Die Villa wurde 1544 (oder 1564) von Annibale Lippi im Stil römischer Landsitze errichtet. Zur Stadtseite hin hat sie eine schmucklose, festungsartige Front, die *Gartenfassade* ist mit bedeutenden antiken Funden reich dekoriert, u.a. einem Relief aus claudischer Zeit, auf dem der Kybeletempel [s. S. 39] dargestellt ist. In einem *Gartenpavillon* zum Muro Torto hin sind zwei Platten aus der Ara Pacis Augustae [s. Nr. 25] eingemauert, eine davon kopfüber.

Der Palazzo selbst, ursprünglich für Kardinal Ricci erbaut, ging durch Kauf an die *Medici, die* Großherzöge der Toskana. 1666 hatte Ludwig XIV. eine französische Akademie in Rom gegründet, die ihren Sitz im *Palazzo Salviati* am Corso (heute: Banca di Sicilia) hatte. Im 18. Jh. tauschte der französische Staat den Palazzo Salviati gegen die Villa Medici und 1803 verlegte Napoleon I. auch die französische Akademie hierher. Seitdem dient die Villa den Stipendiaten des *Prix de Rome* als Arbeitsstätte und Wohnung. Der Preis gewährt jungen französischen Künstlern und Musikern einen dreijährigen Studienaufenthalt in Rom.

Der Garten mit antiken Statuen und der Innenhof der Villa Medici sind zeitweilig öffentlich zugänglich.

61 Villa Borghese

Der Villenpark ist die grüne Lunge Roms und bietet neben Erholung bemerkenswerte Museen.

Tel. 06 82 05 91 27
www.villaborghese.it
Metro A: Spagna
Bus: 52, 53, 217, 910
Tram: 3, 19

Der Viale del Muro Torto und der Corso d'Italia trennen den Monte Pincio und die Stadt vom größten öffentlichen Park Roms, der Villa Borghese. Sie wurde Anfang des 17. Jh. von Kardinal Scipione Caffarelli-Borghese, dem Neffen Papst Pauls V., angelegt. König Vittorio Emanuele III. kaufte die Anlage 1902 und schenkte sie der Stadt Rom, seit 1903 ist sie öffentlich zugänglich. Der von einigen Straßen durchzogene Park verfügt über schöne Brunnen wie die elliptische *Fontana rotonda* sowie Denkmäler, u.a. für Goethe und Byron, und eine Pferderennbahn, den **Galoppatoio** [1]. Außerhalb der Porta del Popolo liegt rechts, heute leider vom Verkehr beeinträchtigt, der frühere *Haupteingang*. Er wurde um 1825 von Luigi Canina nach dem Vorbild der Propyläen der Athener Akropolis gestaltet.

Gartenfront der Villa Medici, heute Sitz der französischen Akademie

Carlo Carrà ›L'ovale delle apparizioni‹, 1918 (Galleria Nazionale d'Arte Moderna)

Etwas abseits liegt die 1883 gegründete **Galleria Nazionale d'Arte Moderna** [2] (Viale delle Belle Arti 131, Tel. 06 32 29 82 21, Di–So 8.30–19.30), eine bedeutende Sammlung italienischer Kunst des 19.–20. Jh. Hier hat man Gelegenheit, die italienischen *Romantici* und Impressionisten kennen zu lernen, von denen einige wie Silvestro Lega, Vito d'Arcona und Raffaelo Sernesi den Vergleich mit den berühmten Franzosen nicht zu scheuen brauchen. Außerdem sieht man Werke von Van Gogh, Monet, Picasso, Degas, Cézannes, Klimt, Morandi und Modigliani, alle von herausragender Qualität. Vertreten sind auch die italienischen Futuristen und die Meister der Pittura Metafisica.

Im Park befindet sich auch die berühmte Sammlung **Museo e Galleria Borghese** [**3**] (Piazzale Museo Borghese 5, Kartenvorbestellung obligatorisch, Tel. 06 32 81 0, www.ticketeria.it, Di–So 9–19 Uhr, Einlass alle 2 Std. in begrenzter Zahl). Kardinal Scipione Caffarelli-Borghese ließ von dem niederländischen, in Rom naturalisierten Baumeister Jan van Santen (Giovanni Vasanzio) 1613–15 das *Casino Borghese* genannte Lustschloss erbauen. Ende des 18. Jh. wurde die Innenausstattung erneuert, gleichzeitig entstanden die illusionistischen *Decken- und Wandmalereien*.

Schon im 17. Jh. war hier die Kollektion der Borghese, »die Königin der Privatsammlungen der ganzen Welt« beheimatet. Fürst Camillo Borghese musste allerdings 1807 gegen eine hohe Entschädigung die Sammlung an seinen Schwager Napoleon abtreten, weshalb sich berühmte Stücke wie der *Borghesische Fechter* heute im Louvre in Paris befinden. Der Fürst fing sogleich neuerlich zu sammeln an und schon bald erreichte der Bestand wieder eine bemerkenswerte Fülle, bis die Familie 1890 in erhebliche finanzielle Schwierigkeiten geriet, sodass 1892/93 wiederum ein Teil der Sammlung verkauft werden musste. Der Rest wurde 1902 an den italienischen Staat veräußert und seitdem ist das Casino Borghese ein staatliches Museum.

Eines der berühmtesten, hier ausgestellten Gemälde ist Tizians *Himmlische und irdische Liebe*. Für eine Überraschung sorgte 2002 die *Madonna mit Kind und Johannesknaben*, denn wissenschaftliche Untersuchungen ergaben, dass das Giulio Romano zugeschriebene Gemälde von seinem Lehrer *Raffael* gemalte Partien aufweist. Es handelt sich wohl um ein Werk Raffaels, das Romano nach dessen Tod 1520 vollendete.

Von den Skulpturen sind drei Jugendwerke Berninis hervorzuheben: *Der Raub der Proserpina* (1622), *Apoll und Daphne* sowie *David mit der Schleuder* (beide 1624). Auch das bedeutende letzte Werk Berninis, *La Verità*, ist hier zu bewundern. Bernini glaubte damals, man habe ihn beim Papst verleumdet (es ging um Berninis angeblich fehlerhafte statische Berechnung für die Fassade der Peterskirche) und hoffte, dass die »Zeit die Wahrheit enthüllen werde«. Er entwarf eine entsprechende Statuengruppe, die er in der Toreinfahrt seines Hauses bei S. Andrea delle Fratte [Nr. 19] aufstellen wollte. Von der Gruppe wurde nur die nackte ›Wahrheit‹ fertig gestellt, eine schöne Marmorstatue, die seine Erben nach Berninis Tod an die Borghese verkauften.

Aus dem Jahr 1805 stammt das wohl berühmteste Werk Antonio Canovas, die skandalumwobene *Paolina Borghese*, dargestellt als *Venus Victrix*. Paolina, eine jüngere Schwester Napoleons, war kurze Zeit mit dem Fürsten Camillo Borghese verheiratet.

Wer nun eine liebenswürdige Kuriosität sehen will, besuche das **Museo Pietro Canonica** [4] (Viale Pietro Canonica 2, Tel. 06 82 05 91 27, Di–So 9–19, Fei 9–13.30 Uhr), das in einem pseudo-mittelalterlichen Kastell untergebracht ist. Hier wohnte einst der Bildhauer *Pietro Canonica* (1869–1959). Zu besichtigen sind seine Werke sowie die Atelier- und Wohnräume.

1551–53 errichtete Giacomo Vignola für Papst Julius III. einen Sommerpalast außerhalb der Porta del Popolo nahe der Via Flaminia, die *Villa Giulia*. Die Anlage ist weit und luftig. Besonders schön das ebenfalls von Vignola stammende *Nymphäum* im zweiten Hof mit künstlichen Grotten und steinernen Flussgöttern. Seit

›Apoll und Daphne‹, Jugendwerk Berninis

Der etruskische ›Sarkophag der Eheleute‹ im Museum der Villa Giulia

TOP TIPP 1889 beherbergt die Villa das **Museo Nazionale Etrusco di Villa Giulia** [5] (Piazzale di Villa Giulia 9, Tel. 063 22 65 71, Di–So 8.30–19.30 Uhr), das bedeutendste Museum für etruskische Kunst überhaupt. Die Etrusker waren ein Volk rätselhafter Herkunft, das im heutigen Umbrien und in der Toskana siedelte. Lange wurde die Bedeutung dieses Volkes, das seine Blüte im 8.–5. Jh. v. Chr. erlebte, unterschätzt. Doch zahlreiche Funde und Forschungen des 19. und 20. Jh. haben das Etrusker-Bild um viele wichtige Details ergänzt. Man weiß heute, dass die römische Kultur, Staatsverfassung, Religion und Zivilisation zu großen Teilen auf den Errungenschaften der Etrusker fußte. Und selbst die *Kapitolinische Wölfin* [s. S. 22] ist ziemlich sicher eine etruskische Arbeit.

Das Museum zeigt in über 30 Sälen bedeutende *Grabfunde*, vor allem Vasen und Kleinplastik. Berühmt ist der *Sarkophag der Eheleute* aus Terrakotta mit den beiden archaisch lächelnden Liegefiguren aus Cerveteri (dem etruskischen Caere). Eindrucksvoll ist auch die *Göttin mit Kind* aus einem Tempel von Veji. Einzigartig auf der Welt und von unschätzbarem Wert ist die Sammlung etruskischer *Goldschmiedearbeiten*.

Wer sich für zeitgenössische Kunst interessiert, kann unweit der Villa Borghese den 1999 eröffneten Museumskomplex **MACRO – Museo d'Arte Contemporanea Roma** (Via Reggio Emilia 54, Tel. 06 67 10 79 00, www.macro.roma.museum) anschauen. In den umgestalteten Räumen einer alten Brauerei werden Wechselausstellungen zu moderner und multimedialer Kunst gezeigt.

Vatikan – unermessliche Kunstschätze im kleinsten Staat der Welt

Der einzige Stadtteil am rechten Tiberufer, der zum *Pomerium*, dem rechtlichen Staatsgebiet zählte, war Trastevere. Alles andere rechts des Tiber – das tuszische Ufer im Gegensatz zum lateinischen – rechnete man bis ins Mittelalter hinein als außerhalb befindlich. In die Aurelianische Ummauerung wurde dieses Gebiet nicht einbezogen, nur das Hadriansmausoleum (die Engelsburg) war ein Brückenkopf. Seitlich des Grabbaus zog sich der **Ager Vaticanus** bis zum (heutigen) Monte Mario hin. Er umfasste auch den Mons Vaticanus, den kaum noch als solchen wahrnehmbaren Vatikanhügel. Die Herkunft des Namens ist ungeklärt. Er könnte etruskischen Ursprungs sein und von einer untergegangenen Siedlung Vaticus stammen.

Città del Vaticano – die Geschichte des Kirchenstaats

In der Antike, insbesondere seit dem 4. Jh. v. Chr., dehnte sich die römische Besiedlung bis zum **Ager Vaticanus** aus. Es entstanden viele Ziegeleien, aber auch Villen und Gärten. Die Straßen waren, wie überall außerhalb der Stadt, von Gräbern gesäumt. Kaiser Gaius (Caligula, 37–41), ließ dort, wo seine Mutter Agrippina eine Villa hatte, einen Circus errichten. Dieser später nach Nero benannte Circus war im Gegensatz zum Colosseum die Stätte blutiger Volksbelustigungen, bei denen in der Tat Christen den wilden Tieren vorgeworfen wurden. Auch dass unter Nero (54–68) Christen, Juden und andere Missliebige mit Pech beschmiert als lebende Fackeln dienten, ist schriftlich überliefert. Wenn **Petrus** je wirklich nach Rom gekommen ist und wenn er tatsächlich das Martyrium erlitten hat, so ist es nicht ausgeschlossen, dass es hier im **Neronischen Circus** geschah. Eine sehr alte Überlieferung, die sicher schon vor der Zeit Konstantins einsetzt, will es so, doch es gibt keine eindeutigen archäologischen Belege dafür. Immerhin fand man in den Vatikanischen Nekropolen [s. S. 109] zwei Inschriften

Päpstliche Pracht – Blick von der Peterskirche über den Petersplatz mit den Kolonnaden Berninis auf die Via della Conciliazione, die Engelsburg und den Tiber ▷

mit dem Namen Petrus, die sich auf den Apostel beziehen könnten. Nach der Emanzipation der christlichen Religion unter Kaiser Konstantin wurde dort, wo schon um 200 eine Gedenkstätte für die Märtyrer des Neronischen Circus gestanden hatte, um 320 die erste **Peterskirche** errichtet. Papst Silvester I. (314–335) weihte sie am 18. November 326. Für den Bau der monumentalen Basilika wählte man nicht einfach den Talgrund des Ager Vaticanus, sondern den Steilhang des Hügels, der deshalb angeschnitten werden musste, bei gleichzeitiger Aufrichtung 12 m hoher Substruktionen. Damit waren erhebliche technische Probleme und höhere Kosten verbunden. Die Forschung nimmt an, dass man die Basilika unbedingt über dem hier gelegenen **Petrusgrab** errichten wollte.

Sowenig die Peterskirche die eigentliche Papstkirche war (und kirchenrechtlich ist), sowenig war in früherer Zeit der Vatikan Papstresidenz, auch wenn schon im 5. Jh. hier ein päpstlicher Wohnsitz erwähnt wurde. Die Peterskirche war vor allem die **Krönungskirche** der römisch-fränkischen und römisch-deutschen Kaiser. Das hatte rechtliche Gründe: Die Krönung sollte außerhalb der Stadt erfolgen, um nicht eine Herrschaft des römischen Kaisers über Stadt-Rom zu manifestieren. Den Kaisern war auch verboten, in die Stadt einzuziehen. So durfte etwa Kaiser Sigismund (1433–37) nach seiner Krönung die antiken Bauwerke Roms ausdrücklich nur als Privatmann besichtigen.

Nach dem Zerfall des weströmischen Reiches und dem Zusammenbruch der byzantinischen Herrschaft im Westen bemächtigten sich nach und nach die Päpste auch der weltlichen Herrschaft über Mittelitalien, gestützt auf die **Konstantinische Schenkung**, eine freche Fälschung, die aber sowohl Pippin der Kurze als auch Karl der Große anerkannten. So entwickelte sich das Patrimonium Petri, auch **Kirchenstaat** genannt, der sich zuletzt quer durch ganz Italien und nördlich bis fast nach Venedig erstreckte. Die Hauptstadt war Rom, der Sitz des Papstes zunächst der **Lateranpalast**. Nach die Päpste 1377 aus Avignon zurück gekehrt waren, verlegte Gregor XI. Beaufort (1370–78) die Residenz in den sichereren Vatikanpalast. Dabei blieb es, bis

Clemens VIII. 1592 die Residenz in den Quirinalpalast verlegte.

Die **nationale Einigung Italiens** machte auch vor dem Kirchenstaat nicht Halt. Im Lauf weniger Jahre schrumpfte die weltliche Herrschaft des Papstes auf die römischen Besitzungen zusammen. Am 20. September 1870 machte der Einmarsch der Savoyer in Rom dem Patrimonium temporale ein Ende. Papst Pius IX. zog sich in den Vatikanpalast zurück.

Die neue königliche Regierung bot dem Papst die ganze Leostadt nebst einer großen Geldsumme und der Friedenshand. Der Papst lehnte ab. Die **Römische Frage** schwebte seitdem unangenehm über der italienischen Politik.

Pius' IX. Nachfolger Leo XIII. und Pius X. blieben unversöhnlich. Erst Benedikt XV. signalisierte Verständigungsbereitschaft, worauf unter Pius XI. am 11. Februar 1929 die **Lateranverträge** geschlossen wurden [s. S. 119, 142]. Damit entstand der kleinste Staat der Welt, **Stato della Città del Vaticano**, dessen absoluter Monarch der Papst ist. Der Staat umfasst 0,44 km² und besteht aus der Peterskirche, dem Petersplatz, den Vatikanischen Gärten und Museen und ist fast gänzlich von einer großen Mauer umgeben. Exterritoriale Gebiete des Vatikanstaats in Rom sind die Basiliken S. Giovanni in Laterano, S. Maria Maggiore und S. Paolo fuori le Mura, der Lateranpalast, die Cancelleria und andere Verwaltungsgebäude, darunter das gleich neben den Kolonnaden liegende Sant' Uffizio, außerdem die päpstliche Sommerresidenz in Castelgandolfo, die vatikanische Sendeanlage in S. Maria di Galleria sowie Kirchen in Assisi und Pompeji.

Der Papst ist Souverän, der **Staat Vatikanstadt** vollständiges Völkerrechtssubjekt mit allen Rechten. Er gibt eigenes Geld (nur Münzen) und eigene Briefmarken heraus, hat eigene Gerichte und ein eigenes ›Heer‹, die Schweizergarde [s. S. 114]. Der Vatikan hat auch eigene Autokennzeichen. Dienstfahrzeuge tragen die Targa SCV, vatikanische Privatfahrzeuge haben das Kennzeichen CV. Amtssprache ist neben dem Italienischen Latein.

Der Vatikanstaat zählte im Jahr 2003 805 Einwohner, davon waren 552 Staatsbürger. Steuern erhebt der Vatikan von seinen Bürgern nicht. Mit der Verleihung der Staatsbürgerschaft geht er jedoch äußerst sparsam um. Er ist der einzige Staat der Welt, dessen Bevölkerung sich nicht durch natürliche Vermehrung, sondern durch Zuwahl fortpflanzt. Wer den Vatikan besuchen möchte, benötigt ein Visum, das vom Visabüro an der Porta S. Anna ausgegeben wird. Es muss ein Personalausweis oder Pass vorgelegt und ein triftiger Grund für den Besuch vorgebracht werden. Der Vatikan ist auch eine Pfarrei. Angesichts der Tatsache, dass der Staat zu einem Fünftel aus einer Kirche, dem Petersdom, besteht, mutet es merkwürdig an, dass dieser nicht auch die Pfarrkirche des Vatikan ist, vielmehr erfüllt diese Funktion die kleine, von Vignola 1572 erbaute Kirche S. Anna dei Palafrenieri hinter dem gleichnamigen Tor.

Die **Peterskirche** (April–Sept. tgl. 7–19, sonst 7–18 Uhr) ist frei zugänglich. Personen in unschicklicher Kleidung (z. B. Shorts, Miniröcke, Trägerhemdchen) werden von den Kustoden allerdings abgewiesen. Das **Hochamt** findet jeden Sonntag um 10.30 Uhr statt, es empfiehlt sich, gut eine halbe Stunde früher dort zu sein, wenn man einen Sitzplatz haben möchte. An den hohen **Festtagen** und zu anderen feierlichen Anlässen liest der Papst selbst die Messe, dann werden kostenlose Eintrittskarten ausgegeben (Informationen gibt die Prefettura, s. u.). Zudem erteilt der Papst, sofern er in Rom weilt, am Sonntag um 12 Uhr von einem Fenster des Vatikanpalastes aus den so genannten Angelus-Segen. Dieses Fenster ist am Teppich zu erkennen, der vorher herausgehängt wird.

Die **Generalaudienzen** in der großen, 1964–71 von Pier Luigi Nervi erbauten Audienzhalle, der Sala Paolo VI, finden in der Regel am Mittwoch um 11 Uhr statt. Die kostenlosen Eintrittskarten erhält man bei der **Prefettura della Casa Pontificia** (Città del Vaticano, 00120 Roma, Tel. 06 69 88 48 57). Sie müssen mindestens 14 Tage im Voraus schriftlich beantragt werden. Privat- und Gruppenaudienzen sind nur möglich, wenn man einen Fürsprecher im Vatikan hat, der ein Empfehlungsschreiben ausstellt. Beantragt werden diese Audienzen ebenfalls bei der Prefettura.

62 Petersplatz
(Piazza San Pietro)

Der Petersplatz – eigentlich zwei Plätze: ein viereckiger direkt vor der Kirche und ein Queroval – ist eingefasst von den beeindruckenden Kolonnaden Berninis.

Metro A: Ottaviano
Bus: 32, 62, 81, 115, 116, 492, 982, 990
Tram: 19

Der Petersplatz, seit Jahren zum Glück autofrei, wenngleich verkehrsumtost, wird meist von Touristenströmen, die sich gegenseitig behindern, durchquert, aufgehalten durch zahllose Händler, die mehr oder weniger religiösen Krimskrams feilbieten. Wer sich die Mühe macht, den Platz spätabends im taubengrauen Licht der römischen Nacht zu besuchen, wird einen Ort erstaunlicher Stille und – so merkwürdig es klingt – Intimität vorfinden, ein Bild, das zu den Geheimnissen dieser Stadt zählt.

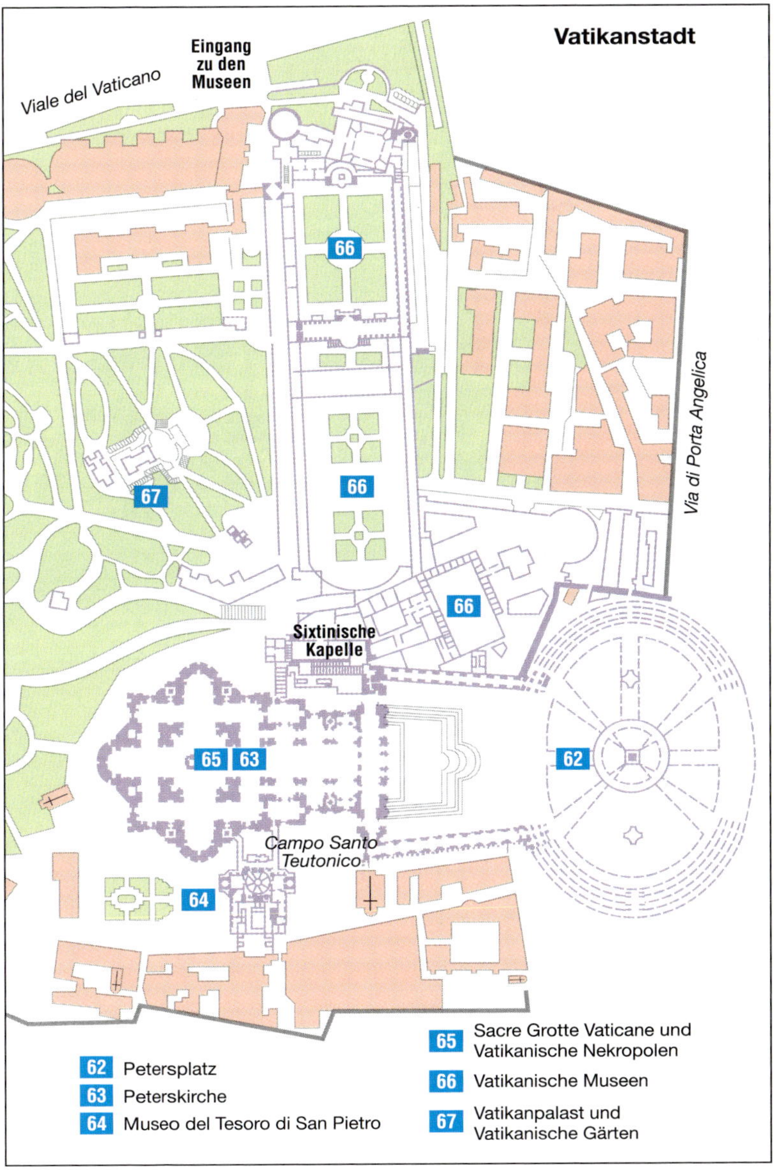

Himmlische Kuppel – Wegweiser für Christen und auch für Autofahrer ist Michelangelos Meisterwerk, die päpstliche Krone der Peterskirche

Die majestätischen, von Bernini konzipierten *Kolonnaden* (1656–67) der Piazza S. Pietro bestehen aus einer vierfachen Reihe von Säulen, die ein mit 140 Heiligenstatuen und Wappenkartuschen Alexanders VII. geschmücktes Dach tragen. Von gewissen, im Pflaster mit *Centro del Colonnato* bezeichneten Punkten aus verschwinden die hinteren Säulen optisch hinter der vorderen Reihe.

Der *Obelisk* (der einzige in Rom ohne Hieroglyphen) stand einst im Neronischen Circus. Seine Aufstellung auf dem Petersplatz im Jahr 1586 war zu der Zeit eine technische Meisterleistung. Ein Fresko in der *Biblioteca Apostolica Vaticana* [s. S. 112] zeigt den Ablauf. Steine im Pflaster des Platzes zeigen an, an welchem Tag des Jahres zu Mittag der Schatten der Obeliskenspitze hierher zeigt.

Der rechte (nördliche) *Brunnen der Piazza* stammt von Carlo Maderno, er ist ein Meisterwerk der Wasserarchitektur von wahrhaft edler Einfalt und stiller Größe. Der linke Brunnen wurde im 18. Jh. als Pendant hinzugefügt.

Der scheinbar rechteckige, in Wirklichkeit trapezförmige Platz direkt an der Kirche, die *Piazza Reta*, ist auf eine günstige perspektivische Wirkung angelegt, denn die sie flankierenden Kolonnaden verlaufen schräg nach außen und weiten den Platz so trichterförmig auf die Fassade der Peterskirche hin, wodurch diese trotz ihrer Wucht etwas Schwebendes erhält.

63 Peterskirche
(San Pietro in Vaticano)

TOP TIPP *Die größte Kirche der Christenheit.*

Piazza San Pietro
April–Sept. tgl. 7–19 Uhr, sonst 7–18 Uhr (nicht erlaubt sind Shorts, Miniröcke, schulterfreie Hemden u. Ä.)
Metro A: Ottaviano
Bus: 32, 62, 81, 115, 116, 492, 982, 990
Tram: 19

Die **Baugeschichte** von St. Peter ist sehr kompliziert. Die erste frühchristliche Kirche wurde bereits Anfang des 4. Jh. an jener Stelle errichtet, an der man das Grab des hl. Petrus vermutete. Die fünfschiffige Basilika, etwa in der Art, wie sich heute noch S. Paolo fuori le Mura zeigt, wurde

Habemus Papam!

Joseph Alois Ratzinger (* 16. April 1927 in Marktl am Inn) wird am 19. April 2005 zum Nachfolger von Papst Johannes Paul II. gewählt und nennt sich Benedikt XVI. Damit endet das Konklave in der Sixtinischen Kapelle bereits nach 26 Stunden und vier Wahlgängen. Benedikt XVI. ist das 265. Oberhaupt der Römisch-Katholischen Kirche und der erste deutsche Papst seit Hadrian VI. vor 482 Jahren. Zur Amtseinführung am 24. April versammeln sich Regierungsvertreter und hunderttausende Gläubige auf dem Petersplatz. Die Namenswahl verweist auf den ›Friedenspapst‹ Benedikt XV. und den Schutzpatron Europas, den hl. Benedikt. Sein Wappen zeigt unter einer einfachen Mitra: einen Bären und einen Mohrenkopf für das Erzbistum München-Freising, sowie eine Muschel, die wohl für St. Augustinus steht. Darunter ist das erzbischöfliche Pallium dargestellt.

Ratzinger wußte schon früh, dass er Priester werden wollte. Er stammt aus einer religiösen bayerischen Familie. Gleich nach dem Krieg, der für ihn – noch 1944 einberufen –, in amerikanischer Kriegsgefangenschaft endete, machte er Abitur. Er studierte in Freising, München und Freiburg. Zusammen mit seinem Bruder Georg wurde er 1951 zum Priester geweiht. Auf Promotion und Habilitation in München folgten Lehrtätigkeiten in Freising, Bonn, Münster sowie in Tübingen und Regensburg. Während des Zweiten Vatikanischen Konzils (1962–1965) machte er sich in Kirchenkreisen einen Namen als Reformer, wandelte sich jedoch später zum vielfach kritisierten, eher konservativen Bewahrer. Papst Paul VI. ernannte ihn 1977 zum Erzbischof von München und Freising und erhob ihn im gleichen Jahr zum Kardinal. Als Präfekt der Kongregation für die Glaubenslehre seit 1981, als Kardinaldekan seit 2002 und als rechte Hand von Papst Johannes Paul II., als dessen Nachfolger er immer wieder gehandelt wurde, spielte er im Vatikan eine bedeutende Rolle. Der römische Grundsatz: *»Wer als Papst ins Konklave zieht, kommt als Kardinal wieder heraus«*, galt dieses Mal nicht.

Peterskirche

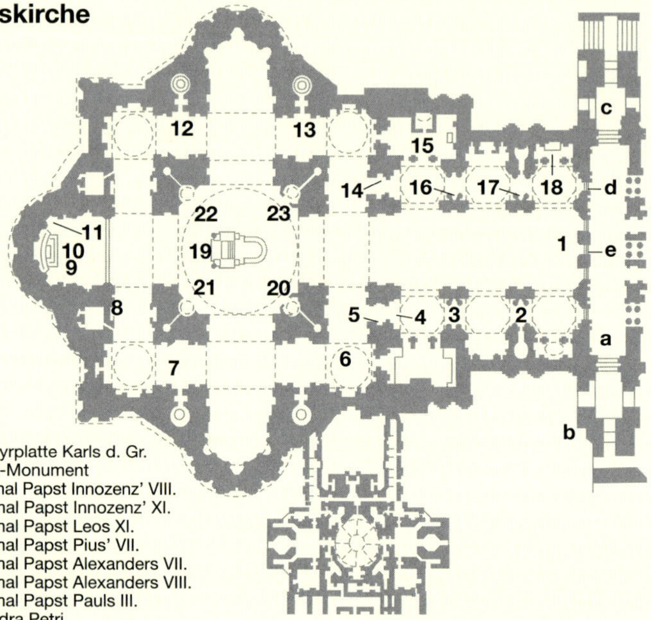

1 Porphyrplatte Karls d. Gr.
2 Stuart-Monument
3 Grabmal Papst Innozenz' VIII.
4 Grabmal Papst Innozenz' XI.
5 Grabmal Papst Leos XI.
6 Grabmal Papst Pius' VII.
7 Grabmal Papst Alexanders VII.
8 Grabmal Papst Alexanders VIII.
9 Grabmal Papst Pauls III.
10 Cathedra Petri
11 Grabmal Papst Urbans VIII.
12 Grabmal Papst Clemens XIII.
13 Grabmal Papst Benedikts XIV.
14 Grabmal Papst Gregors XIII.
15 Sakramentskapelle
16 Grabmal der Gräfin Mathilde von Tuszien
17 Medaillon zum Gedenken an Königin Christina
18 Michelangelos Pietà
19 Papstaltar und Baldachin von Bernini
20 Statue des hl. Andreas
21 Statue der hl. Veronika
22 Statue der hl. Helena
23 Statue des hl. Longinus
a Portikus
b Reiterstatue Karls d.Gr.
c Reiterstandbild des Kaisers Konstantin
d Porta Santa
e Porta Mediana

nach der Rückkehr der Päpste aus Avignon 1377 zwar nicht de jure, aber de facto *päpstliche Hauptkirche*. Zu der Zeit war sie allerdings bereits baufällig. Doch erst Papst Nikolaus V. (1447–55) beauftragte *Bernardo Rossellino* einen Neubau zu errichten. Rossellino ließ den Chor abreißen, die Arbeiten blieben aber bereits 1455 liegen und konnten erst 1470–73 weitergeführt werden.

Als dann **Papst Julius II.** 1506 *Bramante* mit der Bauleitung beauftragte, machte das Projekt wirkliche Fortschritte. Bramante entwarf einen *Grundriss* in Form eines griechischen Kreuzes mit vier kleineren griechischen Kreuzen in den Ecken, sicher der schönste aller Baupläne für St. Peter. Bramante, der schon 1514 starb (ein Jahr nach seinem päpstlichen Gönner), konnte nur die vier Kuppelpfeiler und deren Verbindungsbögen fertig stellen. Julius' Nachfolger Leo X. beauftragte 1514 *Raffael* mit der Fortführung des Baus. Dieser legte einen neuen, eher langweiligen Plan vor, der zum Glück nicht zur Ausführung kam. *Baldassare Peruzzi und Giuliano da Sangallo* (der schon vor 1503 am Chor weitergebaut hatte) änderten die Entwürfe erneut ab, Antonio da Sangallo d. J. wollte die Pfeiler in Raffaels Konzept einbeziehen.

1547 übertrug Papst Paul III. die Bauleitung dem greisen *Michelangelo*, der auf den Entwurf Bramantes zurückgriff und ihn in genialer Weise umformte. Die Kirche sollte auf dem Grundriss eines griechischen Kreuzes errichtet werden (also mit vier gleich langen Kreuzarmen) und über eine Vorhalle mit frei stehenden Säulen und eine parabolische Kuppel verfügen. Als Michelangelo 1564 starb, war der Bau noch längst nicht vollendet. Erst der Tambour der Kuppel über den Pfeilern stand. Dann übernahmen nacheinander *Giacomo Vignola und Pirro Ligorio* den Bau, 1572 folgte *Giacomo della Porta* und *1585 Domenico Fontana*. Sie vollendeten 1588/89 das Gebäude und insbesondere die Kuppel im Sinne Michelangelos.

Der Kurie aber erschien die Kirche zu klein. So wurde 1607 *Carlo Maderno* von Papst Paul V. beauftragt, das griechische Kreuz Michelangelos um drei Joche zu verlängern, was der Kirche im hinteren Teil leider etwas vom Charakter einer riesigen Bahnhofshalle gibt und außen die Wirkung der Kuppel beeinträchtigt, da man diese trotz ihrer Größe – entgegen den Plänen Michelangelos – nicht sehen kann, wenn man direkt vor der **Front** steht.

Die **Fassade** wurde ab 1614 nach Entwürfen Carlo Madernos ausgeführt. Er hat es verstanden, die unproportioniert breite Fläche durch die horizontale Gliederung in drei Stockwerke (wobei das oberste eine Art Attika bildet) und durch die starken vertikalen Akzente von Säulen und Pfeilern aufzulockern. Hinzu kommen die kunstvoll inszenierten Licht-Schatten-Effekte. Die Mitte ist als Tempelfront mit Dreiecksgiebel vorgeblendet. Im ersten Stock befindet sich die *Loggia*, von der aus der neu gewählte Papst präsentiert und jedes Jahr zu Ostern und Weihnachten der Segen ›Urbi et Orbi‹ erteilt wird.

Nach Beendigung dieses Bauabschnitts fand am 18. November 1626 die feierlichen *Weihe* der Peterskirche durch Papst Urban VIII. statt – am 1300. Jahrestag der Weihe der ersten Basilika. 1629 wurden von *Bernini* zwei seitliche *Glockentürme* aufgesetzt, von denen aber einer einstürzte, weil Bernini (der ein bedeutenderer Bildhauer als Architekt war) die Statik falsch berechnet hatte. 1776–84 wurde die *Sakristei* – größer als manche große Kirche – angebaut. Die beiden etwas fremdartig wirkenden *Uhren* fügte Giuseppe Valadier Anfang des 19. Jh. der Fassade hinzu.

Die **Kuppel** in unnachahmlich edler, leicht elliptischer Form, die höchste und größte Kuppel Roms, eines der Wahrzeichen der Stadt, ist das architektonische Meisterwerk Michelangelos, obwohl er den Bau nicht selber vollenden konnte. Er hinterließ außer den Plänen ein interessantes *Holzmodell*, das in den *Vatikanischen Museen*, in der Sala dei Chiaroscuro [s. S. 112], zu besichtigen ist.

Zur Kuppel fährt ein *Lift* hinauf (April–Sept. tgl. 8–18 Uhr, sonst 7–17 Uhr; Zugang in der Peterskirche vorne rechts hinter dem Helena-Pfeiler). Oben angekommen kann man auf der *Flüstergalerie* innen um die Kuppel herumgehen und dann über enge Stiegen bis in die *Laterne* hinaufsteigen, um von hier das großartige Panorama Roms zu genießen.

Der **Portikus** [**a**] wurde von Carlo Maderno erbaut. Innen an der Außenwand ist das – allerdings stark restaurierte – **Mosaik** *Sturm auf dem See Genezareth* von Giotto eingelassen, das berühmteste Werk aus der alten Peterskirche. Die kostbare Stuckdecke ist ebenfalls sehenswert. Am Ende des Portikus links steht die etwas konventionelle **Reiterstatue Karls des Großen** [**b**] (von Agostino Cornacchini, 1725), das Pendant zum großartigen **Reiterstandbild des Kaisers Konstantin** [**c**] von Bernini rechts im Vorraum der *Scala Regia*. Konstantin ist in dem Augenblick dargestellt, als er – nach der Legende – das Zeichen des Kreuzes am Vortag der Schlacht gegen Maxentius an der Milvischen Brücke erblickt. Der typische Bernini-Entwurf fasst Statue und Umraum als Gesamtwerk auf: Das Kreuz oben in der Wölbung und vor allem das Licht von rechts sind Teil der Komposition.

Fünf **Portale** führen vom Portikus in die Basilika, die äußerste rechts, die **Porta Santa** [**d**], ist nur während des Heiligen Jahres geöffnet. Die mittlere, die **Porta Mediana** [**e**], weist qualiätvolle Reliefs der Frührenaissance (um 1440) vom Florentiner *Antonio Filarete* auf. Die vier schmaleren Bänder zeigen Szenen aus

Die (am 29. Juni) geschmückte Statue des hl. Petrus mit dem viel geküssten Fuß

dem Pontifikat Eugens IV. Es sind die frühesten Darstellungen historischer Ereignisse. Die beiden oberen Tafeln stellen Christus und Maria, die unteren die Apostel Petrus und Paulus dar. Seltsam ist, dass Filarete die Apostelbilder mit Schriftbändern in arabischen Lettern eingefasst hat. Die viereckigen Reliefs ganz unten zeigen die Martyrien der Apostelfürsten, die des Petrus mit naiven Wiedergaben römischer Bauten (Engelsburg, Cestiuspyramide, Colosseum). Die Bildfelder werden von Schmuckbändern gerahmt. Hier finden sich florale Ornamente, die an antike Dekorationen erinnern, bevölkert von kleinen Figuren, die Szenen aus Ovids ›Metamorphosen‹, aus den Fabeln Äsops sowie aus der griechischen und römischen Mythologie darstellen, erstaunlich unbekümmert heidnisch für den Schmuck des Hauptportals der ersten Kirche der Christenheit.

Eine Kuriosität findet sich innen am Türflügel ganz unten (man braucht eine Taschenlampe): Filarete hat hier sich und seine Helfer, dazu einen Esel und ein Kamel als Bildsignatur eingefügt. Die äußerste linke Tür, die *Porta della Morte*, stammt von Giacomo Manzù (1964).

Der **Innenraum** ist dreischiffig mit Querhaus und Chorapsis. Die größte Kirche der Christenheit beeindruckt auch durch ihre reiche Ausstattung, die meisten bemerkenswerten Bildwerke sind Grabdenkmäler.

1 **Porphyrplatte Karls des Großen**. Die Platte lag in der alten Peterskirche vor dem Altar, auf ihr wurde Karl der Große am 25. Dezember 800 von Papst Leo III. zum römischen Kaiser gekrönt.

2 **Stuart-Monument** von Antonio Canova für die exilierten letzten Mitglieder der schottisch-englischen (katholischen) Königsfamilie.

3 **Grabmal Papst Innozenz' VIII.** von Antonio Pollaiuolo (1498), eine schöne, teilweise vergoldete Bronzearbeit, aus der alten Peterskirche hierher verbracht. Die ›Tortenschaufel‹, die der Papst hochhält, ist die Lanzenspitze, mit der Longinus Christi Seite durchbohrte; der Papst bekam sie vom türkischen Sultan geschenkt.

4 **Grabmal Papst Innozenz' XI.** von Carlo Maratta (1697–1704).

5 **Grabmal Papst Leos XI.** von Alessandro Algardi (1642–44); die Herstellung des Grabmals dauerte viel länger als das Pontifikat dieses Papstes, denn er regierte nur 24 Tage.

6 **Grabmal Papst Pius' VII.** von Bertel Thorvaldsen.

7 **Grabmal Papst Alexanders VII.**, Spätwerk Berninis (1672–78) aus polychromem Marmor, eines der bedeutendsten Denkmäler in der Kirche; die rechte Figur vorn, eine nackte ›Wahrheit‹, ist mit einem Blechschurz bekleidet.

8 **Grabmal Papst Alexanders VIII.**, an dem verschiedene Bildhauer gearbeitet haben (1706–15), die Papststatue schuf Giuseppe Bertosi.

9 **Grabmal Papst Pauls III.**, bedeutendes Werk Guglielmo della Portas (1551–75), eine michelangeleske Figurengruppe.

10 **Cathedra Petri**, eine Stein gewordene Sacra Rappresentazione von Bernini (1656/65). Das figurenreiche Ensemble ist gruppiert um einen gigantischen Heiligen Stuhl, magisch beleuchtet durch das den Heiligen Geist darstellende Fenster; es ist Ausdruck der gegenreformatorischen Ecclesia triumphans. Die theatralisch bewegten Figuren unterhalb des Thrones sind die lateinischen Kirchenväter Ambrosius und Augustinus (links) und die griechischen Athanasius und Johannes Chrysosthomus (rechts).

11 **Grabmal Papst Urbans VIII.**, eine pyramidenförmige Komposition, ebenfalls von Bernini (1642–47).

12 **Grabmal Papst Clemens XIII.**, ein berühmtes Werk Antonio Canovas (1788–92).

13 **Grabmal Papst Benedikts XIV.** vom Bildhauer der Fontana di Trevi, Pietro Bracci (1759).

14 **Grabmal Papst Gregors XIII.**, das reizvolle Relief auf dem Sarkophag (von Bernardino Cametti und Carlo Francesco Melloni) erzählt von der Kalenderreform, die dieser Papst 1582 verfügte; die Szene stellt eine lebhafte Diskussion zwischen Gelehrten und Prälaten dar, einer davon schaut erstaunt durch eine Brille, über allen der Papst, der ruhig die Geste ›Es sei so‹ vollführt.

Der Baldachin Berninis unter der Peterskuppel mit dem Papstaltar ▷

Liturgisches Gewand (Dalmatika) Karls des Großen aus der Schatzkammer des Vatikan

15 Sakramentskapelle mit einem Ziborium aus vergoldeter Bronze von der Hand Berninis, dem Rundtempel Bramantes von S. Pietro in Montorio [Nr. 76] nachgebildet (1674).

16 Grabmal der Gräfin Mathilde von Tuszien (1046–1115), deren Leichnam aus der alten Peterskirche hierher überführt wurde; die Statue geht auf einen Entwurf Berninis zurück, das Relief zeigt den Canossagang König Heinrichs IV.; Canossa gehörte zum Herrschaftsbereich Mathildes.

17 Medaillon zum Gedenken an Königin Christina, der in Rom gestorbenen, zum Katholizismus konvertierten Tochter Gustavs II. Adolf von Schweden.

18 Michelangelos Pietà; mit dem unglaublich subtilen, ausdrucksvollen und lebendigen Werk begründete der junge Buonarroti 1499/1500 in Rom seinen Ruhm als Bildhauer; die Gruppe wurde im Auftrag des französischen Kardinals Jean de Bilhères geschaffen. Der noch unbekannte Meister signierte die Statue, was damals nicht üblich war, mit vollem Namen auf dem Brustband der Madonna; das Erstaunliche an diesem Werk voller Jugendfrische ist, dass die unglaubliche bildhauerische Virtuosität dem klassischen Ernst des künstlerischen Gedankens keinen Abbruch tut.

19 Papstaltar und Baldachin von Bernini. Unter der Kuppel steht der Hochaltar, über ihm der grandiose Baldachin, dessen gedrehte Säulen und Dach mit den Engeln und dem floralen Schmuck aus den Bronzeplatten des Pantheon [Nr. 28] gegossen wurden. Unter den Mitarbeitern Berninis bei diesem Projekt (1624–33) befand sich der junge Borromini. Bernini, dessen Stärke die Statik nicht war, hatte die Ausmaße des Baldachins falsch berechnet, worauf der junge Borromini hinwies; danach musste Bernini den Aufsatz abändern. Offenbar hat er Borromini nie verziehen, dass dieser Recht hatte, denn er war später nicht gut auf ihn zu sprechen. Vor dem Hochaltar befindet sich die **Confessio** mit dem *Grab des hl. Petrus*, von 99 ewigen Lichtern umgeben. Das früher dort aufgestellte, letzte Werk Canovas, der kniende Pius VI., steht jetzt hinter dem Grab.

Die vier **Hauptpfeiler in der Vierung** sind nach vier Heiligen benannt, die mit Kreuz und Kreuzigung in Verbindung gebracht werden und deren Figuren hier stehen: **Statue des hl. Andreas** [**20**] mit dem Andreaskreuz von François Duquesnoy (1640), **Statue der hl. Veronika** [**21**] mit dem Schweißtuch (Francesco Mochi, 1646), **Statue der hl. Helena** [**22**], die Kaiserin und legendäre Kreuzauffinderin (Andrea Bolgi, 1639), **Statue des hl. Longinus** [**23**] mit der Lanze, ein bedeutendes Werk Berninis von 1639.

Seitlich am Longinus-Pfeiler befindet sich das populärste Denkmal der Kirche, eine **Bronzestatue des hl. Petrus**. Sie stammt vermutlich von Arnolfo di Cambio (13. Jh.). Der rechte Fuß ist vollkommen platt- und glattgeschliffen, und zwar durch die Küsse, insbesondere von Frauen, die allerlei Segen von dem Heiligen erflehen.

Vatikanische Museen – schon das Treppenhaus ein optischer Genuss

64 Museo del Tesoro di San Pietro (Schatzkammer)

Trotz großer Verluste über die Jahrhunderte ein reicher Kirchenschatz.

April–Sept. 9–18.30, sonst 9–17.30 Uhr

Hinter dem Andreas-Pfeiler liegt der Eingang zur **Sakristei** der Peterskirche, in der die Schatzkammer, das Museo del Tesoro di San Pietro, untergebracht ist. Es enthält zahlreiche wertvolle Stücke, so etwa den *Hahn*, der auf dem Giebel der alten Peterskirche angebracht war, die *heilige Säule*, an die sich Christus im Tempel in Jerusalem angelehnt haben soll, den karolingischen *Elfenbeinthron*, der für Petri Bischofsstuhl gehalten wurde (er befand sich früher im gigantischen Stuhl in Berninis Apsis-Apotheose in der Tribuna) und den *Sarkophag des Junius Bassus*, eines christlichen Stadtpräfekten aus dem 4. Jh., das früheste Beispiel antiker Reliefkunst mit christlichen Motiven.

Das bedeutendste Exponat aber ist das **Sixtus-Grab**. Antonio Pollaiuolo schuf es 1493 noch für die alte Peterskirche. Die Konzeption des Bronzegrabmals mit der auf dem Sarkophag ruhenden Papstfigur ist noch mittelalterlich, aber die Formensprache der Skulpturen und der Reliefs ist schon der Renaissance verpflichtet. Das außerordentlich wirklichkeitsnahe Bildnis des Papstes ist umgeben von den Personifikationen der *Kardinaltugenden*, die Seitenflanken des Sarkophags – der nur noch entfernt an einen solchen erinnert – tragen Darstellungen der *Freien Künste*: Theologie, Philosophie, Arithmetik, Astrologie (womit auch Astronomie gemeint ist), Dialektik, Rhetorik, Grammatik, Perspektive, Musik und Geometrie. Alle Künste (d.h. im Sinn der Renaissance: Wissenschaften) sind als mehr oder weniger leicht bekleidete Frauenfiguren dargestellt, die nackteste ist die Theologie. Die Künste sind umgeben von den Werkzeugen ihrer jeweiligen Sparte und anderen Attributen. Manche Künste tragen außerdem einen Eichenzweig, das Wappensymbol des Rovere-Papstes Sixtus IV. Einige der Darstellungen sind von ausgesprochen heidnischer Fröhlichkeit (etwa das Relief der *Musica*) und insgesamt kann sowohl der künstlerische als auch der kulturhistorische Wert dieses Bildwerkes nicht hoch genug geschätzt werden.

65 Sacre Grotte Vaticane und Vatikanische Nekropolen

Die Grotten – ausgedehnte Grabanlagen unter der Peterskirche.

April–Sept. 7–19, sonst 7–17 Uhr
(Nekropolen nach schriftlicher Anmeldung mindestens 20 Tage vor Besichtigungstermin:
Ufficio Scavi, Fabbrica di San Pietro in Vaticano, Tel. 06 69 88 53 18, Fax 06 69 87 30 17, Mo–Fr 9–17 Uhr)

Die heutige Peterskirche liegt etwa 3 m über dem Niveau der alten konstantinischen Basilika. Dadurch ergibt sich eine Art Unterkirche oder Krypta. Man betritt diese Grotten genannte Anlage über eine Stiege vor dem *Longinus-Pfeiler*.

Der Rundgang führt zunächst durch die **Grotte Nuove**, die teilweise mit Fresken geschmückten Gänge, von denen immer wieder Kapellen abzweigen. Von einem Seitengang aus ist der Blick von hinten in die *Confessio* mit dem Petrusgrab möglich. In der *ersten Kapelle rechts* hinter der Eingangsstiege befindet sich das *Grabmal Papst Pauls II.* (um 1480) von Giovanni Dalmata und Mino da Fiesole, ein bedeutendes Werk der Renaissance.

Danach erreicht man die **Grotte Vecchie**, in die schon während des Baus der neuen Peterskirche bedeutende Kunstwerke aus dem Mittelalter und der frühen Renaissance überführt wurden, so das *Grabmal Bonifatius VIII.* von Arnolfo di Cambio (Anfang 14. Jh.) und die suggestive *Büste* dieses Papstes vom gleichen Künstler, das *Grabmal Kaiser Ottos II.* († 983) in einem schlichten antiken Sarkophag von bestechender Klarheit, außerdem eine thronende *Petrusstatue*, ursprünglich eine antike Philosophenfigur, der segnende Hände und christliche Attribute angefügt wurden. Die Grotten bergen außerdem – bezeichnet durch schlichtere Grabdenkmäler – die tatsächlichen Begräbnisplätze der Päpste, deren aufwendigere Monumente oben in der ›neuen‹ Peterskirche stehen.

Die **Vatikanischen Nekropolen**, die *Necropoli preconstantiniana*, die unterhalb der Grotten liegen, wurden erst zur Zeit Pius' XII. ausgegraben. Der Papst ließ damals das Petrusgrab suchen. Es kamen 22 Mausoleen und zwei Gräber zum Vorschein, wobei heidnische, christliche und sogar gemischte Emblematik, z. B. ein Helios-Christus, festgestellt wurde.

An einer Wand fand sich die sehr primitiv gekratzte Inschrift ›Petrus rogat …‹ (›Petrus fragt‹ oder ›bittet‹), die man auf den Apostelfürsten bezieht. Sicher ist, dass in der Nähe eine Art Altar steht, der bereits im 2. Jh. eine Stätte der Verehrung war. Es scheint also recht plausibel, dass der hl. Petrus tatsächlich hier begraben wurde und dass die geheiligte Tradition der großen Basilika historische Wurzeln hat.

66 Vatikanische Museen (Musei Vaticani)

TOP TIPP

Eine der bedeutendsten Kunstsammlungen der Welt – die Sixtinische Kapelle und die Stanzen Raffaels eingeschlossen.

Viale Vaticano
Tel. 06 69 88 49 47
www.vatican.va
März–Okt., Jan. Mo–Fr 8.45–16.45 (letzter Einlass 15.20), Sa 8.45–13.45 (12.20) Uhr, Febr., Nov., Dez. Mo–Fr 8.45 – 13.45 (12.20) Uhr; am letzten So des Monats freier Eintritt 8.45–13.45 (12.20) Uhr
Metro A: Cipro
Bus: 23, 32, 49, 81, 492, 913, 990, 991, 999
Tram: 19

Der Vatikan ist das einzige Museum der Welt, das einen eigenen Staat bildet, die Vatikanischen Museen nehmen einen großen Teil des Vatikanpalastes (Baugeschichte s.S. 116) ein, der wiederum neben der Peterskirche der größte Komplex des Vatikanstaates ist.

Schon früh, im Jahr 1475, diente der Palast auch als **Bibliothek** und **Museum**. 1756 wurde von Benedikt XIV. das *Museo Sacro*, 1767 von Clemens XIII. das *Museo Profano* gegründet. Ende des 18. Jh. wurde das *Museo Pio-Clementino* der Öffentlichkeit zugänglich gemacht, im frühen 19. Jh. das *Museo Chiaramonti* und der *Braccio Nuovo* (1822). Das *etruskische und ägyptische* Museum folgten 1837 bzw. 1839. 1932 wurde unter Pius XI. die *Pinakothek* eröffnet, 1960 das *Museo Gregoriano Profano* für die ehemals im Lateran befindliche Sammlung griechischer und römischer Originale und frühchristlicher Kunst eingerichtet, 1973 folgte das *Museo Missionario-Etnologico*, das Missions- und Völkerkunde-Museum.

Die Vatikanischen Museen bieten farbig gekennzeichnete *Führungslinien:* A violett (1 1/2 Stunden), B beige (3 Stunden), C grün (3 1/2 Stunden) und D gelb (5 Stunden). Für den, der die Museen nicht kennt, empfiehlt es sich, einer der Führungslinien zu folgen. Am Eingang stehen auch lizenzierte Museumsführer, die gegen Gebühr durch die Sammlungen geleiten. Es gibt außerdem *Audioguides* in verschiedenen Sprachen zu mieten.

Die Vatikanischen Museen bestehen aus mehreren Sammlungen und den Sehenswürdigkeiten des Vatikanpalastes selbst. Die wichtigsten mit den jeweils herausragenden Stücken sind:

Museo Egizio (Ägyptisches Museum): Mumien, Sarkophage mit Bemalungen, Statuen und Reliefs aus frühdynastischer Zeit (ca. 3000 v. Chr.) bis in die koptische Zeit (ca. 600 n. Chr.).

Museo Chiaramonti: Rund 1000 antike Bildwerke, darunter zahlreiche Porträtbüsten römischer Kaiser, Sammlung von Inschriften, Skulpturen griechischer Götter und Heroen, meist als römische Kopien. Statue des *Augustus von Prima Porta*, das wohl schönste erhaltene Bildnis des großen Kaisers, benannt nach dem Fundort an der Via Flaminia. Es zeigt den grüßenden, siegreichen und friedenbringenden Augustus.

Museo Pio-Clementino: Es besteht aus zahlreichen verschieden großen Sälen und Kabinetten, und enthält die wohl berühmtesten Antiken: die *Laokoongruppe*, 1506 in Rom gefunden, eine römische Marmorkopie des frühen 1. Jh. n. Chr. nach hellenistischem Bronzeoriginal (um 140 v. Chr.), ein schon im Altertum hochgeschätztes Bildwerk. Ferner den *Apoll von Belvedere*, eine römische Marmorkopie einer griechischen Bronze, von der Winckelmann als vom »höchsten Ideal der Kunst unter allen Werken des Altertums …« sprach. Die *Knidische Aphrodite*, die Darstellung der unbekümmert nackten Göttin, eine Kopie oder Nachbildung der berühmten Kultstatue des Praxiteles aus dem 4. Jh. v. Chr. Eine mehr kuriose als künstlerisch wichtige Kolossalbronze eines *Herakles mit der Keule* (man beachte den im Verhältnis winzigen Sportlerkopf) vom Ende des 2. Jh. Sie wurde vom Blitz getroffen und dann rituell begraben. Die *Porphyr-Sarkophage der Constantia und Helena*, der erstere aus S. Costanza [Nr. 116], beide mit reichem Reliefdekor idyllischen bzw. kriegerischen Inhalts. Der *Zeus von Otricoli*, der Kopf einer Kolossalstatue des Gottes von großer Ausdruckskraft, römische Kopie

Eines der berühmtesten Kunstwerke des Altertums: die Laokoongruppe (Museo Pio-Clementino), über deren Herkunft und Datierung immer wieder diskutiert wird

eines griechischen Originals des 4. Jh. v. Chr. Der *Torso von Belvedere*, ein stark beschädigtes, aber in seiner Wucht gewaltig wirkendes Fragment einer Heraklesstatue. Dass Michelangelo diesen Torso besonders geschätzt hat, ist offensichtlich, wenn man sein Spätwerk betrachtet.

Museo Etrusco: Sarkophage, Grabstelen, Statuen und Kleinkunst aus etruskischen Nekropolen, außerdem eine umfangreiche Sammlung griechischer, italischer und etruskischer Vasen.

Salette degli Originali Greci: Präsentiert werden einige der seltenen griechischen Originalskulpturen, u. a. Fragmente vom Parthenon in Athen.

Sala della Biga: Der reizvolle Kuppelraum ist auf die *Biga* (Zweigespann) hin ausgerichtet. Ihr Wagenkasten (1. Jh.) diente einst in S. Marco als Bischofsthron. Das Ensemble wurde 1788 zusammengefügt. Ferner die Skulptur des *Diskuswerfers*, eine römische Kopie nach Myron.

Galleria dei Candelabri: *Ganymed und der Adler*, römische Kopie (als Tischfuß!) eines berühmten griechischen Originals des Leochares (4. Jh. v. Chr.). *Kind, eine Gans würgend*, schon von Plinius erwähnte, etwas brutale Genreplastik, Marmorkopie einer Bronze des 4. Jh. v. Chr.

Galleria degli Arazzi: Wandteppiche aus dem 16. und 17. Jh., meist niederländische Arbeiten nach italienischen Entwürfen; gegenüber den Fenstern: biblische Darstellungen, zwischen den Fenstern: Szenen aus dem Leben Papst Urbans VIII.

Galleria delle Carte Geografiche: 40 künstlerisch anspruchsvolle und kartographisch exakte Landkartenfresken nach Entwürfen des Geographen Ignazio Danti (1580–83), die Regionen Italiens darstellend, wohl eines der frühesten Beispiele der Nordung von Karten.

Stanze di Raffaello: Die Stanzen des Raffael, eine Zimmerflucht, zu der auch die *Loggie di Raffaelo*, die Sala dei Chiaroscuri, die Cappella Niccolina und verschiedene andere Räumlichkeiten gehören, waren Teil der *päpstlichen Privatgemächer* (von Julius II. bis Gregor XIII.). Die Stanzen und Loggien wurden von Raffael und seinen Schülern in den Jahren 1508–20 mit *Freskenzyklen* ausgemalt.

In den *Loggien* sind es fantasievolle Dekorationssysteme nach antiken Vorbildern als Rahmenwerk für 52 kleinformatige Bildkompositionen des Meisters, die überwiegend Szenen aus dem Alten Testament darstellen.

In der *Stanza d'Eliodoro* sind historische Ereignisse und Legenden in idealisierender Weise dargestellt: die Begegnung Leos des Großen mit Attila, die Messe von Bolsena (das Wunder einer blutenden Hostie, das sich der Überlieferung nach 1263 zugetragen hat), die Vertreibung Heliodors aus dem Tempel und die in ihrer Hell-Dunkel-Komposition hochdramatische Befreiung Petri.

In der *Stanza della Segnatura* (so genannt wegen der Unterschriften, die der Papst hier leistete) finden sich die beiden figurenreichen Meisterwerke Raffaels: die (heidnische) *Schule von Athen* und gegenüber die (christliche) *Disputation des Allerheiligsten Sakraments*. Die lebendigere Komposition ist ohne Zweifel die heidnische.

In der *Stanza dell'Incendio di Borgo* stellen die Fresken Szenen aus der Papstgeschichte dar. Nähert sich Raffael in manchen anderen Arbeiten einer gewissen Süßlichkeit, so hat er hier Tableaus von großer intellektueller Eindringlichkeit geschaffen.

Platon und Aristoteles, die zentralen Figuren in Raffaels ›Schule von Athen‹ (Detail; Stanzen des Raffael)

Die *Sala dei Chiaroscuri* hat eine von Raffael entworfene Kassettendecke. Hier steht auch Michelangelos *Holzmodell* für die Kuppel der Peterskirche.

Die kleine *Cappella Niccolina* (nach Papst Nikolaus V. benannt) ist wertvoll, weil sie äußerst feine Frührenaissancefresken von der Hand *Fra Angelicos* aufweist. Es handelt sich um zwei Zyklen: oben die Legende des hl. Stephanus, unten die des hl. Laurentius.

Appartamento Borgia: Als Privatgemächer für Alexander VI. Borgia (1492–1503) erbaut und von *Pinturicchio* ausgemalt. Das Fresko in der *Sala dei Misteri* über der Tür (links vom Fenster) zeigt das Porträt des Papstes in Anbetung der Auferstehung. Dessen ungeachtet haben sich in den Räumen damals, wie die Aufzeichnungen Johannes Burckardts dokumentieren, weitaus weltlichere Szenen abgespielt. Die Säle bergen heute einen Teil der päpstlichen Sammlung moderner religiöser Kunst.

Biblioteca Apostolica Vaticana: Unter diesem Begriff ist eine lange Flucht von Gängen und Räumen zusammengefasst, in denen u. a. (Saal 10) sehr gut erhaltene antike Wandmalerien gezeigt werden, so die *Aldobrandinische Hochzeit*, ein Wandgemälde aus augusteischer Zeit, das das römische Hochzeitszeremoniell darstellt. Die beziehungsreich halbnackte Venus belehrt die verschleierte Braut über die Pflichten der Liebe. Ferner zwei Fragmente mit Szenen der ›*Odyssee*‹ aus dem 1. Jh. v. Chr. Im üppig ausgestalteten *Salone Sistino* (nach Sixtus V. benannt) sind u. a. Manuskripte und Miniaturen ausgestellt, gelegentlich finden hier Sonderausstellungen statt.

Pinakothek: Angesichts der unüberschaubaren Fülle der Schätze aus antiker Zeit wird oft die *Gemäldesammlung* des Vatikan übersehen. Sie liegt auch etwas abseits und der Besucher erreicht sie erst, wenn er von allem anderen schon ermüdet ist, es sei denn, er sucht sie gezielt auf, was zu empfehlen ist. In 18 Sälen sind Gemälde aus dem 12.–18. Jh. ausgestellt, u. a. das *Triptychon Stefaneschi* von Giotto (Saal 2), einige Werke Fra Angelicos, Filippo Lippis und Benozzo Gozzolis (Saal 3), Peruginos *Maria mit Kind und Heiligen* (Saal 7), drei ganz bedeutende Gemälde Raffaels (Saal 8), die *Verklärung Christi*, die

Die Lybische Sybille – als eine der antiken Wahrsagerinnen verkündete sie die Ankunft Christi auf Erden. Detail der Sixtinischen Decke Michelangelos

hochberühmte *Trasfigurazione*, sozusagen die Summe von Raffaels Malerei, und die *Madonna di Foligno*. In den Vitrinen die *Gobelins* nach Raffaels Entwürfen, die früher in der Osterwoche in der Sixtinischen Kapelle aufgehängt wurden. Des Weiteren eines der seltenen Tafelbilder Leonardos, der *Hl. Hieronymus* (Saal 9), Tizians *Madonna dei Frari* und der *Doge Marcello* (Saal 10), Caravaggios *Kreuzabnahme* (Saal 12), das schöne, romantische *Porträt König Georgs IV. von England* von Thomas Lawrence (Saal 15). Gelegentlich finden in den Sälen 16 und 17 Wechselausstellungen statt, im Saal 18 befinden sich einige besonders schöne Stücke aus der vatikanischen *Ikonensammlung*, darunter zwei Säulensitzer.

Museo Gregoriano Profano: Die frühere Lateransammlung umfasst bedeutende *Skulpturen* (römische Kopien griechischer und hellenistischer Originale sowie römische Originale), Reliefs, Sarkophage und Mosaiken. Es sei auf die Marmorkopie nach einer Bronze Myrons *Athena und Marsyas* hingewiesen, auf eine Statue des *Sophokles*, ein Relief, das die triumphale *Ankunft des Kaisers Vespasian in Rom* schildert, das Relief der *Vicomagistri* (eine Opferprozession), eine Kolossalstatue des *Neptun*, zwei *Schlafende Silene* (vermutlich korrespondierende Brunnenfiguren) und das Relief *Der Dichter Menander und die Komödie*. Das große Bodenmosaik im halbrunden Raum am Ende des Saales stammt aus den Caracallathermen und stellt *Athleten* dar.

Museo Pio Cristiano: Christliche Altertümer, Statuen und vor allem Sarkophage. Berühmt der *Gute Hirte* aus dem 3./4. Jh.

Museo Missionario-Etnologico: Außereuropäische Kunst und Volkskunst aus Asien (große China-Abteilung), Australien, Afrika sowie Nord- und Südamerika.

Museo Storico Vaticano: Hier sind päpstliche Staatskarossen, Fahnen, Uniformen und Ausrüstung der päpstlichen Truppen u. a. versammelt.

Sixtinische Kapelle: Die *Cappella Sistina* liegt innerhalb der Museen. Sie wurde als päpstliche Hauskapelle für Papst Sixtus IV. erbaut (1475–81), daher der Name. Die Baumeister waren Giovannino de' Dolci und Baccio Pontelli. Der burgartige zinnenbewehrte Charakter des Außenbaus erklärt sich daraus, dass dieser in das Befestigungssystem der Gesamtanlage einbezogen wurde. Die Sistina ist heute die Palastkapelle des Vatikan. Hier findet auch das *Konklave*, die Papstwahl, statt.

Der Fußboden der *Kapelle* ist *Opus alexandrinum* (späte Cosmatenarbeit), die eleganten Marmorschranken trennen den Altarraum vom Raum für die Laien. Seitlich die ebenfalls sehr schöne Sängerkanzel; dort sangen die Chorknaben und Kastraten der Kapelle, dort stand einst Palestrina und dirigierte. Schranke und Kanzel sind Werke Andrea Bregnos und Mino da Fiesoles.

Über gemalten Vorhängen zieht sich an den **Wänden** ein Band von 12 Bildern hin (zwei weitere wurden zugunsten des *Jüngsten Gerichts* zerstört). Die Kompositionen korrespondieren inhaltlich miteinander: An der Südwand (links vom Jüngsten Gericht) Szenen aus dem Alten, an der Nordwand aus dem Neuen Testament, wobei zwischen den jeweiligen Szenen eine dogmatische Beziehung besteht, etwa das vierte links: *Moses auf dem Sinai* und rechts: *Bergpredigt*. Die Fresken wurden zwischen 1481 und 1483 gemalt, und zwar von Botticelli, Perugino, Pinturicchio, Cosimo Rosselli, Luca Signorelli und Ghirlandaio. (Die genaue Zuordnung ist nicht in allen Fällen gesichert.) Diese Fresken werden, weil die Decke und das Jüngste Gericht größte Aufmerksamkeit auf sich ziehen, wenig beachtet. Dabei handelt es sich um Meisterwerke hohen Ranges, so etwa das fünfte Bild links: *Die Bestrafung der Rotte Korah* von Botticelli mit dem Konstantinsbogen und dem Portikus der Divi Consenti im Hintergrund oder das fünfte Fresko rechts: Peruginos großartige Komposition *Schlüsselübergabe an Petrus*; in Cosimo Rossellis *Durchzug durch das Rote Meer* (drittes Bild links) ist das Meer wirklich rot.

In der darüber liegenden Zone sind die Wandpartien zwischen den Fenstern mit 24 ganzfigurigen idealisierten *Papstporträts* von Ghirlandaio, Botticelli u. a. geschmückt.

1508 beauftragte *Papst Julius II.* Michelangelo, die bis dahin nur blaugrundige und mit Sternen verzierte **Decke** zu freskieren. *Michelangelo*, der sich in erster Linie als Bildhauer berufen fühlte, unterzog sich der Aufgabe nur ungern. Es entstand dennoch eines der größten Meisterwerke der abendländischen Malerei. Mit einer nicht anders als titanisch zu nennenden Kraftanstrengung schuf Michelangelo in vier Jahren ein Bildprogramm von überwältigender Wirkung.

Die Decke ist als illusionistische Architekturkulisse konzipiert. Die Komposition weist mehrere Sinnschichten und Realitätsebenen auf. Die gemalte Marmorarchitektur (pseudoreliefgeschmückte Pfeiler, Marmorbänder und Zwickelumrah-

Im Dienst des Heiligen Vaters

Die **Schweizergarde** (Guardia Pontificia Svizzera) ist heute die einzige militärische Formation des Vatikan. Ihr obliegt der Schutz des Heiligen Vaters und die Bewachung des Vatikanpalastes. Wie viele andere Potentaten bediente sich im 15./16. Jh. auch der Papst Söldnertruppen. Als besonders zäh und zuverlässig galten die Schweizer. 1506 rekrutierte Papst Julius II. aufgrund von Verträgen mit einigen Kantonen die erste päpstliche Schweizergarde. Beim **Sacco di Roma** am 6. Mai 1527, als eine Übermacht deutscher Landsknechte Rom eroberte, opferte sich die Garde fast bis zum letzten Mann, um Papst Clemens VII. die Flucht in die uneinnehmbare Engelsburg zu ermöglichen. Die meisten Gardisten fielen unter dem Arco delle Campane. Seitdem ist die Schweizergarde die päpstliche Leibgarde. Heute besteht sie aus 110 Mann, darunter einige berufsmäßige Offiziere und länger dienende Korporale. Alle Schweizergardisten sind katholische **Eidgenossen**. Sie müssen den Militärdienst in ihrem Heimatland absolviert haben und sich auf mindestens zwei Jahre für den Dienst bei der Schweizergarde verpflichten. Offizielle Sprache der Schweizergarde ist Deutsch. Die malerische **Uniform** in den Farben gelb-rot-blau wurde nicht, wie vielfach behauptet, von Michelangelo entworfen, sondern von einem Gardekommandanten des 20. Jh. Beim internen Dienst tragen die Gardisten übrigens schlichte blaue Kluft. Der silberne Helm und der Kürass sind feierlichen Anlässen vorbehalten.

Die Garde verfügt zwar über moderne Waffen, aber die auffälligste Waffe ist die historische **Hellebarde**. Obwohl sie durchaus noch wirksam gehandhabt werden könnte, ist sie heute nur noch Attribut. Ernst genommen wird sie allerdings vom italienischen Staat. Wenn die Gardisten z. B. in der Exklave **Castelgandolfo** Dienst tun, müssen sie dorthin ohne ihre Hellebarden reisen. Diese werden gesondert transportiert, weil der Durchmarsch bewaffneter ausländischer Streitkräfte auch in Italien nicht erlaubt ist.

mungen) wird bevölkert von den *Ignudi*, nackten kraftvoll bewegten Jünglingen, die an gemalten Bändern fingierte Bronzeschilde mit altestamentarischen Szenen und Eichenlaubwülste tragen. (Die Eiche war das Wappensymbol Papst Julius' II.) In den dunklen Zwickeln darunter erscheinen (bronzene?) groteske Gestalten. In den Nischen dazwischen sitzen die *Propheten und Sibyllen*, die – an den Proportionen erkennbar – deutlich einer anderen Realitäts- oder Erzählschicht angehören als die Ignudi. Die Propheten und Sibyllen sind durch gemalte Namenstäfelchen identifiziert, sie gehören zu den schönsten Schöpfungen Michelangelos. Eine weitere Realitätsschicht erschließen die Darstellungen in den *Giebelfeldern und Lünetten*. Gezeigt werden Szenen aus dem Alten Testament und die *Ahnen Christi*. Alle diese Bilder weisen prophetisch auf die Ankunft Jesu und die Erlösung hin.

Die hinter der Scheinarchitektur liegende Schicht bilden die eigentlichen *Gemälde*, die als Fresken in der gemalten Architektur zu verstehen sind, also abgebildete Bilder. (Anders ausgedrückt: Michelangelo hat eine mit Fresken ausgemalte Architektur gemalt.) Dass das von Michelangelo tatsächlich so gemeint war, ist aus den beiden schmalen blauen Bändern ersichtlich, die jeweils hinter dem ersten Ignudo und den Gewölbebändern zu sehen sind: Sie stellen den *Himmel* dar, der durch die im Freien stehend gedachte Gewölbekonstruktion hereinblickt.

Die Gemälde also schildern die *Schöpfungsgeschichte*, beginnend im Westen (über dem Jüngsten Gericht): *Gott trennt Licht und Finsternis, Gott erschafft Sonne, Mond und Sterne, Gott trennt Wasser und Erde, Erschaffung Adams, Erschaffung Evas, Sündenfall und Vertreibung* (hier endet unten, durch die Marmorschranken gekennzeichnet, der Altarbereich). Über dem Laienbereich folgen *Opfer Noahs, Sintflut und Schande Noahs*.

Rund 20 Jahre später, 1534, beauftragte Papst Paul III. Michelangelo, nun auch die **Stirnwand** der Sistina zu freskieren. Auch diesmal unterzog sich der inzwischen 70-jährige Meister der Aufgabe widerwillig. 1541 war das monumentale Wandgemälde des **Jüngsten Gerichts** vollendet. In dieser Komposition hat Michelangelo auf das intellektuell-manieristische Spiel mit den verschiedenen Realitätsebenen verzichtet und dennoch hat er wiederum

Casino Pio IV. in den Vatikanischen Gärten

ein Werk von gigantischer Ausdruckskraft geschaffen.

Mit einer königlichen Geste setzt ein apollgleicher *Christus*, der Herr des Jüngsten Gerichtes, ein gewaltiges Rad von Leibern in Bewegung, das die Gerechten nach oben in den Himmel reißt und die Bösen nach unten in den Orkus schleudert, wo ein düsterer Charon sie ins ewige Verderben hetzt. Trotz aller Heiligenfiguren und der (allerdings sparsam eingesetzten) christlichen Symbole wirkt dieses Jüngste Gericht eher wie ein heidnisches Pandämonium. Namentlich die Tatsache, dass fast alle Figuren völlig nackt waren, löste unverzüglich einen Skandal aus und es wurde ernsthaft erwogen, das Meisterwerk sofort übertünchen zu lassen. Doch man wagte es letztendlich nicht. Erst nach Michelangelos Tod ließ der fromme Papst Pius IV. die anstößigsten Stellen übermalen. Ein Schüler Michelangelos, Daniele da Volterra, unterzog sich dieser undankbaren Aufgabe und er löste sie so geschmackvoll wie möglich.

Auf zwei Figuren sei hingewiesen: In der geschundenen Haut des *hl. Bartholomäus* (rechts schräg unter Christus) hat sich Michelangelo selbst porträtiert, um die Mühen bei dieser großen Arbeit anzudeuten. Im *Minos* (ganz unten rechts, den Schlangenschwanz um den Leib geschlungen) hat er den päpstlichen Zeremonienmeister Biagio da Cesena karikiert, der das entstehende Werk Michelangelos besonders vehement kritisiert hatte.

Von 1980 bis 1994 wurden zunächst die Deckenfresken und anschließend das Jüngste Gericht gereinigt. Dabei kamen ganz andere, viel frischere (manche sagen grellere) Farben zutage, als man zu sehen gewohnt war. Ganze Hekatomben kunsthistorischer Interpretationen wurden Makulatur. Aber es besteht kein Zweifel an der Authentizität des jetzigen Erscheinungsbildes. Viele Details und plastische Züge treten nun ebenfalls klar hervor. Das einst düstere Bildprogramm Michelangelos hat so an Lebendigkeit und Ausstrahlung gewonnen, trotz aller Einwände kunsthistorischer (im Wortsinn) Obskuranten.

Ein *praktischer Hinweis*: Die Sixtinische Kapelle ist sehr oft voller Besucher. Wer die Fresken in Ruhe genießen will, sollte sofort nach Öffnung der Museen dorthin eilen, er wird dann bis zur Ankunft der ersten Gruppen eine Weile fast allein sein. Man kann aber auch die Mittagspause abwarten bzw. die Kapelle erst eine halbe Stunde vor Schließung der Vatikanischen Museen besuchen.

67 Vatikanpalast und Vatikanische Gärten

Die lange Entstehungsgeschichte brachte ein unvergleichliches Anwesen hervor.

Piazza San Pietro
Metro A: Ottaviano
Bus: 32, 62, 81, 115, 116, 492, 982, 990
Tram: 19

Der **Vatikanpalast** ist bis auf den Bereich der Vatikanischen Museen einschließlich der Sixtinischen Kapelle nicht öffentlich zugänglich. Der Palastkomplex ist päpstliche Residenz, Regierungssitz der katholischen Kirche und Wohnung des Heiligen Vaters.

Die *Baugeschichte* des Palastes ist sehr kompliziert und beginnt im Jahr 1450, als *Papst Nikolaus V.* anstelle einer kleinen, alten und heute verschwundenen Residenz in der Nähe der ersten Peterskirche einen neuen Palast errichten ließ. Sixtus IV. veranlasste dann den Bau der *Sixtinischen Kapelle* als Palastkirche. Innozenz VIII. ließ das als solches heute nicht mehr erkennbare *Belvedere* an einem der höchsten Punkte des Vatikanhügels errichten. Bramante verband diese Bauten durch lang gestreckte Querbauten, den *Cortile del Belvedere*. Im Lauf der folgenden Jahrhunderte kamen zahlreiche weitere Gebäude hinzu, von den bedeutendsten Architekten Roms entworfen und ausgeführt: Michelangelo, Domenico Fontana, Pirro Ligorio und Bernini. Noch im 19. und 20. Jh. wurden Umbauten vorgenommen und Neubauten hinzugefügt.

Zu den Sehenswürdigkeiten zählt die von Bernini errichtete, durch Scheinperspektiven optisch verlängerte *Scala Regia*, auf die man nur einen Blick am Schweizergardisten vorbei werfen kann, der am *Portone di Bronzo* steht. Ferner die barocke *Sala Regia* von Antonio da Sangallo d. J. und die *Cappella Paolina, die Privatkapelle des Papstes,* mit den beiden letzten Fresken Michelangelos: die *Bekehrung Pauli und die Kreuzigung Petri,* seltsam zurückhaltende, auf den ersten Blick fast blass wirkende Alterswerke.

Im Rahmen von *Führungen* (zu buchen bei: Cooperative Il Sogno, Viale Regina Margherita 192, Tel. 06 85 30 17 58, Fax 06 85 30 17 56) kann der größte Teil der **Vatikanischen Gärten** besichtigt werden. In den Gärten verstreut stehen einige interessante Bauten und Denkmäler. Erwähnenswert sind vor allem das *Casino Pio IV.*, ein reich verzierter Gartenpavillon im Villenstil von Pirro Ligorio (dem Baumeister der Villa d'Este) und die kleine, alte Kirche *S. Stefano degli Abissini*.

Seitlich der Peterskirche, in ihrem Schatten und zugänglich durch den Arco delle Campane, liegen der deutsche katholische Friedhof *Campo Santo Teutonico* und die Kirche *S. Maria della Pietà*. Der Friedhof, er geht auf die (deutsche) *Schola Francorum* aus karolingischer Zeit zurück, liegt auf italienischem Staatsgebiet, ist aber nur vom Vatikan aus zugänglich. Wenn man ihn besuchen möchte, sage man es dem Schweizergardisten, und zwar dem Postenchef (ohne Hellebarde), der einen dann passieren lässt und den Weg zeigt. Auf dem Friedhof, einem der idyllischsten Plätze Roms, liegen einige Berühmtheiten begraben, u. a. Joseph Anton Koch, Ludwig Curtius, Stefan Andres und Johannes Urzidil.

Die Kirche *S. Maria della Pietà* (15. Jh.) wurde 1973 restauriert und u.a. mit modernen Fenstern nach Entwürfen Georg Meistermanns ausgestattet.

Um die Engelsburg – Kaiser, Päpste und Gerechtigkeit

Abgesehen von Trastevere, das als zur Stadt gehörig betrachtet wurde, und der Leostadt (mit Vatikanhügel und Peterskirche), die nicht als zur Stadt gehörig galt, war das rechte tuszische Ufer das ganze Mittelalter hindurch unbebaut. Nur die **Engelsburg** ragte als Brückenkopf des einzigen oberen Tiberübergangs auf. Nach 1870 entstanden in den **Prati di Castello** (›Burgwiesen‹) ausgedehnte Stadtviertel mit langweiligen, rechtwinklig zueinander verlaufenden Straßen. Der **Justizpalast**, der hier um 1900 errichtet wurde, war von Anfang an statisch falsch berechnet, der Boden zu sumpfig. So steht die Gerechtigkeit am tuszischen Ufer sowohl etwas außerhalb als auch auf schwankendem Grund.

68 Engelsburg
(Castel Sant' Angelo)

TOP TIPP

Ein Grabmal verwandelte sich im Lauf der Jahrhunderte in eine Festung, in einen Kerker und zuletzt in ein Museum. Schon seit dem Mittelalter ist es zudem Wahrzeichen Roms.

Museo Nazionale di Castel S. Angelo
Lungotevere Castello 50
Tel. 06 68 19 11 1
www.castelsantangelo.com
Di–So 9–19 Uhr
Bus: 40, 62, 280, 492, 990

Kaiser Hadrian (117–138) gab ein Grabmonument für sich und seine Familie in Auftrag, das dem Vorbild des Augustusmausoleums folgen sollte. Es sollte allerdings erheblich größer als das des Augustus sein. Der Bau scheint um 135 begonnen worden zu sein, fertig gestellt war das *Mausoleum Hadrians* erst einige Jahre nach seinem Tod. Es diente dann bis zur Zeit des Septimius Severus (193–211) als Grablege für die Herrscher und ihre Familienangehörigen.

Über die ursprüngliche Gestalt des Bauwerks gibt es mehrere Theorien. Sicher ist, dass es sich um einen *Rundbau* aus Ziegeln mit Marmorverkleidung gehandelt hat, der prächtig mit *Statuen* geschmückt war. Eine viereckige Bastion scheint bereits bald nach der Erbauung hinzugefügt worden zu sein.

Mit Errichtung der Aurelianischen Mauer Ende des 3. Jh. wurde das Hadriansgrabmal als Brückenkopf jenseits des Tibers in das Befestigungssystem einbezogen. *Procopius* berichtet in seinem ›Historicon‹ davon, dass 537 bei der Belagerung der Stadt durch die Goten unter König Witigis die Verteidiger die Statuen auf die Belagerer herabwarfen. Das Bauwerk, dessen ursprüngliche Funktion bald vergessen wurde, diente dann bis in die Neuzeit als *Festung*, Schatzkammer und Gefängnis. Im Jahr 590 soll sich, so die *Legende*, über den Zinnen des Mausoleums der Erzengel Michael gezeigt haben, sein Schwert in die Scheide steckend, um das Ende der Pestepidemie anzuzeigen, die damals in Rom wütete. Vermutlich hat sich die Legende und damit der Name Castel Sant' Angelo aus der **Engelsfigur** entwickelt, die offenbar schon in frühchristlicher Zeit auf der Spitze des Bauwerks errichtet wurde. 1577 wurde eine ältere Engelsskulptur durch einen *Marmorengel* ersetzt, der als Arbeit Guglielmo della Portas gilt. 1752 wurde dann der *Bronzeengel* des in Rom tätigen niederländischen Bildhauers Peter Anton von Verschaffelt aufgestellt. Della Portas Engel ist noch im *Cortile dell' Angelo* der Burg zu sehen.

1277 ließ Papst Nikolaus III. Gaetano-Orsini den Vatikanpalast durch den heute noch bestehenden überdeckten Gang, den **Passetto** oder *Corridoio*, mit der Engelsburg verbinden. Über diesen Gang brachte sich Papst Clemens VII. Medici während des *Sacco di Roma* 1527 in Sicherheit. Vorher schon hatten verschiedene Päpste, zuletzt Alexander VI. Borgia (1492–1503) das Innere der Burg prächtig ausbauen lassen.

Zahllose Gefangene schmachteten in den *Verließen* der Engelsburg. Missliebige Kardinäle, revoltierende Generäle und Verbrecher wurden hier festgehalten. Benvenuto Cellini und Cagliostro waren hier eingesperrt, die Prozesse gegen Beatrice Cenci und Giordano Bruno fanden hier statt. 1901 wurde das Gefängnis geschlossen, seitdem ist die Engelsburg ein **Museum**. Der Besucher betritt den Bau von der Tiberseite her. Über eine Rampe geht es in einer Kurve aufwärts, ab und zu öffnet sich der Blick in die braunfeuchten Kasematten. Weitaus angenehmer war der Aufenthalt oben in den Papstgemächern. Besonders sehenswert sind hier die *Sala Paolo III.* mit Grotesken-Dekorationen, die *Säle Clemens VIII.*, das *Papst-Appartement, eine Raumfoge* mit prachtvollen Fresken von Pierin del Vaga. Die Engelsburg enthält außerdem *Sammlungen* von alten Waffen, Möbeln und Gebrauchsgegenständen (darunter eine gewaltige päpstliche Schatztruhe). Hinzu kommen Skulpturen und Gemälde, vornehmlich aus dem 16. Jh. Erwähnenswert sind ferner die *Loggien* von Sangallo und Bramante.

Von vielen Fenstern aus und natürlich vor allem von den *Terrassen* bieten sich Blicke über Rom nach allen Richtungen. Das herrlichste Panorama eröffnet sich von der obersten Terrasse zu Füßen von Verschaffelts Erzengel. Die seitlich aufgehängte *Campana della Misericordia*, die Armsünderglocke, erinnert an die Vergänglichkeit aller Schönheit und an die Grausamkeit der Welt.

Gleichzeitig mit dem Hadriansmausoleum wurde die Tiberbrücke *Pons Aelius,* der heutige **Ponte Sant' Angelo**, erbaut. Abgesehen von der Milvischen Brücke [s. S. 64] im Norden und den beiden Brücken an der Tiberinsel war die Engelsbrücke das Mittelalter hindurch der wichtigste Zugang zur Stadt sowie die kürzeste Verbindung mit dem Vatikan, und daher strategisch bedeutsam.

Der antike Pons Aelius galt mit seinen drei edel geschwungenen Bögen als schönste Brücke der Welt. Im 17. Jh. wurden die zwei kleineren Bögen an den

Blick über die Engelsbrücke zum Grabmal des Hadrian: die Engelsburg

Brückenköpfen angesetzt, *Bernini* schuf 1668 im Auftrag von Papst Clemens IX. Rospigliosi das Geländer und entwarf die zehn großartigen *Engelsfiguren*, von denen allerdings nur zwei von der Hand des Meisters selbst sind, die anderen stammen von seinen Schülern. Aber auch die zwei Bernini-Engel, der mit dem *Kreuzestitel* und der mit der *Dornenkrone*, stehen nur in Kopie auf der Engelsbrücke, die Originale sind in der Kirche S. Andrea delle Fratte [Nr. 19] aufgestellt.

69 Justizpalast (Palazzo di Giustizia)

Kitsch im Dienste der Gerechtigkeit.

Piazza dei Tribunali
Bus: 34, 49, 87, 926, 990

Bald nach 1870 wurde auch das weite, bis dahin fast unbebaute, von Gärten und Villen bedeckte Land hinter der Engelsburg, die *Prati di Castello*, vom allgemeinen Bauboom erfasst. Das auffälligste Gebäude, das auf dem Grund der einstigen *Villa Altoviti* errichtet wurde, ist der Justizpalast, 1889–1910 von *Guglielmo Calderini* in einem Stilgemisch von unfreiwilliger Monumentalkomik errichtet. Eine Bronzequadriga krönt den Bau, eine nahezu rauschhafte Fülle symbolischer und allegorischer Kolossalfiguren ist mit lockerer Hand über Fassaden und Innenhöfe verstreut. Ob es ein Symbol für die italienische Justiz ist, dass dieses Gebäude auf sumpfigem Grund errichtet wurde, und daher von Anfang an baufällig und reparaturbedürftig ist, sei dahingestellt.

70 Via della Conciliazione

Die ›Versöhnung‹ – oder wie sich die Kirche vom Faschismus kaufen ließ.

Bus: 62
Tram: 19

Die Übereinkunft zwischen dem italienischen Königreich und dem Papst, ohne Zweifel eines der wenigen wirklichen Verdienste Mussolinis, wurde am 11. Februar 1929 mit der Unterzeichnung der **Lateranverträge** besiegelt. Federführend auf vatikanischer Seite war Kardinalstaatssekretär Pietro Gasparri. Es wurden zwei Verträge geschlossen: ein Staatsvertrag mit Konkordat und die Finanzkonvention. Der Papst erhielt die volle Souveränität über den neu geschaffenen *Stato della Città del Vaticano*, die katholische Religion wurde als Staatsreligion anerkannt (was 1984 vom italienischen Staat einseitig, also völkerrechtlich bedenklich, wieder aufgehoben wurde), die Stellung der Priester geregelt und vieles mehr. Außerdem ließ sich Mussolini die ›Versöhnung‹ 1,7 Milliarden (Gold-)Lire kosten. Seit dem Jahr 1921 war er von seinem scharf antiklerikalen Kurs abgerückt, er hoffte mit diesem Schritt die religiös-konservativen Kreise zu gewinnen und zugleich dem Liberalismus zu schaden.

Äußeres Zeichen dieser Versöhnung sollte die **Prachtstraße** Via della Conciliazione sein. Der Raum zwischen dem Petersplatz und dem Tiber war seit alters mit einem Gewirr von Gassen, den Borghi, angefüllt. Schon unter Papst Nikolaus V. (1447–55) wurden Pläne für eine Auffahrtsstraße zur Peterskirche gemacht. 1694 legte Carlo Fontana einen weiteren Entwurf vor. Zur Ausführung kamen aber erst die Projekte der Architekten *Marcello Piacentini* und *Antonio Spaccarelli*, die rigoros die alten Häuser der Borghi niederrissen und die heutige unverkennbar faschistoide Aufmarschstraße bauten. Sie ist 50 m breit und führt, ohne Zweifel grandios, direkt auf die Fassade der *Peterskirche* zu. Sie ist mit zwei Reihen etwas banaler Pilonen geschmückt. An ihrem Anfang, am Tiberufer, steht rechts das Gebäude des *Auditorio di S. Cecilia* mit einem großen Konzertsaal. Die Architekten der Straße waren immerhin so geschickt, die Renaissance-Kirche *S. Maria in Traspontina* und den alten *Palazzo Torlonia* (1496–1504 von Andrea Bregno für Kardinal Adriano Castellesi erbaut) in die neue Häuserflucht einzubeziehen.

Der Eindruck, wenn man sich durch die Via della Conciliazione auf die trotz aller Schwere schwebend wirkende Fassade der Peterskirche zubewegt, ist sicher großartig. Es ist aber die Frage – Eckart Peterich wirft sie in seinem Rom-Buch auf –, ob nicht der Eindruck ursprünglich noch überwältigender war, als man aus dem dunklen Borgho heraustrat und plötzlich auf dem hellen, weiten Petersplatz stand. Ein wenig kann man das heute noch nachvollziehen, wenn man nämlich statt der Prachtstraße den etwa parallel verlaufenden Borgo S. Spirito nimmt, sodass man vorne am Largo degli Alicorni seitlich der Kolonnaden des Bernini auf den Petersplatz kommt.

Trastevere und Gianicolo – römische Lebenslust und Kunstgenuss

Der Janiculus, heute **Gianicolo**, zählt zwar nicht zu den sieben Hügeln Roms, ist aber die auffälligste Erhebung im Stadtbild. Der Stadtteil zwischen dem südlichen, zweiten Tiberknie und dem Gianicolo galt, obgleich am tuszischen, also rechten Ufer gelegen, als römisches Stadtgebiet und bildete die Regio XIV. Er wurde daher auch in das von der Aurelianischen Mauer umschlossene Gebiet einbezogen, die auf der Höhe des Gianicolo verlief. Im Mittelalter dicht besiedelt, im 19. Jh. ein Stadtviertel von ursprünglicher, origineller Volkstümlichkeit, ist **Trastevere** heute ein schickes Wohngebiet geworden. Teilweise – etwa zwischen der Kirche **S. Maria in Trastevere** und der Lungara – hat es viel von seinem lebhaften Charakter bewahrt. Die Trasteveraner sprechen ihren eigenen Dialekt, das *Romanesco*, das sozusagen umgekehrtes Chinesisch ist: Statt ›l‹ sprechen sie ›r‹. »Er vino più bono der mondo« (statt il vino … del mondo). Der Dichter Giuseppe Gioacchino Belli, dessen Denkmal am ›Eingang‹ Trasteveres am Tiber steht, hat 2000 freche Sonette in dieser Sprache geschrieben. Das Viertel weist einige große Kirchen auf, ist aber auch bekannt für seine Boutiquen und Restaurants, von denen nicht wenige durchaus als Drehort für Fellinis Filme hätten dienen können.

71 Sant' Onofrio

Wo Tasso seine letzten Tage verbrachte.

Salita di S. Onofrio
Bus: 23, 115, 116, 280, 870

Am 26. April 1595 sollte Torquato Tasso auf dem Kapitol zum *Poeta laureatus* gekrönt werden. In der Nacht zum 25. April starb der Dichter hier in dem Kloster S. Onofrio. In der Kirche, in der ersten Kapelle links, ist er begraben; ein Grabmal von 1857 erinnert daran. Stendhal hat gut 200 Jahre später den Ort besucht und ihn voller Begeisterung für den verstorbenen Tasso zum schönsten Platz fürs Sterben erklärt. Wie dem auch sei: Von dem Vorplatz der Kirche aus hat man einen schönen Blick über Rom. Die Kirche selbst, ein einschiffiger **Bau** mit Kreuzgewölbe, wurde 1444–50 erbaut und ist die erste Renaissance-Kirche in Rom. Die *Fresken* in der Apsis – Maria mit Kind, die Krippe, die Flucht nach Ägypten, die Marienkrönung – sind Werke Baldassare Peruzzis, möglicherweise unter Mitarbeit der Werkstatt Pinturicchios. Angeschlossen sind ein schöner Kreuzgang und der Konvent – heute Sitz des Ritterordens vom Heiligen Grab – mit einem kleinen **Tasso-Museum** (Museo di Torquato Tasso, Piazza S. Ono-

Beim Schein der Laternen – Trastevere bietet gutes Essen, viel Atmosphäre und römische Geselligkeit ▷

Aus der Geschichte von Amor und Psyche: Raffaels Deckenfresken in der ›Farnesina‹

frio 2, Tel. 06 65 76 32, nur Gruppenbesichtigung auf Voranmeldung).

Etwas oberhalb, in Richtung des Faro [s. S. 122] führt eine Stiegenanlage nach unten zu einem kleinen Amphitheater (es ist nicht antik). Dort steht eine vom Blitz getroffene Eiche, die *Quercia del Tasso*. In ihrem Schatten soll Tasso den letzten Tag seines Lebens verbracht haben. Später hat sich S. Filippo Neri mit seinen Schülern hier gern aufgehalten.

72 Villa Farnesina

TOP TIPP

Wo Raffael in Göttern und vor allem in schönen nackten Göttinnen geschwelgt hat. Und das alles für einen Bankier.

Via della Lungara 230
Tel. 06 68 02 72 68
www.lincei.it
Mo–Sa 9–13 Uhr, So/Fei geschl.
Bus: 23, 280, 870

Die Villa Farnesina ist eher eine Sommerresidenz als ein Stadtpalast. Sie wurde 1508–11 von *Baldassare Peruzzi* für den Bankier *Agostino Chigi*, einen der reichsten Männer seiner Zeit gebaut. Bemerkenswert ist der Palast wegen seiner schönen Lage in einem anmutigen *Park*, der früher bis zum Tiber hin reichte, und wegen der **Fresken**. Die Decke der *Loggia* des Erdgeschosses, die ehemals zum Garten hin offen war, ist mit mythologischen Szenen geschmückt, das *Mahl der olympischen Götter* und die *Geschichte von Amor und Psyche*, geschaffen 1517 von Raffael unter Mitarbeit seiner Schüler, darunter Giulio Romano. Im Nebenraum, ebenfalls von Raffael, die *Galathea*, ein Bild voll heidnischer Sinnlichkeit und heiterer Dramatik. Im *ersten Stock* schmückte Sodoma das Schlafzimmer des Bankiers mit dem in eher feierlichem Stil gehaltenen Bildzyklus *Hochzeit Alexanders mit Roxane* aus. Daneben liegt der *Saal der Perspektiven* von Peruzzi mit Scheinarchitektur und illusionistischen Ausblicken auf ein idealisiertes Rom.

Die Villa ging 1580 an die Familie Farnese über, daher der Name mit der Verkleinerungssilbe zur Unterscheidung vom Palazzo Farnese, der übrigens fast genau gegenüber am anderen Tiberufer steht. Es bestand eine Zeitlang der Plan, die beiden Komplexe durch eine private Gartenbrücke zu verbinden. – Heute ist die Farnesina in Staatsbesitz.

73 Palazzo Corsini

Ein Palast mit bewegter Geschichte und einer Sammlung barocker Gemälde.

Via della Lungara 10
Bus: 23, 280, 870

Der Stadtpalast gegenüber der Farnesina wurde im 18. Jh. von *Ferdinando Fuga* für einen Neffen Papst Clemens' XII. Corsini auf den Fundamenten eines älteren *Palazzo Riario* erbaut. In der Zeit der Französischen Revolution hatte hier der Gesandte des Directoire, Joseph Bonaparte, seinen Sitz, danach der ungeliebte französische Stadtkommandant General Duphot, der 1797 vor dem Palast ermordet wurde. Die Corsini bekamen das Gebäude zurück, schenkten es nach 1870 samt der Gemäldesammlung des Kardinals und Erbauers dem Staat, der sie – wie die des Palazzo Barberini [Nr. 57] – zur **Galleria Nazionale di Palazzo Corsini** (Via della Lungara 10, Tel. 06 68 80 23 23, Di–So 9–13.30 Uhr) erhob. In den 12 Sälen sind hauptsächlich Werke des 17. und 18. Jh versammelt, u.a. römische Veduten (Saal 1), ein Rubens und ein van Dyck (Saal 3), eine *Judith* von Piazetta, ein *Satyr mit Putto* von Tiepolo (Saal 5) und die zwei höchst eindrucksvollen Bilder von Caravaggio *Johannes der Täufer* und *Maria mit Kind* (Saal 7), außerdem Arbeiten von römischen Barockmalern wie Guercino, Guido Reni und Salvatore Rosa. In Saal 9 hängt ein schönes *Damenporträt* des Deutsch-Römers Raphael Mengs und der Saal 11 enthält den Entwurf für das Deckenfresko in *S. Ignazio* [Nr. 15] von Andrea Pozzo.

Der Palazzo ist auch Sitz der *Accademia dei Lincei* (lince = Luchs, das Wappentier der Institution), 1603 vom Fürsten Cesi als eine der ersten Akademien der Schönen Künste gegründet.

74 Piazzale Garibaldi

Ein stummes Heer körperloser Heldenköpfe begleitet den kämpferischen Garibaldi, der auf den Vatikan zu zielen scheint.

Bus: 115, 870

In Erinnerung an die Verteidigung Roms gegen die Franzosen durch *Giuseppe Garibaldi* 1849 wurde an der Stelle, an der die heftigsten Kämpfe tobten, nämlich am *Gianicolo*, ein Monument für den Freiheitskämpfer errichtet. Das pathetische aber ohne Zweifel effektvolle *Reiterstandbild Garibaldis* (Emilio Gallori, 1895) zeigt ihn in kriegerischer Pose, den wütenden Blick auf den Vatikan gerichtet. Der bessere Blick ist der von der *Terrasse* vor dem Denkmal über das großartige Panorama von Rom, das sich hier entrollt. Wenige Schritte weiter ergänzt das vaterländische Ensemble ein fast noch dramatischeres Reiterdenkmal *Anita Garibaldis* (Mario Rutelli, 1932), der ersten Frau des Freiheitskämpfers, einer wilden Brasilianerin. Der **Park** in der Umgebung der Denkmäler ist gespickt mit Porträtstelen von Garibaldianern. Das stilvolle *Casino Lante* ist heute Sitz der Finnischen Gesandtschaft beim Heiligen Stuhl.

Der in der Nähe stehende, etwas deplatzierte **Leuchtturm**, der **Faro**, ist ein Geschenk von Argentiniern italienischer Abstammung an Rom. Seine Plattform ist sicher einer der schönsten Aussichtsplätze über die Stadt.

75 Villa Doria Pamphilj

Das große Pendant der Villa Borghese auf der anderen Tiberseite.

Bus: 44, 710, 870, 984

Der größte **Park** Roms (seit 1957 bzw. 1965–71 teilweise Eigentum des Staates bzw. der Stadt Rom) geht auf das *Belrespiro* (›das schöne Aufatmen‹) des Fürsten *Camillo Pamphilj*, eines Neffen Papst Innozenz' X. zurück, der die Gartenanlagen und Gebäude 1644–52 errichten ließ. Baumeister war Alessandro Algardi. Der Park ist eine typische Barockanlage, in der Natur durch Kunst gezähmt, Kunst durch Natur aufgelockert wird. Triumphbögen, Statuen, Wasserspiele (z. B. ein Nymphäum mit Rocaille-Arbeiten) und vor allem der im Stil Palladios gehaltene Palazzo bringen diese Wirkung hervor. Reinhard Raffalt, ein profunder Kenner Roms, hat das Miteinander der künstlerischen und natürlichen Elemente hier als die Quintessenz des barocken Rom bezeichnet. Der *Triumphbogen* am Eingang stammt aus dem 19. Jh. und ersetzt das Casino dei Quattro Venti, das 1849 bei der Belagerung Roms zerschossen wurde.

76 San Pietro in Montorio

Eine kühne Verbindung von Legende, missverstandener Topographie und genialer Architektur.

Via Garibaldi
Bus: 115

Nach den alten Märtyrerberichten ist der hl. Petrus »zwischen zwei Meten« gekreuzigt worden. Die *Meta* war eine Säule oder ein Obelisk. In jedem Circus stand jeweils am Ende der Bahn eine Meta, die von den Wagen beim Rennen umfahren werden musste. Petrus ist also, wenn die Legende stimmt, tatsächlich in einem Circus hingerichtet worden. Unter Meta verstand man später aber auch ein öffentliches Monument und dergleichen, etwa die *Meta Sudans* [s. S. 47]. Auch die *Cestiuspyramide* [Nr. 85] wurde Meta

Tempietto von Bramante

genannt und in der Nähe der Engelsburg stand im Mittelalter die *Meta Romuli*, eine Pyramide mit einer kleinen umgekehrten Pyramide auf der Spitze. Damals vermaß man einen Punkt genau in der Mitte zwischen diesen beiden Meten; hier, glaubte man dann, sei Petrus gekreuzigt worden. Eine Darstellung auch mit der Meta Romuli findet sich auf einem Relief der Porta Mediana von Filarete an der Peterskirche [s. S. 105].

An dem ausgemessenen Punkt entstand im 9. Jh. die Kirche **San Pietro in Montorio**. 1481 wurde der Bau auf Kosten des spanischen Königs – vielleicht nach Plänen von Baccio Pontelli – neu gestaltet. Anklänge an die Gotik sind bemerkbar. Bei der Beschießung Roms durch die Franzosen 1849 erlitt das Gebäude erheblichen Schaden. Bei der anschließenden Restaurierung wurde der Mönchschor vergrößert. Von der **Innenausstattung** ist in der ersten Kapelle rechts eine *Geißelung Christi* (ca. 1520) von Sebastiano del Piombo bemerkenswert, die *Cappella Raimondi* (1638), die zweite links, wurde von Bernini entworfen. Unter dem Altar ist die unglückliche Beatrice Cenci (1599 hingerichtet) begraben.

Neben der Kirche befinden sich ein altes Franziskanerkloster und die Spanische Kunstakademie. Im Hof dieser Gebäude errichtete *Bramante* 1502 den **Tempietto**, einen kleinen Rund- und Kuppelbau von edler Intimität, den ersten Kirchenbau der Renaissance, der auf jeden basilikal-sakralen Anklang verzichtet. Das Tempelchen, schon in seinen Ausmaßen und in seiner Dichte modellhaft, wurde stilbildend für die Renaissance- und Barockarchitektur. Um den Gebäudekern schließen sich dorische Säulen, die das Gebälk und eine Balustrade mit noblem Geländer tragen. Über dem zurücktretenden Obergeschoss erhebt sich eine so gut wie schmucklose *Kuppel* mit kleiner verzierter Laterne. Nicht die Dekorationselemente, die Bramante bewusst sparsam einsetzte, sondern die Architektur als solche ist hier Thema des schöpferischen Willens.

Etwas oberhalb S. Pietro in Montorio erreicht man auf der Via Garibaldi die großartige Wasserschaufront der **Fontana Paola**, ein Brunnen in Form eines Triumphbogens mit drei großen und zwei kleineren Öffnungen. Das Bauwerk wurde 1610–12 von Flaminio Ponzio und Giovanni Fontana im Auftrag Papst Pauls V. (daher der Name) errichtet.

77 Santa Maria in Trastevere

Die große alte Kirche jenseits des Tibers.

Piazza S. Maria in Trastevere
Bus: 23, 125, 271, 280
Tram: 8

S. Maria in Trastevere, die älteste Marienkirche Roms, liegt an einem malerischen Platz, dessen Mittelpunkt ein *Brunnen* Carlo Fontanas (1694) bildet. In ihrem heutigen Zustand geht die Kirche – abgesehen von einigen barocken Zutaten wie dem *Portikus* – auf das 12. Jh. zurück, doch ist auch ein Vorgängerbau aus dem 3. oder 4. Jh. bezeugt.

Das dreischiffige *Innere* ist mit Säulen aus den Caracallathermen ausgestattet. Ihren Ruhm verdankt die Kirche vor allem den **Mosaiken** in der Apsis. Die älteren, aus dem 12. Jh., schmücken die Apsis. Unter dem Himmelszelt (schon beinah illusionistisch dargestellt) thront *Christus* und umfängt liebevoll die – gemäß byzantinischer Fromensprache stilisierte – Maria, seitlich Apostel, Heilige und Papst Innozenz II. mit dem Modell der Kirche. Die untere Wandzone schmücken Mosaiken aus dem 13. Jh. von *Pietro Cavallini*, sie zeigen Szenen aus dem *Marienleben*. Die feine, realitätsorientierte Darstellung der Figuren und die malerische Kulisse

Die Apsis von S. Maria in Trastevere mit dem Mosaik aus dem 12. Jahrhundert

lassen bereits die heraufdämmernde Renaissance erahnen. Die (restaurierten) Mosaiken der *Fassade, Madonna mit Kind* und 10 weibliche Heilige, stammen wohl ebenfalls von Cavallini. Die Fresken im Giebel wurden im 19. Jh. angebracht.

Hinter der rechten Chorschranke zeigt eine Inschrift ›fons olei‹ die Stelle an, wo 38 v. Chr. eine Ölquelle aufbrach, was die römischen Juden als Zeichen der Ankunft des Messias deuteten und die Christen 200 Jahre später auf Jesus bezogen.

78 Tiberinsel (Isola di S. Bartolomeo)

Wo einst die Äskulap-Schlange landete, werden heute noch Kranke behandelt.

Bus: 23, 63, 280, 630, 780
Tram: 8

Die Tiberinsel ist ein vulkanischer Fels (wie das Kapitol), von Schwemmland vergrößert. Im Jahr 289 v. Chr. wurde hier aufgrund eines Orakelspruches ein *Äskulaptempel* mit Sanatorium errichtet, auch eine Quelle befand sich hier. Noch heute nimmt die Hälfte der Insel ein *Krankenhaus* ein. Auf der anderen Hälfte steht an der Stelle des Äskulaptempels die Kirche **S. Bartolomeo in Isola**, die im Jahr 1000 von Kaiser Otto III. gestiftet wurde. Sie ist mehrfach restauriert. Aus ihrer Gründungszeit stammt der schöne Marmorbrunnen in der Treppe, die zur Apsis führt. Er steht über der Äskulap-Quelle.

Zwei **Brücken** verbinden seit alters die Insel mit den Flussufern: der Pons Cestius nach Trastevere und der Pons Fabricius zum Marsfeld. Der *Ponte Fabricio* wurde 62 v. Chr. erbaut, die heutige Brücke ist zwar restauriert, aber im Kern original. Der alte *Ponte Cestio* wurde 1888 abgerissen und durch eine neue Konstruktion ersetzt.

Die Insel war im Altertum vermutlich komplett als Marmorschiff verkleidet. An der Ostspitze finden sich Reste dieser Dekoration in Form eines Schiffsschnabels.

Etwas tiberabwärts ragen die Reste des *Pons Aemilius, auch* Ponte rotto genannt, aus dem Wasser. Die erste Steinbrücke über den Fluss, 179 v. Chr. erbaut, wurde benutzt, bis 1598 eine Brückenhälfte vom Hochwasser weggerissen wurde. Noch etwas weiter flussabwärts sieht man die ummauerte Mündung der Cloaca Maxima [s. S. 29], die hier in den Tiber mündet.

79 San Crisogono

Eine schöne Basilika für einen so gut wie unbekannten Heiligen.

Piazza Sonnino
Bus: 23, 63, 280, 630, 780
Tram: 8

Der wohl eher legendäre Heilige *Chrysogonus* soll unter Diocletian das Martyrium erlitten haben. Die Grabungen unter der Kirche (z.T. zugänglich) haben eine große geschmückte *Aula* ans Licht gebracht, die vom Anfang des 4. Jh. stammt, außerdem die Reste eines *römischen Hauses*. 1129 wurde die Kirche neu gebaut, 1626 auf Befehl des Kardinals Scipione Caffarelli-Borghese von Giovanni Battista Soria im barocken Sinn umgestaltet. Vor der *Fassade* erstreckt sich ein schöner Portikus mit Säulen dorischer Ordnung. Der romanische Campanile stammt von 1124. Die beiden Porphyrsäulen, die im *Inneren* den Triumphbogen tragen und den Hochaltar flankieren, sind die größten ihrer Art in Rom.

Schräg gegenüber erhebt sich Trasteveres einziger erhaltener Geschlechterturm aus dem Mittelalter, die **Torre Anguillara**, heute Sitz der Dante-Gesellschaft. Etwas weiter zum Tiber hin steht das ansprechende **Brunnen-Denkmal** für Giuseppe Gioacchino Belli (Michele Tripisciano, 1913). Belli (1799–1863) verfasste 2000 populäre Sonette in trasteveranischer Mundart (*Romanesco*), die in frecher, witziger Art die Missstände unter der päpstlichen Herrschaft anprangerten.

Nach wenigen Gehminuten auf dem *Viale di Trastevere* in südlicher Richtung biegt man in die Via Morosini ein, von der die Via Roma Libera abzweigt. Dort befindet sich das Hospiz *San Cosimato*. Der große Baukomplex, der als Altersheim dient, umschließt die Kirche **SS. Cosma e Damiano in Mica Aurea**, verschliffen zu S. Cosimato. Die Kirche stammt aus dem 10. Jh. und wurde 1475 umgebaut. Beachtenswert sind das schöne Portal und der Glockenturm. Im *Inneren* steht in der Seitenkapelle das Grabmal des Kardinals Alderano Cybò (Enkel Papst Innozenz' VIII.), Sansovino zugeschrieben. Bemerkenswerter als die Kirche sind die beiden besonders schönen *Kreuzgänge* aus dem 13. und 15. Jh.

80 Santa Cecilia in Trastevere

Die Nonnen glauben unbeirrt an ihre Heilige und lassen unter ihrer Kirche nach Beweisen graben. Dabei würde zum Ruhm der Kirche Cavallinis ›Jüngstes Gericht‹ genügen.

Piazza di S. Cecilia in Trastevere
Bus: 23, 44, 75, 125, 280
Tram: 8

Die hl. Cäcilie, Schutzpatronin der Musik, gehört zu den Heiligen, die ein herzloses Sant' Uffizio aus dem Kalender gestrichen hat. Damit hängt die Kirche S. Cecilia patroziniumsmäßig sozusagen in der Luft. Die Nonnen betreiben mit viel Aufwand archäologische Grabungen unter der Kirche, die hochinteressante Reste eines *römischen Hauses* freigelegt haben, nicht aber (noch nicht?) das Grab der hl. Cäcilie. (Die Ausgrabungen sind auf Anfrage zu besichtigen, eine fachkundige Nonne führt.) In der Tat ist nicht zu leugnen, dass die ursprünglich hier errichtete Kirche, ein sehr früher Bau, wahrscheinlich nicht einer heiligen Cäcilie geweiht war; erst im 5. Jh. heißt die Kirche *Caeciliae* (ohne ›heilige‹), das könnte

Cavallinis anmutige Engel aus dem ›Jüngsten Gericht‹ in S. Cecilia

auch nur eine Ortsbezeichnung gewesen sein. Möglicherweise hat sich um diese Bezeichnung dann die Legende entwickelt. 1599 wurde der Sarg einer *Caecilia* aus den Praetextatuskatakomben, wo die Heilige laut Legende aber gar nicht begraben war, hierher überführt. Der Sarg wurde kurz geöffnet, der Bildhauer Stefano Maderno durfte hineinschauen und schuf danach die Marmorskulptur, die heute unter dem Altar der Kirche zu sehen ist. Peinlicherweise haben aber zwei Schriftsteller, Bosio und Baronius, auch in den Sarg geschaut und ganz unterschiedliche Beschreibungen des angeblich unverwesten Leichnams gegeben. Man könnte den Sarg heute öffnen und nachschauen. Zur Vorsicht tut man das aber nicht.

Die Kirche wurde im 9. Jh. – als der Kult der hl. Cäcilie schon gefestigt war – erneuert und im 16. Jh. barockisiert. Der weitläufige *Portikus* mit antiken Säulen wurde im 18. und 19. Jh. vorgesetzt. Die *Fassade* stammt von Ferdinando Fuga, der Glockenturm aus dem Jahr 1113.

Im *Inneren* ist das schöne *Ziborium* von Arnolfo di Cambio (1283) und das *Apsismosaik* des Erlösers mit Heiligen auf rotem und türkisfarbenem Wolkengrund aus der Zeit Papst Paschalis' I. (817–824) sehenswert. Hinter dem Nonnenchor sieht man Freskenfragmente des um 1290 datierten *Jüngsten Gerichts* (zugänglich Di, Do 10–11.30 Uhr) von Pietro Cavallini, eines der großartigsten Werke mittelalterlicher Malerei in Rom. Beim Bau des Nonnenchors 1527 wurde das große Fresko der Westwand zerstört. Erhalten blieben verschiedene Schlüsselszenen zwischen Christus als Weltenrichter, umgeben von Heiligen und Aposteln, und den Scharen der Seligen und Verdammten. Cavallini ist zwar hier noch dem byzantinischem Stil verpflichtet, durchbricht aber schon die strengen Schemata jener Malerei.

81 San Francesco a Ripa

Wer die selige Ludovica Albertoni von Berninis Hand nicht gesehen hat, weiß nicht, was barocke Bildhauerkunst ist.

Piazza S. Francesco d'Assisi
Bus: 23, 44, 75, 125, 280
Tram: 3

Bedeutend ist S. Francesco a Ripa wegen eines Juwels der Bildhauerkunst: In der letzten Seitenkapelle links, der Cappella di S. Anna, ist die selige *Ludovica degli Albertoni* (1474–1533) bestattet, eine römische Aristokratin, die als prophetisch begabt galt. Ihr Grab schmückt das großartige Alterswerk *Berninis* von 1674, das die Selige im Zustand der Verzückung darstellt. Die meisterliche Behandlung des polychromen Marmors zeigt Bernini auf der Höhe seiner Schaffenskraft. Das barocke Ideal der illusionistischen *Materialmetamorphose* ist hier auf einen unüberbietbaren Gipfel getrieben. Die erotische Geste der spirituellen Ekstase der schönen Frau umreißt genial das ungebrochene Lebensgefühl des Barock, der die Welt als Theater begreift und entsprechend inszeniert.

Die Kirche selbst, die im Grunde nicht zu den bedeutendsten Roms gehört, steht an der Stelle eines mittelalterlichen Hospizes, in dem der hl. Franziskus 1210 gewohnt haben soll. Der heutige Bau wurde 1682–89 von Mattia de' Rossi nach Abriss der Vorgängerkirche errichtet, wobei leider die Fresken Pietro Cavallinis zerstört wurden.

Ludovica degli Albertoni in Verzückung, ein Alterswerk Berninis in San Francesco a Ripa

Forum Boarium und Aventin – Tempel, Getreide und eine Pyramide

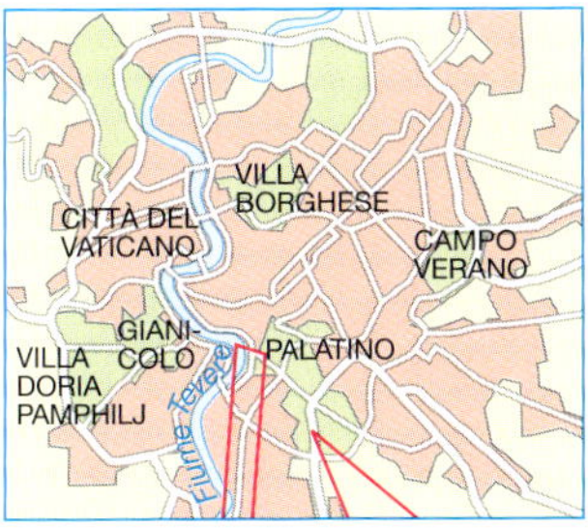

Zwischen Kapitol, Forum und Palatin einerseits und dem Tiber andererseits lag in alter Zeit ein sumpfiges Gelände, das aber schon bald entwässert und bebaut wurde. Hier, wo die Tiberschiffe anlegten, entstanden Kornspeicher (*Horrea*), ein Viehmarkt und einige Tempel. Die z. T. sehr gut erhaltenen Reste sind noch heute zu sehen. Zu diesen Sehenswürdigkeiten gehören der **Wechslerbogen**, der **Hercules-Victor-Tempel** und der **Janusbogen**. Vermutlich auf Reste eines Getreidespeichers oder eines ähnlichen Zweckbaus geht die Kirche **S. Maria in Cosmedin** zurück, deren Campanile als der schönste Glockenturm Roms gilt. Die weltberühmte **Bocca della Verità** in der Vorhalle der Kirche beißt angeblich jeden Lügner, der die Hand in das Maul dieses antiken Wasserspeiers steckt. Dem Stadtviertel schließt sich nach Süden hin und weit hinaus in die Campagna führend die **Via Appia Antica** mit ihren Monumenten an. Ebenfalls im Süden erhebt sich die Kirche **S. Paolo fuori le Mura**, deren Namenszusatz schon besagt, dass sie außerhalb liegt.

82 Forum Boarium und Forum Holitorium

Zwischen Kapitol, Forum Romanum und Palatin zieht sich eine Senke zum Tiber hin, die einige bemerkenswerte Reste antiker Bebauung aufweist.

Metro B: Circo Massimo
Bus: 30, 44, 63, 81, 160, 628, 715

An der Einmündung des *Vico Jugario* befinden sich die Ausgrabungen von *S. Omobono*. Die kleine, im 4. Jh. errichtete und 1575 erneuerte Kirche *S. Omobono* steht neben den Ruinen zweier sehr alter Kultstätten, die 1937 gefunden wurden: die *Tempel der Fortuna und der Mater Matuta*. Diese gehen laut schriftlicher Überlieferung auf die Zeit des Königs Servius Tullius zurück. Eine archaisch-etruskische Inschrift, die dort gefunden wurde, weist ins 7./6. Jh. v. Chr. Weitere Funde bronzezeitlicher Gefäße, die als Füllmaterial dienten, stammen aus noch älterer Zeit (14./13. Jh. v. Chr.) und lassen erkennen, dass auf dem Kapitol eine vorrömische Siedlung bestand.

Auf der anderen Seite der Straße nahmen die *Horrea*, die antiken Getreidespeicher, das ganze Terrain bis zum Tiber ein. Von ihnen sind nur wenige Reste vorhanden. Gegen das Marcellustheater [Nr. 51] hin standen dicht aneinander gedrängt drei *Tempel*: der des Janus, der Spes (Hoffnung) und der Juno Sospita. Die Zuordnung im Einzelnen ist strittig. Wahrscheinlich war der Junotempel der mittlere, der – unter Einbeziehung von Teilen der anderen als Außenwände – im 11. Jh. in die Kirche *S. Nicola in Carcere* umgewandelt wurde. Die Tempel waren vorher offenbar als Kerker verwendet worden. 1599 baute Giacomo della Porta die Kirche im Stil der Zeit um. Der Platz hier hieß in der Antike **Forum Holitorium**, Gemüsemarkt.

Weiter der Straße in Richtung Piazza della Bocca della Verità folgend gelangt man (rechts) an zwei gut erhaltene Tempel: Der viereckige ist der *Tempel des Portunus* (Hafengott, von portus, denn hier war der alte Tiberhafen), häufig fälschlich noch als Tempel der Fortuna bezeichnet. Der Portunustempel stammt wie auch der folgende runde *Tempel des Hercules Victor oder Olivarius* aus dem 2. Jh. v. Chr. Letzterer wurde von einem möglicherweise durch Ölhandel reich gewordenen M. Octavius Herrenus gestiftet. Man kennt aufgrund einer Signatur sogar den Bildhauer: Skopas d. J. (Auch dieser Tempel läuft unter einer irrigen Bezeichnung: Ves-

Der als ›Janusbogen‹ bezeichnete quaderförmige Triumphbogen auf dem Velabrum

tatempel, was man fälschlich aus der runden Form schloss.) Den Bereich um diese Heiligtümer bezeichnete man im Altertum als **Forum Boarium**, als Rindermarkt.

Das Forum zog sich hinauf bis zum **Wechslerbogen**, dem Arco degli Argentari. Das ›barocke‹ Bauwerk wurde, wie eine Inschrift besagt, von den »Bankiers und Viehhändlern allhier« (argentarii et negotiantes boarii huius loci) errichtet und dem Kaiser Septimius Severus 204 geweiht. Der Bogen diente vermutlich als Eingang zum Viehhof und war von Statuen gekrönt. Die etwas überladenen, aber virtuosen *Reliefs* deuten auf die Spätzeit hin. Die Szenen zeigen die Kaiserfamilie, römische Soldaten mit gefangenen Barbaren und ein Stieropfer. Die Figur des später wegen Unbotmäßigkeit ermordeten Kaisersohnes Geta wurde, was deutlich zu sehen ist, weggemeißelt. Reiches florales Ornament rahmt die Figuren.

Ein Teil des Bogens ist in die Wand der benachbarten **Kirche S. Giorgio in Velabro** einbezogen. Ihr Name leitet sich von dem *velabrum* (Sumpf) her, an dem hier der Sage nach der Hirte Faustulus die Zwillinge *Romulus und Remus* fand. Die Kirche ist sehr alt, die barocken Zutaten wurden 1926 entfernt, sodass sich das dreischiffige *Innere* mit den 16 mächtigen Marmor- und Granitsäulen (antike Spolien) nun wieder ungefähr in jener Form darbietet, wie es unter Papst Leo II. (682/683) gestaltet worden war. Der Portikus und der typisch römische Campanile stammen aus dem 12. Jh.

Das wenige Schritte entfernte auffällige Bauwerk wurde fälschlich als **Janusbogen** bezeichnet, ist aber ein – nach vier Richtungen begehbarer – Triumphbogen, der sicher aus konstantinischer Zeit stammt. Der Bogen ist gemauert, in den mit Muscheln bekrönten Nischen standen wohl Statuen, die Marmorverkleidung war aus älteren Bauwerken wieder verwendet worden. Diese barbarische Sitte des rigorosen architektonischen Recycling kam also nicht erst im Mittelalter auf (vgl. auch die ähnliche Methode beim Konstantinsbogen, s. S. 46). Teile der Inschriftentafeln des Bogens wurden dann wiederum herausgebrochen und zum Bau der Kirche nebenan verwendet. Aus den verbliebenen Fragmenten geht hervor, dass der Bogen einem Tyrannen-Überwinder geweiht war. Es könnte also Kaiser Konstantin der Große gemeint sein.

83 Santa Maria in Cosmedin

TOP TIPP

Wer sagt, dass hier der schönste Glockenturm Roms steht, kann getrost seine Hand in den ›Mund der Wahrheit‹ stecken, denn er lügt nicht.

Piazza della Bocca della Verità
Metro B: Circo Massimo
Bus: 30, 44, 63, 81, 160, 628, 715

Cosmedin kommt vom griechischen Wort Κόςμημα (Kosmäma) und bedeutet Schmuck. Die Bezeichnung erinnert daran, dass hier griechische Mönche, die zur Zeit des Bildersturms (*Ikonoklasmus*) in Byzanz nach Rom geflohen waren, ei-

Die ›Bocca della Verità‹, ein antiker Brunnenmund (S. Maria in Cosmedin)

Der vielleicht schönste Campanile Roms: S. Maria in Cosmedin

ne Kirche errichteten, die offenbar wegen ihres schönen Schmucks auffiel. Die erste Kirche wurde im 6. Jh. errichtet und im 8./9. Jh. umgebaut. Ihre heutige Gestalt erhielt sie im 12. Jh. Die barocken Zutaten, u. a. eine malerische Fassade, wurden 1896–99 entfernt. Berühmt ist der siebenstöckige, feingliedrige **Campanile**, der als der schönste romanische Glockenturm Roms gilt. Noch berühmter aber ist die antike Tritonenmaske, die **Bocca della Verità** (Mund der Wahrheit) links in der Vorhalle. Sie beiße zu, heißt es, wenn ein Lügner die Hand hineinstecke.

Das *Innere* der **Kirche** ist streng und fast kalt, was an der Höhe des Raumes und an den weit oben angebrachten Fenstern liegt. Bemerkenswert sind der schöne *Cosmatenfußboden*, die marmorne *Schola Cantorum* (der abgesonderte Raum für die Sänger) in der Mitte der Kirche und der *Ambo* (Kanzel mit Doppelstiege) ebenfalls mit Cosmatenarbeit. Interessant sind auch der *Bischofsthron* und das hochragende *Ziborium* (1234), beides Werke von Deodato di Cosma. An den Hochwänden des Mittelschiffs befinden sich zwei korrespondierende *Freskenzyklen* aus der ersten Hälfte des 12. Jh. mit Szenen aus dem Leben des Propheten Daniel und Karls des Großen. In der *Sakristei* hängt ein kostbares Fragment eines Mosaikbildes von 706, eine *Anbetung der Könige*.

84 Santa Sabina

Die Kirche mit der ohne Zweifel interessantesten Tür in ganz Rom.

Piazza Pietro d'Illiria
Metro B: Circo Massimo
Bus: 23, 30, 44, 95, 170, 280, 716, 781
Tram: 3

Die sehr alte Kirche, idyllisch auf dem Aventin gelegen, stellt die Urform einer frühchristlichen Basilika dar und hat ein bedeutendes *Holzportal* aus dem 5. Jh. Der hohe, schlichte und würdige Raum ist akzentuiert von einer Reihe besonders schöner korinthischer *Säulen*, antike Spolien, die hier im frühen 5. Jh. zum Bau der Arkaden verwendet wurden. Vom einstigen Mosaikschmuck ist nur die Weihinschrift über dem Hauptportal erhalten.

Über und zwischen den Bögen sind *Marmorintarsien* in Grün und Purpur eingelassen.

Im *Portikus* (links vom Haupteingang) befindet sich das auf 432 datierte *Portal* aus afrikanischem Zedernholz. Von den 28 Holzreliefs sind 18 erhalten. Sie stellen Szenen aus dem Alten und Neuen Testament dar. Die stilistischen Unterschiede machen deutlich, dass verschiedene Künstler am Werk waren. Fortschrittlichen, bewegten Kompositionen wie der *Himmelfahrt des Elias* stehen archaisch wirkende Schnitzereien wie die *Kreuzigung* gegenüber. Sie ist vermutlich die älteste erhaltene Darstellung Christi am Kreuz überhaupt.

In südlicher Richtung entlang der Via di S. Sabina gelangt man zur stillen **Piazza dei Cavalieri di Malta**. Durch das Schlüsselloch des Tores, das zum *Palazzo dei Cavalieri di Malta*, dem **Palast des Malteserordens,** führt, kann man die Peterskuppel sehen, ein berühmtes Motiv. Der *Malteserorden, der Sovrano Militare Ordine di Malta,* ist wie der Vatikan ein in Rom ansässiger Staat, allerdings besitzt er kein Staatsgebiet.

85 Cestiuspyramide, Protestantischer Friedhof und Porta San Paolo

Die Pyramide ist das Mal, das Goethe in seiner VII. Elegie beschwört. Die auf dem Friedhof ruhen, brauchen keine Münze mehr in den Brunnen zu werfen, denn sie bleiben hier.

Piazzale Ostiense, Via del Caio Cestio und Piazza di Porta S. Paolo
Metro B: Piramide
Bus: 23, 60, 118, 280, 716, 719, 769
Tram: 3

Die *Ägypten-Mode* in Rom, die spätestens mit Cleopatras Aufenthalt in der Stadt nach 46 v. Chr. einsetzte, manifestierte sich im großen Isistempel auf dem Marsfeld, in den zahlreichen Obelisken und hier in der **Cestiuspyramide**, die sich der Praetor und Tribun Gaius Cestius um 12 v. Chr. errichten ließ. Das eigenartige malerische Bauwerk wurde Ende des 3. Jh. in die Aurelianische Mauer einbezogen, im 19. Jh. jedoch wieder davon befreit. Eine zweite Pyramide stand zwischen Engelsburg und Peterskirche [s. S. 123].

Das Grab von Goethes Sohn auf dem Protestantischen Friedhof

Benachbart ist der berühmte **Protestantische Friedhof** (*Cimitero acattolico*, Via Caio Cestio 6, Mo–Sa 9–16.30 Uhr), dessen alter Teil mit seinen Zypressen, umgestürzten Säulen und verwitterten Grabsteinen eine romantische Stimmung ausstrahlt. Er wurde im 18. Jh. angelegt, als sich immer mehr nicht-katholische Fremde, hauptsächlich Engländer und Deutsche, in Rom niederließen und manch einer hier auch seine letzte Ruhe fand. So sind die beiden englischen Dichter Shelley und Keats [s. S. 60] hier begraben, Goethes Sohn August, der Architekt Gottfried Semper, der Maler Hans von Marées. Der schöne Vers aus Goethes ›Römischer Elegie‹: »Dulde mich, Jupiter, hier, und Hermes führe mich später, Cestius' Mal vorbei, leise zum Orkus hinab« bezieht sich auf den Friedhof und die Pyramide. Die Beerdigungen waren übrigens nur zur Nachtzeit gestattet. Zeitgenössische Schilderungen und Bilder berichten von diesen gespenstischen Zeremonien bei Fackelschein.

Gegenüber der Cestiuspyramide, am Piazzale Ostiense, steht die **Porta San Paolo**. Die antike Porta Ostiensis, außerhalb derer die Straße nach Ostia beginnt, wurde vermutlich im Zuge der Aurelianischen Stadtbefestigung errichtet. Im 4. Jh. etwas verändert (die äußere Toröffnung von zwei auf einen Bogen reduziert), ist das Tor noch komplett erhalten, allerdings wurde die Anbindung an die Mauer dem Verkehr geopfert. Der Name Porta S. Paolo ist in christlicher Zeit entstanden, weil die gleichnamige Basilika von hier aus zu erreichen ist. Im Torbau ist das **Museo della Via Ostiense** (Porta San Paolo, Tel. 06 574 31 93, Di–Sa 9–13.30, Di/Do auch 14.30–16.30) eingerichtet.

86 Centrale Montemartini und San Paolo fuori le Mura

Ein Industriedenkmal bevölkert von antiken Skuplturen und eine bemerkenswerte Kirche.

Via Ostiense
Metro B: Garbatella bzw.
Basilica San Paolo
Bus: 23, 128, 271, 761, 766, 769, 770

TOP TIPP In einem ehemaligen Elektrizitätswerk, der **Centrale Montemartini** (Via Ostiense 106, Tel. 06 82 05 91 27, www.centralemontemartini.org, Di–So 9–19 Uhr), sind rund 400 der Skulpturen untergebracht, die anlässlich der Restaurierung der Kapitolinischen Museen [Nr. 2] ausgelagert werden mussten, z. B. die *Esquilinische Venus* (1. Jh. v. Chr.), einer der schönsten Frauenakte der Antike, nach neuerer Theorie ein Porträt der Kleopatra, und der berühmte *Togatus Barberini*, die Gewandstatue eines vornehmen Mannes, der die Büsten seiner Ahnen in den Händen hält. Interessant sind auch die Rekonstruktion der Giebelfelder des *Apollo-Sosianus-Tempels* und ein *Mosaik* mit Jagdszenen, bei denen Tiere für die *venationes*, die Tierhetzen in den Amphitheatern, gefangen wurden.

Es ist kaum anzuzweifeln, dass der Apostel Paulus während der Neronischen Christenverfolgung im Jahr 67 enthauptet und an der Straße nach Ostia beigesetzt wurde. Der Ort wurde fortan verehrt, Kaiser Konstantin ließ eine Gedächtniskapelle errichten, 386 stifteten die Kaiser Valentinianus, Theodosius und Arcadius eine Basilika, **San Paolo fuori le Mura**. Sie war (bis zum Neubau der Peterskirche) nicht nur die größte, sondern auch die schönste Kirche Roms, reich mit Mosaiken und Malereien geschmückt. Unter Benedikt XIII. wurde durch Alessandro Galilei ein klassizistischer Portikus vorgesetzt. In der Nacht des 15. Juli 1823 brannte die Kirche ab.

Die Basilika, die eine der sieben Hauptkirchen und eine der fünf *Basilicae maiores* ist, wurde im historisierenden Stil des

Der klassizistische Portikus und die Fassade von S. Paolo fuori le Mura

Einer der schönsten römischen Kreuzgänge: S. Paolo fuori le Mura

19. Jh. erneuert und 1840 geweiht. Der gewaltige *Quadriportikus*, eine vierflügelige offene Säulenhalle, entstand 1892–1928. Von der *Innenausstattung* blieb fast nichts erhalten. Einige *Mosaiken* am Triumphbogen und in der Apsis überstanden das Feuer. So werden in der *Sakristei* und im *Museum* ein gewaltiger Petruskopf, ein Madonnenmosaik und die 42 ältesten Papstmedaillons (von Petrus bis Innozenz I. 401–417) gezeigt. In der Kirche selbst ist ein schönes *Ziborium* von 1285 erhalten, ein Meisterwerk der italienischen Hochgotik, ferner ein großer *Osterleuchter* mit romanischen Reliefs.

Vom Brand verschont blieb auch der großartige *Kreuzgang* mit dem prächtigen Aufgebot cosmatisch geschmückter Doppelsäulen, jede anders geformt.

Seit dem 5. Jh. war es Usus, *Porträts der Päpste* in Medaillons oberhalb der Säulen anzubringen. Mit der Zeit wurde der Platz knapp und es bildete sich die *Legende*, dass das Weltende komme, wenn kein Papstporträt mehr angebracht werden könne. Als auf dem umlaufenden Fries schließlich nur noch wenige Plätze frei waren, schaffte man Raum für weitere Medaillons unterhalb des Frieses, sodass die Welt vorläufig gerettet ist.

Die Kreuzigung auf dem Osterleuchter in S. Paolo fuori le Mura (12. Jh.; Detail)

87 Via Appia Antica, Callistuskatakomben und Sebastianskatakomben

(Catacombe di S. Callisto e Catacombe di S. Sebastiano)

Die berühmte Gräberstraße, auf deren Pflaster unverdrossen seit 2000 Jahren der Verkehr tost.

www.parcoappiaantica.org
Bus: 118

Die heutige **Porta S. Sebastiano**, im Altertum Porta Appia genannt, beherbergt ein kleines *Museo delle Mura* (Via di Porta San Sebastiano 18, Tel. 06 70 47 52 84, Di–So 9–14 Uhr), von dem aus man ein Stück die Wehrgänge der Aurelianichen Mauer entlanggehen kann. Innerhalb des Tores steht der sog. *Drusus-Bogen*, in Wirklichkeit der Rest einer Wasserleitung.

Die **Via Appia Antica** ist zwar nicht die bedeutendste und älteste, aber die bekannteste der altrömischen Staatsstraßen. Sie wurde 312 v. Chr. angelegt, nach dem Zensor des Jahres Appius Claudius Caecus benannt und ist noch heute über weite Strecken gut erhalten. Sie führte von der Porta Capena (am Südabhang des Palatin) durch die Porta Appia zuerst bis Capua, seit 191 v. Chr. bis *Brindisi*. In der Neuzeit legte man weiter nördlich (von der Porta S. Giovanni aus) eine parallele Trasse an, die *Via Appia Nuova* (eine der Hauptausfallstraßen).

Das erste Stück der Via Appia Antica ist schmal, von hohen Mauern gesäumt und verkehrsreich. Für einen Spaziergang empfiehlt es sich daher, den Bus 118 bis zur Haltestelle S. Sebastiano oder Cecilia Metella zu nehmen. *Sonntags* ist die Straße jedoch für den Verkehr gesperrt und Flaniermeile.

Kurz hinter der Porta S. Sebastiano steht links der **1. Meilenstein**. Jenseits der Eisenbahnbrücke überquert die Via Appia das Flüsschen Almone. Hierher trugen die Pontifices alljährlich das Kultbild der *Magna Mater* vom Palatin für die rituelle Waschung. Etwa 250 m weiter steht die Kirche *S. Maria in Palmis*, hier soll sich die legendenhafte Szene mit dem fliehenden Petrus zugetragen haben, der Christus begegnete und ihn fragte: »Domine quo vadis?« Keine Legende ist das, was sich in den **Fosse Ardeatine** (etwa 1 km weiter) abspielte: Italienische Partisanen töteten durch einen Sprengstoffanschlag in der Via Rasella (in der Nähe der Piazza Barberini) 33 deutsche Soldaten. Kappler, der deutsche Polizeiattaché von Rom, ließ daraufhin 335 Italiener aus Gefängnissen holen und am 24. März 1944 hier erschießen. Es wurde an dieser Stelle eine *Gedenkstätte* (im Sommer tgl. 8.30–17 Uhr) eingerichtet, für die Francesco Coccia 1950 die beeindruckende Skulptur *Die Märtyrer* schuf.

Kurz hinter *Domine quo vadis* zweigt links die Via della Caffarella ab, wo nach ca. 500 m das sehr gut erhaltene, schöne und klassisch-schlichte *Grabmal der Annia Regilla* steht, das Herodes Atticus um 170 für seine Frau errichten ließ.

Nach dem **2. Meilenstein** erreicht man die **Callistuskatakomben** (Via Appia Antica 110, Tel. 06 51 30 15 80, www.catacombe.roma.it, Do–Di 8.30–12 und 14.30–17.30 Uhr, Febr. geschl.). Die umfangreichsten Katakomben Roms erstrecken sich über mehrere Stockwerke. Die ältesten Gräber stammen aus dem 2. Jh. Heute sind ca. 10 km Gänge und über *150 000 Gräber* freigelegt. Interessant sind die *Malereien*, die sowohl heidnische als auch christliche Bildinhalte zeigen (sog. Sakramentskapellen). In diesen Katakomben befinden sich auch Gräber der frühen römischen Bischöfe, darunter *Callistus I.* und *Sixtus II.*

Nur ein kurzes Stück ist es zu den *Jüdischen Katakomben*. Danach folgt rechts die Kirche *S. Sebastiano ad Catacumbas*, eine eher bescheidene Basilika, die deswegen zu den sieben Haupt- und Pilgerkirchen Roms zählt, weil hier in den **Sebastianskatakomben** (Via Appia Antica 136, Tel. 06 785 03 50, Mo–Sa 8.30–12, 14.30–17 Uhr, 15. Nov.–15. Dez. geschl.) der Legende nach die Leichname der Apostelfürsten ursprünglich begraben lagen. Von besonderem Interesse sind die drei heidnischen Grabstätten, vor allem das reich mit Fresken dekorierte Grab des *M. Clodius Hermes*. Ein anderes Grab ist mit gut erhaltenen Stuckdekorationen versehen. Der fließende Übergang vom heidnischen zum christlichen Totenkult wird hier deutlich, wo sich z.T. heidnische Bildelemente und christliche (lateinische und griechische) Inschriften mischen. In den tiefer liegenden (also späteren) christlichen Katakomben befindet sich auch die Krypta des hl. Sebastian.

Links dann die Reste des *Grabmals des Romulus*, früh verstorbener Sohn des Kaisers Maxentius, ein Rundbau im Pantheon-Stil, dahinter die bedeutenden Reste des *Circus des Maxentius* (Via Appia Antica 153, Tel. 0 67 80 13 24, Di–So 9–13 Uhr), 309 zum Andenken an Romulus erbaut. Der *Obelisk* des Vierströmebrunnens auf der Piazza Navona stand ursprünglich hier. Aus Funden geht allerdings hervor, dass diese gewaltige Anlage nie fertig gestellt wurde und schon in der Antike eine Bauruine war.

Paulus in Rom

Die Anwesenheit des hl. Paulus in Rom ist nicht nur Legende. Seine Bedeutung für die christliche Kirche ist gar nicht hoch genug einzuschätzen. Er, ein hochintellektueller Mann, den bäurischen Aposteln weit überlegen, war nicht nur der **Chefideologe** des Urchristentums. Er, der Jesus nicht mehr gekannt hatte, eignete sich vielmehr die christliche Lehre an, um daraus erst eine **Theologie** zu machen. Die Erbsünden-, Erlösungs- und Gnadenlehre, eigentlich alle Fundamente des Christentums, stammen von Paulus. Und sogar die Evangelien – was man sich in diesem Zusammenhang vergegenwärtigen muss – wurden erst nach den **Paulusbriefen** geschrieben.

Kurz vor dem **3. Meilenstein** steht das wohl bekannteste Denkmal der Via Appia, das *Grabmal der Cecilia Metella*, der Schwiegertochter des Crassus. Den Rundbau aus dem 1. Jh. v. Chr. umzieht ein Fries aus Girlanden und Stierschädeln. Die Zinnen stammen aus dem Mittelalter, als das Grab in die Befestigung der Burg *Castrum Caetani* einbezogen war, von der noch einige Reste stehen.

Der Abschnitt nach dem **4. Meilenstein** ist der mit den meisten Grabmäler-Resten, von denen freilich meist nur die Ziegelkerne und einige Inschriften geblieben sind. Dieser und der nächste Abschnitt bis zum 6. Meilenstein sind landschaftlich die schönsten. Das melancholische Flair der Ruinen und Pinien, der Schafherden und verfallenen Aquädukte am Horizont vermittelt noch einen Eindruck davon, wie die Maler der Romantik im 19. Jh. die Campagna gesehen haben.

Kurz nach dem **5. Meilenstein** liegen links die Reste der großen *Villa der Quintilier* mit einem kleinen Museum und dem Nymphäum. Die Großgrundbesitzer Maximus und Condinus Quintilius bauten sich dieses Landhaus Ende des 2. Jh. Kaiser Commodus ließ die Quintilier umbringen und die Villa enteignen.

Am **6. Meilenstein** steht ein weiteres antikes Rundgrab, *Casal Rotondo* genannt, auf dessen Plattform ein Bauer sein Haus errichtet hat. Hier kreuzt die Bahnlinie Rom – Neapel die Via Appia, dahinter werden die Grabdenkmäler spärlicher, wenngleich immer noch einzelne größere Objekte erhalten sind, wie die Villa und das Mausoleum des *Kaisers Gallienus* hinter dem **9. Meilenstein**. Bei Frattócchie mündet die Via Appia Antica dann in die Via Appia Nuova.

88 Domitillakatakomben
(Catacombe di S. Domitilla)

Ein reiches Bilderbuch frühchristlicher Malerei.

Via delle Sette Chiese 282
Tel. 065 11 03 42
www.catacombe.domitilla.it
Mi–Mo 9–12 und 14–17 Uhr
Bus: 716

Eine Prinzessin aus dem flavischen Kaiserhaus namens Domitilla sei, so die Legende, Christin gewesen. Da es mehrere Prinzessinnen dieses Namens gegeben hat, lässt sich schwer nachprüfen, wie wahrscheinlich diese Legende ist. Jedenfalls gruppieren sich diese Katakomben um die Grabstätte des *flavischen Kaiserhauses*. Die nur zu einem kleinen Teil ausgegrabene Anlage, ist wahrscheinlich noch weitläufiger als die Callistuskatakomben. Der überaus reiche *Freskenschmuck* präsentiert sich als ein Bilderbuch frühchristlicher Malerei. Berühmt ist die früheste Darstellung Christi mit dem Lamm auf den Schultern im Typus des Guten Hirten.

Von Rom bis nach Brindisi führt die Via Appia Antica, an der Gräber und Katakomben liegen

Um den Lateran – Badeanstalten, Bethäuser und Basiliken

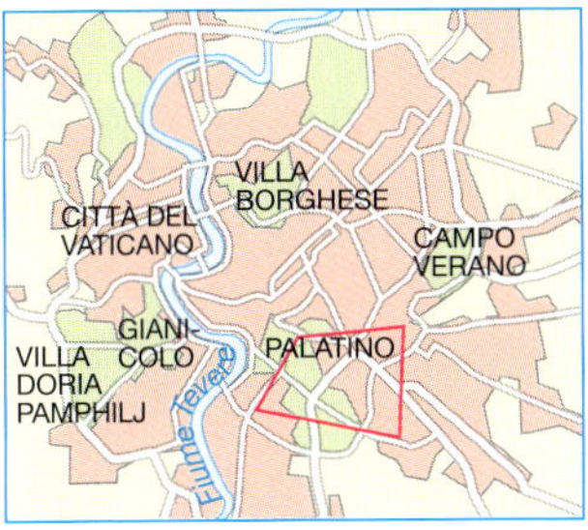

Wo immer man in Rom von erhöhter Stelle aus das Panorama überblickt, fallen die Giebelfiguren von **S. Giovanni in Laterano** auf, obwohl sie gar nicht so hoch ragen und, wenn man vor der Kirche stehend hinaufschaut, gar nicht so signifikant wirken. Hier ist auch die Stelle, wo – poetisch gesprochen – das Christentum erstmals römische Erde betrat. Der Lateran ist die eigentliche römische Bischofskirche, die Peterskirche am Vatikan drüben hat sie erst Jahrhunderte später überflügelt. – Vom Lateran bis zur **Porta Capena** hin und am Caelius findet sich eine ganze Reihe antiker und christlicher Monumente, die etwas im Windschatten der touristischen ›Muss‹ erster Klasse stehen.

89 Caracallathermen

(Terme di Caracalla)

Caracalla hat sich mit dieser Bäderanlage ein beeindruckendes Denkmal errichtet.

Via delle Terme di Caracalla 52
Tel. 06 39 96 77 00
www.archeorm.arti.beniculturali.it
Di–So 9 Uhr bis 1 Std. vor Sonnenuntergang, Mo 9–13 Uhr
Metro B: Circo Massimo
Bus: 118, 160, 628

Lange galten die Neronischen Thermen auf dem Marsfeld als die besten, dann ließ 212–216 Caracalla seine Thermen erbauen. Sie überboten alles bisher Dagewesene an Luxus, und erhielten erst rund 100 Jahre später Konkurrenz durch die Diocletiansthermen [Nr. 105]. Noch im 6. Jh. waren die Caracallathermen in Betrieb. Die Wasserversorgung und -entsorgung galt als technisch perfekt gelöst. Erst als 537 die Goten die Aqua Marcia zerstörten, blieb das Wasser aus und der Bau verfiel. Durch das Erdbeben von 847 stürzten die Gewölbe ein.

Die auch heute noch eindrucksvollen *Ruinen* lassen den Grundriss und die Ausdehnung der Anlage erkennen. Freilich sind vom Baukörper nur noch die Ziegelkerne erhalten. Die *Marmorverkleidung*, die ausnehmend prächtig gewesen sein muss, wurde nach und nach herausgebrochen und zu Kalk verbrannt. Im Bereich der Thermen wurden zahlreiche zur Ausstattung gehörige *Standbilder* gefunden, die heute über verschiedene Museen verstreut sind. Die beiden heute als

Antiker Badespaß

Für das hygienische und soziale Leben Roms waren die **Thermen, die** öffentlichen Bäder, von großer Bedeutung. Der Besuch war entweder gratis (wie in den Agrippathermen) oder sehr billig. Die Thermen waren **Freizeitanlagen**, in denen der eigentliche Badebetrieb (Heiß-, Lauwarm-, Kalt-, Schwitzbäder) natürlich eine wichtige, wenngleich deutlich begrenzte Rolle spielte. Bereichert wurde das Unterhaltungsangebot durch Schwimmbecken im Freien, Liegewiesen für Sonnenbäder, diverse Sportplätze (Diskuswerfen, Ringen, Boxen), aber auch Klubräume, Restaurants, Vortragssäle, Bibliotheken und sogar religiöse Kultstätten. Auch Verwaltungsräume und Läden fehlten nicht. Das Baden war eine erholsame, aber auch komplizierte Angelegenheit. Es gab z. B. das spartanische oder das römische Badeprogramm, die jeweils ganz bestimmten Regeln folgten. Man badete nackt und (bis zur Zeit Hadrians) ohne Trennung der Geschlechter.

Fitness im antiken Rom – eine Luxus-Badeanlage ließ Caracalla errichten. Vor einigen Jahren ließen die drei großen Tenöre hier ihre gewaltigen Stimmen erklingen

Brunnen fungierenden *Marmorwannen* auf der Piazza Farnese [s. Nr. 46] stammen wohl ebenfalls von hier.

Unterhalb der Thermen befindet sich das größte erhaltene *Mithräum* Roms.

90 Piazzale Numa Pompilio

Um den Platz, der nach einem sagenhaften König benannt ist, gruppieren sich einige Sehenswürdigkeiten.

Metro B: Circo Massimo
Bus: 118, 160, 628

An der Ecke zur Via Druso liegt das Kloster **S. Sisto**, dessen Kirche *S. Sisto Vecchio* mit schönem romanischem Campanile schon im 5. Jh. erwähnt wurde. Im Kloster wirkte der Ordensgründer der Dominikaner, der hl. Dominikus. Im 18. Jh. wurden Kirche und Kloster restauriert.

Gegenüber, vor den Caracallathermen, steht eine noch ältere, dem Patrozinium der Soldatenheiligen **SS. Nereo e Achilleo** geweihte Kirche. Sie wurde um 337 an der Stelle erbaut, wo Petrus der Legende nach auf der Flucht aus dem Mamertinischen Kerker die Binde verloren hatte, mit der sein von den Ketten verletztes Bein verbunden gewesen war. Das *Innere* wurde im 16. Jh. restauriert, ohne jedoch die wertvollen *Cosmatenarbeiten* anzutasten, mit denen Chorschranken, Bischofsthron und Altar geschmückt sind. Die noch byzantinisch beeinflussten *Mosaiken* des Triumphbogens stammen aus der Zeit Leos III. und stellen die *Verklärung Christi auf dem Berg Tabor* dar, seitlich die *Verkündigung* und *Maria mit Kind* und Engel.

Etwa 100 m weiter in der Via di Porta S. Sebastiano steht die Kirche **S. Cesareo**. Der hl. Caesarius war zur Zeit des Theoderich Erzbischof von Arles und ein eifriger Kirchenreformer. Die kleine Kirche, deren Schmuck die goldblaue Kassettendecke sowie Mosaiken und Fresken des Cavalier d'Arpino (17. Jh.) sind, steht auf den Fundamenten eines *römischen Hauses* aus dem 2. Jh. Links vom Eingang der Kirche führt eine Stiege nach unten zu den Ausgrabungen, erhalten ist ein schwarz-weißes Bodenmosaik mit Meeresallegorien.

Neben der Kirche liegt das *Haus des Kardinals Bessarion*. Bessarion, ein griechischer Mönch und Gelehrter, kam 1438 nach Italien, wo er sich (vergeblich) um die Vereinigung der lateinischen und griechischen Kirche bemühte. Er blieb nach dem Fall Konstantinopels 1453 hier, wurde Kardinal und päpstlicher Legat und starb 1472. Sein Hauptverdienst ist die Beschäftigung mit Platon, er gab damit den Anstoß für die Renaissance in der Literatur.

91 Porta Latina

Ein stiller Winkel mit einer stimmungsvollen Kirche und einer großen alten Zeder.

Via di Porta Latina
Bus: 218, 360

Die Porta Latina ist eines der am besten erhaltenen Tore der *Aurelianischen Mauer*, beide wurden Ende des 3. Jh. errichtet. Unter Kaiser Honorius, 100 Jahre später, wurden die Toröffnungen etwas verkleinert. Die Fassade besteht aus Travertinblöcken, von den halbrunden *Türmen* ist der linke antik, der rechte wurde im Mittelalter erneuert. Über dem Bogenscheitel ist das Monogramm Kaiser Konstantins angebracht.

Unweit der Porta liegt das *Hypogäum des Pomponius Hylas*. Der ältere Teil dieses im Jahr 1831 entdeckten Grabbaus stammt aus der frühen Kaiserzeit, der jüngere aus flavischer Zeit. Das Innere ist mit gut erhaltenen Stuckaturen und Wandmalereien (1. Jh.) versehen. Den Inschriften ist zu entnehmen, dass u. a. eine gewisse Paezusa hier begraben ist. Sie war die Friseuse der Kaiserin Octavia, der Gemahlin des Nero.

Knapp innerhalb des Tores steht das kleine achteckige **Oratorio S. Giovanni in Oleo**, ein hübscher Bau aus dem 16. Jh., später von Borromini umgebaut. Es wurde dort errichtet, wo der Überlieferung zufolge *Johannes der Evangelist* in siedendes Öl geworfen wurde. Als er unversehrt daraus hervorging, wurde er begnadigt und nach Patmos verbannt.

Einige Schritte stadteinwärts liegt rechts die Kirche **S. Giovanni a Porta Latina**. Den Vorhof überschattet eine mächtige Zeder, neben der ein antiker *Brunnen* mit zwei Säulen steht. Die alte, häufig umgebaute Kirche (Ende 5. Jh.) stellt sich heute wieder im Zustand von 1100 dar. Die so schlichte wie schöne *Vorhalle* mit Säulen aus dem frühchristlichen Bau wird überragt von einem der kunstvollsten *Glockentürme* Roms. Die *Fresken* (Ende 12. Jh.) im Langhaus sind mit die bedeutendsten romanischen Malereien in Rom. 46 Szenen aus dem Alten und dem Neuen Testament sind einander zugeordnet. Am Triumphbogen, zwischen den Fenstern rechts, beginnt der Bildzyklus mit der *Erschaffung der Welt*, es folgen *Sündenfall, Vertreibung aus dem Paradies* etc. Dem zugeordnet (rechte Hochwand neben dem Triumphbogen) sind Szenen aus dem Neuen Testament: *Verkündigung, Heimsuchung, Geburt Christi usw.*

92 San Gregorio Magno

Dem Stifter dieser Kirche erschien der Erzengel Michael über der Engelsburg, um ihn in seinem frommen Tun zu bestärken.

Via di S. Gregorio
Metro B: Circo Massimo
Bus: 60, 75, 118, 160, 271
Tram: 3

Über der Via di San Gregorio, gegenüber den Ruinen der Kaiserpaläste auf dem Palatin, erhebt sich auf dem *Caelius* die Kirche S. Gregorio Magno. Die großzügige Anlage geht auf eine von Papst Gregor I. (590–604) gegründete Andreaskirche zurück und wurde beim Neubau um 1100 dem inzwischen als heilig verehrten Gründer geweiht. Über einer großartigen Freitreppe erhebt sich die typisch römische *Fassade*, die ebenso wie das Atrium von Giovanni Battista Soria 1633 erbaut wurde. Das *Innere* wurde 1725–34 von Francesco Ferrari in spätbarockem Sinn umgestaltet. Im Atrium steht ein schöner, antike Formen aufnehmender *Grabstein* für die Brüder Bonsi von Andrea Bregno (Anfang 16. Jh.).

Engelskonzert in S. Gregorio Magno von Guido Reni (Detail)

Eine römische Hochzeit unserer Tage vor Mosaiken aus dem 9. Jh. (S. Maria in Domnica)

Links neben der Kirche hinter einem aus vier antiken Säulen bestehenden Portikus liegen drei **Oratorien**: S. Barbara, S. Andrea und S. Silvia (von links nach rechts). In S. Silvia befindet sich ein sehr schönes *Engelskonzert* von Guido Reni (1608), in S. Andrea das Fresko *Geißelung des hl. Andreas* von Domenichino, dem gegenüber *Der hl. Andreas beim Gang zur Richtstätte* von Reni (um 1608). In S. Barbara steht ein aus antiken Fragmenten zusammengesetzter *Tisch*, an dem der hl. Gregor regelmäßig zwölf Arme speiste und selbst bediente.

93 Santi Giovanni e Paolo

Zwei spezifisch römischen Heiligen ist diese beliebte Hochzeitskirche geweiht, unter der die Reste eines antiken Wohnhauses zu besichtigen sind.

Via S. Paolo della Croce
Metro B: Circo Massimo
Bus: 60, 75, 81, 175, 673
Tram: 3

Die Kirche liegt am alten *Clivus Scauri*, dessen antikes Pflaster noch erhalten ist. Das Patrozinium geht auf zwei römische Heilige zurück, Johannes und Paulus, kaiserliche Beamte, die während der letzten Christenverfolgung unter Kaiser Julianus Apostata hier hingerichtet worden sein sollen und über deren Sterbeort die erste Kirche errichtet wurde. Die Substanz des heutigen Baus geht auf das 5. Jh. zurück. Er wurde vielfach verändert, zuletzt barockisiert. 1949 stellte man den Zustand der *Fassade* im romanischen Stil wieder her. Romanisch sind auch der *Portikus* mit seinen antiken Säulen (Spolien), die Zwerggalerie an der *Apsisfassade*, ein besonders ansprechender Baugestus dieser Zeit, und der schöne *Campanile* mit den jeweils zwei Doppelfenstern in den vier oberen Stockwerken.

Unter der Kirche wurde im 19. Jh. ein **römisches Haus** ausgegraben (Eingang im rechten Seitenschiff). Hier finden sich pagane und christliche *Fresken* aus dem 2. Jh., z. B. eine Venus in einem Nymphäum und eine Figur mit Kelch in einem christlichen Oratorium. Ein gut erhaltenes Fresko aus dem 12. Jh. zeigt – im byzantinischen Stil – Christus von den beiden Kirchenpatronen umgeben.

94 Santa Maria in Domnica

Daran, dass früher die Matrosen hier gewohnt haben, erinnert der Brunnen vor der Kirche in Form eines antiken Schiffes.

Via della Navicella
Metro B: Circo Massimo
Bus: 81, 673

Die unter Papst Paschalis I. (817–824) errichtete Kirche steht auf dem Areal der antiken *Castra Peregrina*, wo die Matrosen ihre Quartiere hatten. Der Brunnen vor der Kirche ist die Kopie einer antiken Weihgabe. Die schlichte *Renaissancefassade* wurde 1513 vorgesetzt, der elegante *Portikus* aus fünf Arkaden stammt von Sansovino. Das *Innere* ist dreischiffig, die 18 grauen Granitsäulen mit korinthischen Kapitellen stammen aus antiken Gebäuden. Bemerkenswert sind die *Mosaiken* aus der Gründungszeit der Kirche: über dem Apsisbogen Christus mit Engeln und Aposteln sowie Maria mit Jesuskind; vor ihr kniet der Stifter, Papst Paschalis I.

Rechts neben der Kirche führt ein monumentales Tor in die **Villa Celimontana**, früher ein Ansitz der Familie Mattei, heute öffentlicher Park. Hier steht ein altägyptischer *Obelisk* aus der Zeit Ramses' II.

95 Santo Stefano Rotondo

Ein Beispiel für den seltenen Bautyp der Rundkirche, zugleich die wohl am häufigsten umgebaute Kirche Roms.

Via di S. Stefano Rotondo
Bus: 81, 673

Unter den vielen dem Erzmärtyrer Stephanus gewidmeten Kirchen ragt S. Stefano Rotondo hervor. Sie gilt als die älteste – als solche erbaute – Rundkirche und entstand unter Papst Simplicius (468–483). Sie besaß damals drei konzentrische Umgänge und dürfte einer der schönsten Sakralbauten Roms gewesen sein. In den Normannenstürmen des 11. Jh. wurde die Kirche zerstört und nur als Provisorium wieder aufgebaut. Dieser **Bau** blieb jedoch bis heute erhalten, und das weitgehend unverändert, abgesehen von Sicherungsmaßnahmen z. B. unter Papst Nikolaus V. (1447–55). Seit der Gegenreformation gehört das Gotteshaus dem Germanicum. In den 1920er-Jahren musste es schließlich wegen Baufälligkeit geschlossen werden. Im Rahmen der 1990 abgeschlossenen Restaurierung wurden die barocken Zutaten entfernt und der Zustand des Mittelalters wieder hergestellt. Heute ist S. Stefano Rotondo die Titelkirche des Kardinals von München und Freising.

Der *Raumeindruck* ist großartig und rein: Dorische Säulen (Spolien) tragen die lichte, hohe Mittelrotunde, die von einer Querverstrebung durchschnitten wird. Die streng geometrische Konstruktion des Grundrisses ist gut zu erkennen.

Im Jahr 1585, nachdem die Jesuiten das Germanicum und die Kirche übernommen hatten, wurde der äußere Umgang von etwas inferioren Kleinmeistern (Pomarancio, Tempesta, Matteo da Siena) mit besonders abstoßenden *Fresken* ausgemalt. Sie zeigen in systematischer Reihenfolge und in realistischen Details alle Martyrien vom Bauchaufschlitzen bis zum Zerquetschen. Die jungen Missionare wurden hier hereingeführt, um sie zu eigenem Martyrium zu ermuntern.

96 Santi Quattro Coronati

Die ›gekrönten Steinmetze‹ beherbergen einen der schönsten und, wenn der Ausdruck erlaubt ist, witzigsten mittelalterlichen Freskenzyklen Roms.

Via dei SS. Quattro Coronati
Metro B: Colosseo
Bus: 85, 117, 850
Tram: 3

Bei den Quattro Coronati, den vier (mit der Märtyrerkrone) Gekrönten, handelt es sich um Severus, Severianus, Carpoforus und Vittorinus, nach einer Legende römische Soldaten, nach einer anderen pannonische Steinmetze, die ihres christlichen Glaubens wegen getötet wurden.

Die im 4. Jh. erbaute und im 9. Jh. erweiterte Basilika wurde nach der Zerstörung durch die Normannen 1084 von Papst Paschalis II. 1111 in neuer Form wieder aufgebaut. In der Renaissance wurde eine Kassettendecke eingezogen, 1630 malte Giovanni da S. Giovanni die *Apsis* mit beiden Versionen der Heiligenlegenden aus. Im Übrigen aber blieb der etwas herbe Raumeindruck der mittelalterlichen Kirche erhalten. Sehenswert sind auch Krypta und Kreuzgang.

Das Juwel, das dieser Komplex aus Basilika und Nonnenkloster birgt, ist das im ersten Vorhof rechts liegende **Oratorium des hl. Silvester** (man erbitte, gegen eine milde Gabe, den Schlüssel an der Klosterpforte). Der karge Raum ist mit dem wohl bemerkenswertesten mittelalterlichen *Freskenzyklus* (13. Jh.) Roms geschmückt, einem Dokument reiner päpstlicher Propaganda. Papst Gregor IX. (1227–41) lag in ständiger Fehde mit dem nahezu heidnischen Stauferkaiser Friedrich II. Das Bildprogramm aber sollte dem Beschauer den Suprematsanspruch des Papstes über den Kaiser darlegen, und zwar anhand der *Konstantinslegende*. Der Kaiser,

Der demütige Kaiser Konstantin überlässt Papst Silvester die kaiserlichen Herrschaftszeichen sowie den Lateranpalast: Detail aus dem Freskenzyklus in SS. Quattro Coronati

der an Aussatz leidet (schön gefleckt liegt er im Bett), schickt nach dem Papst um Hilfe. Der schickt ihm die Bilder der Apostelfürsten und heilt ihn dadurch. Zum Dank dafür schenkt der Kaiser dem Papst den Lateran und überreicht ihm kniend die Tiara, eine gemalte freche Lüge also. Im Gewölbebogen über diesem Zyklus ist in einem Fresko *Christus als Weltenrichter* dargestellt.

97 San Giovanni in Laterano

Einer der geschichtsträchtigsten Orte Roms, die eigentliche Papstkirche und die ehemalige Papstresidenz.

Piazza di S. Giovanni in Laterano
Metro A: S. Giovanni
Bus: 16, 81, 85, 87, 117, 186, 218, 650, 850
Tram: 3

Die **Lateranbasilika** (Mo–Fr 7–18 Uhr) gilt als eine der ältesten, wenn nicht überhaupt die älteste christliche Kirche Roms. Sie ist eine der sieben Hauptkirchen und die eigentliche *Papstkirche*, d.h. die Bischofskirche des Papstes als Bischof von Rom. Basilika und Lateranpalast sind Teil des Vatikanstaates und folglich nicht italienisches Staatsgebiet.

Die Kirche geht – was historisch sein dürfte – auf eine Schenkung Kaiser Konstantins I. an Papst Melchiades (oder Miltiades, 311–314) zurück. Seit dem 2. Jh. war das Gebiet um die heutige Kirche, ehemals Latifundien einer Familie der *Plauzi Laterani*, kaiserlicher Besitz. 312, also noch vor dem Erlass des Ediktes von Mailand, überließ der Kaiser einen Teil der Laterani-Gründe der römischen Christengemeinde – mitsamt der darauf erbauten *Kaserne* der Equites Singulares, einer Elite-Kavallerie-Einheit. Wohl unter Einbeziehung dieses Bauwerks entstand namentlich unter Melchiades' Nachfolger Papst Silvester I. (314–335) die erste große christliche Kultstätte in Rom in Form einer *fünfschiffigen Basilika*, die dem Erlöser (Salvator) geweiht wurde. Die architektonische Gestalt folgte der kaiserlicher Basiliken, wie sie z.B. auf dem Forum standen (vgl. Maxentiusbasilika, s. S. 34). Basilika bedeutete damals nichts anderes als ›mehrschiffige Halle‹. Erst später wanderte der Begriff in den sakralen Bereich und der Typ der Salvator-Basilika auf dem Lateran-Gelände wurde *Vorbild* für die Kathedralen Roms und des ganzen Abendlandes. Insofern ist es auch kunsthistorisch richtig, wenn auf dem Portikus steht: »Caput et Mater ecclesiarum Urbis et Orbis«, Haupt und Mutter der Kirchen der Stadt (Rom) und des Erdkreises.

S. Giovanni in Laterano: Im Ziborium leuchten das Peter- und Paul-Reliquiar ▷

Büßer ersteigen die Scala Santa auf Knien

Die Salvator-Basilika, von deren genauem Aussehen wir wenig wissen, wurde 897 durch ein Erdbeben schwer beschädigt. Während der Regierungszeit Papst Sergius' III. (904–911), eines üblen Papstes, der zwei seiner Vorgänger erdrosseln ließ, wurde sie wieder aufgebaut und den hll. Johannes dem Täufer und Johannes dem Evangelisten geweiht. Sie blieb Papstkirche bis zur Rückkehr Papst Gregors XI. aus Avignon 1377. Er verlegte den Papstsitz damals in den besser befestigten *Vatikan*. In der Lateranbasilika fanden zwischen 1123 und 1512 die fünf *Laterankonzile* statt.

Aus Anlass des Heiligen Jahres 1650 gab Papst Innozenz X. (1644–55) Francesco *Borromini* den Auftrag, die inzwischen baufällige Basilika zu renovieren. Borromini hätte lieber die ganze Kirche abgerissen und einen Barockdom errichtet, aber das scheiterte sowohl an den Kosten als auch an der päpstlichen Pietät gegenüber dem uralten Bau. Borromini barockisierte das Innere der Kirche im Lauf von nur drei Jahren (1647–50) und schuf so einen hoheitsvollen, lichten und einheitlich wirkenden Raum, in dem die Hand dieses wohl bedeutendsten Barockarchitekten unverkennbar ist.

1735/36 ließ Papst Clemens XII. die **Fassade** aufrichten. Sie wirkt in ihrer strengen Gliederung eher britisch als römisch und das hat seinen Grund: Sie stammt von Alessandro Galilei (1691–1736), einem genialen Architekten, der ein Schüler Sir Christopher Wrens war. Hinter der Fassade öffnet sich ein geräumiger *Portikus*. Einen Blick wert ist auch das *Mittelportal*. Die gewaltigen bronzenen Türflügel sind antik, sie stammen aus der alten *Curia* des Forums. Bei einem Sprengstoffanschlag wurde 1993 die Seitenfassade zum Obelisken hin beschädigt, ist aber längst restauriert.

Die vergoldete *Kassettendecke* im **Inneren** stammt aus dem 16. Jh., der sehr schöne *Cosmatenfußboden* aus dem frühen 15. Jh. Das Wappen ist das von Papst Martin V. (1417–31). Die zwölf durch farbigen Marmor abgesetzten, durch illusionistische Effekte größer und tiefer wirkenden *Statuennischen* gestaltete Borromini. Die Statuen wurden zum Teil erst im 18. Jh. eingesetzt. Beachtenswert ist die erste Seitenkapelle links, die *Corsini-Kapelle*, ebenfalls eine Arbeit Alessandro Galileis, mit dem Grabmal Papst Clemens XII. Corsini (1730–40). Seit alter Zeit hochverehrt sind die beiden *Reliquien* über dem *Hochaltar*. In den aus Silber getriebenen *Kopfreliquiaren* sollen sich die Schädel der *Apostel Petrus und Paulus* befinden. Sie werden hinter vergoldeten Holzgittern verwahrt, hoch oben in einem Tabernakel, das 1367 in quasi neogotischem Stil, in Anlehnung an florentinische Arbeiten (z.B. des Arnolfo di Cambio) geschaffen wurde. Leider ist das eigenartige Werk im 19. Jh. rigoros restauriert worden. Dasselbe gilt für das gleichwohl bemerkenswerte *Apsismosaik* (1288–92). Es stammt von Jacopo Torriti und Jacopo da Camerino und zeigt Christus mit der Taube des Heiligen Geistes, ferner die Apostel, die Flüsse des Paradieses, aus denen Hirsche und Lämmer trinken, und das Himmlische Jerusalem.

Der **Kreuzgang** der Basilika gilt als einer der schönsten Roms (Eingang links vorn, seitlich des Papstaltars). Die zierlichen Doppelsäulen sind Cosmatenarbeiten. Unter den Bildwerken ist das Grabmal des Kardinals Annibaldi hervorzuheben, ein bedeutendes Werk des Florentiners Arnolfo di Cambio (um 1245–1302).

Im **Lateranpalast**, dem *Palazzo Apostolico Lateranese*, wurden 1929 die *Lateranverträge* abgeschlossen [s. S. 100]. Der Palast war der ursprüngliche Amtssitz der Päpste und damit Regierungssitz des Kirchenstaates. Der heutige Bau – eine schlichtere Variante des Bautyps des Palazzo Farnese [Nr. 46] – geht auf einen Entwurf Domenico Fontanas von 1586 zurück. Der Lateranpalast ist Teil des **Museo Storico Vaticano** (Piazza di San Giovanni in Laterano, Mo–Sa Einlass jeweils um 9, 10, 11 und 12 Uhr). Gezeigt werden die Papstgemächer und Kapelle, eine Waffensammlung und eine Dokumentation zu päpstlichen Ikongraphien und Zeremonien.

Den Baukomplex flankieren zwei große Plätze: die *Piazza di Porta S. Giovanni* vor der Hauptfront, eine Anlage mit Park, der sich bis zur Porta S. Giovanni hinunterzieht, und die *Piazza di S. Giovanni in Laterano* an der Nordseite. Hier steht der größte und älteste *Obelisk* Roms.

Am Ende dieses Platzes gegen die Via dell'Amba Aradam liegt das an den großen Bau angelehnte **Battistero San Giovanni in Fonte**. Der oktogonale Zentralbau, den innen acht besonders schöne Porphyrsäulen dominieren, wurde um ein Taufbecken errichtet. Auch dieser Bau ist sehr alt und avancierte zum Prototyp aller Baptisterien. Die heutige Innenausstattung mit barocken Wandgemälden stammt aus dem 17. Jh. Hervorzuheben ist Carlo Marattas Bild von der *Zerstörung der Götzenbilder durch Kaiser Konstantin*, eine durchaus unhistorische, aber reizvolle Komposition.

Schräg gegenüber dem Lateranpalast erhebt sich *S. Salvatore della Scala Santa* (tgl. 7–12 und 15.30–19 Uhr) mit der einstigen päpstlichen Privatkapelle Sancta Sanctorum. Die **Scala Santa** soll jene Stiege sein, auf der Jesus zum Verhör durch Pilatus hinaufgestiegen sei. Die Pilger, die sie heute auf Knien hinaufrutschen, glauben es jedenfalls. Die Papstkapelle **Sancta Sanctorum** (Di, Do, Sa 10.30–11.30 Uhr) im ersten Stock – der Inschrift nach gibt es keinen heiligeren Ort auf der ganzen Welt als diesen – enthält außerordentlich bedeutende *Fresken* aus dem 13. Jh. mit Heiligenfiguren, Märtyrerszenen, ein *Mosaik* des *Christus Pantokrator* (13. Jh.) sowie eine angeblich nicht von Menschenhand gemalte *Christusikone* (5./6. Jh.), die hier besonders verehrt wird und die Heiligkeit des Ortes begründete.

Nazarenische Fresken im Casino Massimo: Orlando Furioso

98 Casino Massimo

Wie sich romantische Nordlichter die Epen Dantes, Ariosts und Tassos vorstellten.

Via Matteo Boiardo 16
Metro A: Manzoni
Bus: 360, 590, 810
Tram: 3

In diesem Bereich erstreckte sich früher der Landsitz *Villa Massimo al Laterano* (nicht zu verwechseln mit der Deutschen Akademie Villa Massimo, Nr. 115). Er wurde nach 1870 im Zug der Urbanisierung bis auf das Casino abgerissen. Das prächtige Eingangstor steht heute vor der Villa Celimontana [s. S. 138]. Anfang des 19. Jh. sammelte Fürst Massimo die prominentesten Vertreter der deutsch-römischen Malerschule um sich. Diese *Nazarener* schmückten drei Räume des Casino Massimo (Tel. 06 70 49 56 51, Di/Do 9–12 und 16–19, So 9–12 Uhr) um 1820 mit romantischen *Fresken*, Ovationen an den italienischen Geist: Szenen aus Dantes ›Göttlicher Komödie‹, Ariosts ›Orlando Furioso‹ und Tassos ›Befreites Jerusalem‹. Die Arbeiten stammen von Peter Cornelius, Joseph Anton Koch, Philipp Veit, Friedrich Overbeck, Joseph von Führich und Julius Schnorr von Carolsfeld.

Die parallel zur Via Matteo Boiardo ver laufende **Via Tasso** erweckt ganz andere Erinnerungen an Deutschland. Sie seien nicht verschwiegen. In der Via Tasso 145 befand sich bis 1945 die Zentrale der Gestapo. Hier hatte der SS-Meuchelmörder Kappler seinen Sitz, hier fanden die Verhöre und Folterungen von Juden, Antifaschisten und Resistenza-Kämpfern statt. Die Wörter ›Via Tasso‹ wirkten in jener Zeit wie ein Fluch.

Esquilin, Viminal und Tiburtino – von der Antike in die Moderne

Viminal und **Esquilin** waren im Mittelalter und auch später spärlich besiedelt. Nur um die prominenten Kirchen entwickelten sich Ansiedlungen überwiegend dörflichen Charakters, im Übrigen waren die beiden Hügel mit ausgedehnten Landsitzen, Gärten und Weinbergen bedeckt. Das änderte sich, als 1870 mit fortschrittlichem Tritt der italienische König in Rom eindrang und die Priesterherrschaft beseitigte. Ein Bauboom sondergleichen heizte Spekulationen an. Straßenzüge wie die **Via Nazionale** und die **Via Cavour** entstanden, gesäumt von Prachtbauten der Gründerzeit und dem neuen Hauptbahnhof **Stazione Centrale Roma Termini**. Und doch beherrscht bis heute **S. Maria Maggiore**, die bedeutendste Marienkirche Roms, mit ihrem Campanile, den beiden Kuppeln und der ausladenden Treppenanlage den Stadtteil. In weiterem Sinn gehört zu diesem Gebiet auch das lärmige und belebte *Universitätsviertel*, das kurz vor dem Zweiten Weltkrieg dort errichtet wurde, wo in der Vorzeit das Castrum Praetorium stand. Eine andere Welt tut sich hinter der Kirche S. Lorenzo auf: der geballte Trauerkitsch des Friedhofs **Campo Verano**.

99 Santa Prassede und Santa Pudenziana

Zwei sehr alte, stimmungsvolle Kirchen, die man nicht unbeachtet lassen sollte.

Via di S. Prassede/Via Urbana
Metro B: Cavour
Bus: 16, 70, 75, 84, 360, 590

Die beiden äußerlich unscheinbaren Kirchen im Schatten von S. Maria Maggiore sind Schwesterkirchen, denn der Legende nach waren die hl. Praxedis und die hl. Pudentiana Töchter eines Senators Pudens, der Gastgeber des hl. Petrus in Rom gewesen sein soll.

Die im 5. Jh. geweihte Kirche **Santa Prassede** birgt kostbare *Mosaiken* aus dem 9. Jh. im byzantinischen Stil. Das *Apsismosaik* stellt Christus am Jordan dar, die segnende Hand Gottes über ihm. Die flankierenden *Heiligen* sind (von rechts) Zeno, Pudentiana und Petrus, dann Paulus und Praxedis sowie ganz links mit quadratischem Nimbus (weil damals noch lebend) Paschalis I., der große päpstliche Bauherr des Mittelalters. Auf dem *Apsisbogen* erscheinen die 24 Ältesten sowie Engel und Evangelistensymbole.

Auf der rechten Seite ist die *Zenokapelle* angefügt. Der seltsame Gegenstand hinter Glas ist (der Legende nach) der *Pflock*, an dem Jesus bei seiner Geißelung angebunden war. Die Wände und Gewölbe sind überzogen mit bedeutenden goldgrundigen *Mosaiken*, ebenfalls aus dem 9. Jh. Am Plafond: *Christus in der Mandorla* von vier Engeln getragen, in einer Seitennische *Maria mit Kind*, über dem Fenster eine Versammlung andächtiger Frauen: (von rechts) Pudentiana, Maria, Praxedis und die damals noch lebende Theodora, die Mutter von Papst Paschalis I., für die die Kapelle einst gebaut wurde und, was der Amtskirche heute sehr unangenehm ist, das Bild einer Bischöfin.

Santa Pudenziana fällt durch den sehr eleganten *Glockenturm* auf, der im 13. Jh., wenn die Überlieferung richtig ist, der ältesten Kirche Roms angefügt wurde. Diese sei, heißt es, im Haus des Senators Pudens errichtet worden, sicher ist, dass sie auf das 4. Jh. zurückgeht und später mehrfach umgebaut wurde. Das *Apsismosaik (Ende 4. Jh.)*, das allerdings im Zuge der Barockisierung 1589 einschneidend restauriert wurde, ist Zeugnis frühchristlicher Bildkunst, die noch stark der Antike verpflichtet ist. Die realistische

Vier Engel tragen ein Christusmedaillon: Mosaik aus der Zenokapelle von Santa Prassede

Darstellungsweise hier steht im Kontrast zur statisch-byzantinischen Formenwelt, wie sie die Mosaiken von S. Prassede zeigen. Das Apsismosaik zeigt das Himmlische Jerusalem mit *Christus als Weltenherrscher*. Auffallend ist die Caesarenhaltung Christi, die ihn umgebenden Apostel wirken wie Senatoren. Zwei genienartige Frauengestalten reichen Lorbeerkränze: Christus ist als antiker Triumphator ins Bild gesetzt, denn damals war der leidende Christus noch nicht die Zentralgestalt religiöser Kunst.

Im **Oratorium Marianum** (Zugang vom linken Seitenschiff über eine Stiege) finden sich sehenswerte *Wandmalereien* aus dem 9. und 12. Jh., u.a. eine *Maria mit Kind* zwischen Praxedis und Pudentiana.

100 Santa Maria Maggiore

TOP TIPP

Schnee im August, ein himmlischer Grundriss, und – wozu das Gold des Kolumbus verwendet wurde.

Piazza dell'Esquilino
Metro A: Vittorio Emanuele
Bus: 16, 75, 360, 590, 649, 714
Tram: 5, 14

S. Maria Maggiore heißt auch *Basilica Liberiana*, weil sie der Legende nach von

Zusammenspiel der Stile: Apsisfassade und Treppenanlage von S. Maria Maggiore

Goldene Pracht und feiner Zierrat: Der Baldachin über dem Hochaltar von S. Maria Maggiore und die überaus eindrucksvollen Apsismosaiken im Hintergrund

Papst Liberius erbaut wurde, als im August hier auf dem Esquilin Schnee fiel, und zwar genau in der Form eines Kirchengrundrisses. Das *Schneewunder-Fest* wird noch heute am 5. August gefeiert, doch die Kirche geht in Wahrheit auf ein anderes Ereignis zurück, nämlich das *Konzil von Ephesos* 431, auf dem die Marienverehrung (Maria als Theotokos = jungfräuliche Gottesgebärerin) sanktioniert wurde. Man darf annehmen, dass damit bewusst an den Isis-Kult der alten Ägypter angeknüpft wurde. Der Bau der Kirche unter *Papst Sixtus III.* (432–440) dürfte als Manifestation dieses neuen Muttergottes-Kultes gedacht gewesen sein. Jedenfalls ist die Basilika eine der sieben Hauptkirchen Roms.

Der frühchristliche Bau wurde im 17./18. Jh. entscheidend umgestaltet. Die **Hauptfassade** (1743–50) an der Piazza S. Maria Maggiore ist ein Hauptwerk des Klassizisten Ferdinando Fuga, barock hingegen ist die ausladende Fassade an der *Apsisseite* von Carlo Rainaldi (1673). Sie bezieht die breite Treppenanlage und den *Obelisken* in die Gesamtgestaltung mit ein. Der *Obelisk* stand im Altertum vor dem Augustusmausoleum. Die *Mariensäule* vor der Hauptfront ist eine Spolie aus der Maxentiusbasilika. Der schöne *Campanile* (1377) ist ein Rest des mittelalterlichen Baus.

Das dreischiffige **Langhaus** bewahrt die Grundform der frühchristlichen Basilika, ist aber vielfach durch barocke Seitenkapellen aufgebrochen. Die schwere *Kassettendecke* (Giuliano da Sangallo zugeschrieben) wurde mit dem ersten Gold ausgelegt, das Christopher Kolumbus aus Amerika mitgebracht hatte. Der *Cosmatenfußboden* stammt aus der mittelalterlichen Kirche, ebenso die *Mosaiken* in der *Apsis*, eine 1295 datierte Arbeit Jacopo Torritis, welche die *Marienkrönung* verherrlicht: Maria sitzt hier göttinnenähnlich und beinah gleichberechtigt neben Christus.

Rund 700 Jahre älter sind die bilderreichen, gleichsam erzählenden *Mosaiken des Triumphbogens*: links die *Verkündigung, die Anbetung der Könige* und der Bethlehemitische Kindermord, rechts die Darbringung im Tempel, die Flucht nach Ägypten und die Heiligen Drei Könige vor Herodes.

Noch älter sind die *Mosaiken an den Langhauswänden* über den Säulen. Sie stammen aus der allerersten Basilika (Mitte 5. Jh.) und sind noch vollkommen der antiken Bildersprache verpflichtet. Leider sind sie schlecht zu sehen und beim barocken Umbau in falscher Reihenfolge angebracht worden. Die Bildfolge, die ursprünglich viel umfangreicher war, stellt links die Geschichte Abrahams, Isaaks und Jacobs dar, rechts die Moses' und Josuas.

Von den vielen *barocken Zutaten* der Kirche seien drei **Seitenkapellen** erwähnt: die Sakramentskapelle oder *Cappella Sistina* (ganz vorn rechts) in Form eines griechischen Kreuzes mit Kuppel, 1585 von Domenico Fontana gestaltet, im Schnittpunkt ein vergoldetes Ziborium; die (vorn links) korrespondierende *Cappella Paolina* oder Borghese von Flaminio Ponzio mit Fresken von Guido Reni (1613) und die *Cappella Sforza* (1564–73) in der Mitte links von Giacomo della Porta, deren noble Wandsysteme auf Entwürfe Michelangelos zurückgehen sollen.

101 Teatro dell'Opera di Roma

Die musikalische Laune eines reichen Hoteliers.

Piazza Beniamino Gigli 7
Tel. 06 48 16 02 55,
www.operaroma.it
Metro A: Repubblica
Bus: 40, 64, 70, 116, 117, 170

Die städtische Oper [s. S. 173] wurde 1880 auf private Initiative des Hoteliers *Domenico Costanzi* von Achille Sfondrini erbaut. In erster Linie ließ Costanzi allerdings das auch heute noch bestehende *Hotel Quirinale* an der damals neu angelegten Via Nazionale ausführen. Das Opernhaus war als besondere Attraktion für die Hotelgäste gedacht, deshalb führte ein Korridor vom Hotelfoyer direkt in das Musiktheater. Noch lange hieß es – zur Unterscheidung vom traditionellen Haus am Largo Torre Argentina – *Teatro Costanzi*. 1926 schließlich wurde das Opernhaus von der Stadt übernommen und restauriert.

Das ausladende *Deckengemälde* von Annibale Brugnoli stellt Szenen aus verschiedenen Opern dar. Eine Szene, wo nackte Damen auf einen Baum klettern und schaukeln, ist rätselhaft, weil nicht zu erfahren ist, um welche Oper es sich dabei handelt.

Jenseits der schmalen Via Firenze steht **San Paolo intra le Mura**, eine anglikanische Kirche, 1879 vom englischen Architekten G.E. Street erbaut. Sie enthält interessante *Jugendstilmosaiken* von Edward Burne-Jones.

102 Piazza della Repubblica

In der einstigen Exedra der Diocletiansthermen tost der Verkehr und tummeln sich bronzene Najaden.

Metro A: Repubblica
Bus: 16, 75, 84, 105, 360, 590
649, 714

Die verkehrsumtoste Piazza Repubblica, die bis 1947 Piazza dell'Esedra hieß, folgt in ihrer Form der Gartenexedra der Diocletiansthermen [Nr. 105]. Zwei korrespondierende *Palazzi* mit Säulenkolonnaden, die Gaetano Koch 1896–1902 errichtete, bilden die Pforte zur Via Nazionale, einer der nach 1870 angelegten Prachtstraßen der neuen königlichen Hauptstadt. Der jüngste der großen römischen Brunnen, die *Fontana delle Naiadi* (1885 bzw. 1901–16) von Alessandro Guerrieri und Mario Rutelli zeigt den griechischen Meergott Glaukos Pontios, der mit einem Fischmonster ringt, umgeben von vier besonders prallen Jugendstil-Nymphen mit Meeresfabeltieren in sehr erotischen Posen. Wenn der Brunnen auch aus einer heute nicht sehr geschätzten Zeit stammt, ist das Ensemble doch einen Blick wert.

103 Fontana dell'Acqua Felice

Eine Brunnenskulptur wie ein Osterhase.

Piazza S. Bernardo
Metro A: Repubblica
Bus: 16, 75, 84, 105, 360, 590, 649, 714

Die Fontana dell'Acqua Felice, der **Mosesbrunnen**, wurde als erstes großes Wasserbauwerk Roms 1587/88 von D. Fontana gebaut. Es bezeichnet die Mündung der *Acqua Felice*, der nach Sixtus V. (Felice Peretti) benannten Wasserleitung. In drei Nischen sieht man Reliefs mit Darstellungen aus dem Alten Testament, in der Mitte steht ein Moses (von L. Sormani oder P. da Brescia) in etwas misslungener Pose. Bei geeigneter Beleuchtung sieht er aus wie ein zorniger Osterhase. Die Löwen sind Kopien, die ägyptischen Originale stehen im Vatikan.

104 Santa Maria della Vittoria

Auf eine Kapelle komprimiert das vielschichtige Lebensgefühl des Barock: die Welt als Theater – und das von Bernini.

Via XX Settembre
Metro A: Repubblica
Bus: 16, 75, 84, 105, 360, 590, 649, 714

Die **Kirche** wurde in den Jahren nach 1605 von Carlo Maderno erbaut. Die *Fassade* schuf 1625 Giovanni Battista Soria als Erstlingswerk (zuvor war der Architekt Schreinermeister).

Zunächst war die Kirche dem hl. Paulus geweiht, aber dann, in Begeisterung über den Sieg der Katholiken unter Ferdinand II. über den protestantischen Winterkönig in der Schlacht am Weißen Berg 1620, wurde sie umgewidmet. Ein Madonnenbild, das unversehrt auf dem Schlachtfeld gefunden wurde, wurde in die Kirche gebracht.

Der Höhepunkt der hochbarocken Ausstattung ist die vorderste Seitenkapelle links, die *Cappella Cornaro*, eine Stiftung des venezianischen Kardinals Cornaro. 1646 hat Bernini – auf der Höhe seiner Schöpferkraft – die Skulpturen geschaffen. Das Zentrum bildet die *Verzückte Teresa von Avila* mit ihrer Vision eines

›Verzückung der hl. Teresa von Avila‹ von Bernini in S. Maria della Vittoria

Engels, der den ›Pfeil der göttlichen Liebe‹ auf sie richtet. Die barocke Verknotung von mystischer Transzendenz und praller Sinnlichkeit wird klar, wenn man genauer nachvollzieht, wohin der Engel den Pfeil richtet. Die Figur der Heiligen dürfte eines der genialsten Bildwerke der Barockskulptur überhaupt sein. Die Statuengruppe wird zur theatralischen Szene durch die Logen links und rechts, von denen aus Mitglieder der Familie Cornaro – eher unaufmerksam – der Verzückung beiwohnen. Die hl. Teresa von Avila (1515–1582) war eine spanische Nonne, die ihre visionären Erlebnisse in literarisch bedeutsamen Berichten niederschrieb. Schon 1622 wurde sie heilig gesprochen.

Wenngleich vereinnahmt von der überwältigenden Wirkung dieses grandiosen Bernini-Werkes, sollte man doch die *Fresken* Domenichinos in der zweiten Kapelle rechts nicht zu betrachten vergessen, die letzten Werke dieses Meisters in Rom.

Korrespondierend mit S. Maria della Vittoria steht an dem Platz die schöne amerikanische Nationalkirche **S. Susanna**. Die barocke Fassade (1569–1603) stammt von Carlo Maderno.

105 Diocletiansthermen, Santa Maria degli Angeli und Museo Nazionale Romano

Wo früher gebadet wurde, wird heute, dank einem Entwurf Michelangelos, gebetet und in den Sammlungen großartige antike Kunst präsentiert.

Piazza della Repubblica
Metro A, B: Termini
Bus: 36, 38, 40, 64, 86, 90, 92, 105, 170, 175, 217, 310, 714, 910
Tram: 5, 14

Ende des 3. Jh. war die Bevölkerung im Nordosten der Stadt, also in den Gebieten hinter der Subura, auf dem Quirinal, Viminal und Esquilin so stark angewachsen, dass das Bedürfnis nach einer großen **Thermenanlage** entstand. Kaiser Maximinianus begann den Bau 298; 305 oder 306 wurde er eingeweiht und nach dem Mitkaiser (laut Weihinschrift ›Bruder‹) des Erbauers, Diocletianus, benannt. Die **Terme di Diocleziano**, die Diocletiansthermen (Viale Enrico De Nicola 78, Tel. 06 39 96 77 00, www.archeorm.arti.beniculturali.it, Di–So 9–19.45 Uhr), folgten den Bauschemata der Trajans- und Caracallathermen, nur waren sie noch größer und noch prächtiger ausgestattet. Die Größe kann man sich vergegenwärtigen, wenn man sich vor Augen hält, dass die heutige Piazza della Repubblica der hintere Garten war. Die Rundkirche S. Bernardo und die Rotunde in der Via Viminale stehen an der Stelle des östlichen bzw. westlichen Begrenzungsturms. Nach der anderen Seite erstreckten sich die Thermen bis zur Via Volturno. 3000 Menschen konnten hier gleichzeitig baden. (Auf dem Stadtmodell im Museo della Civiltà Romana [Nr. 120] sind die Thermen gut zu erkennen.)

Doch auch dieser gewaltige Bau verfiel im Laufe der Jahrhunderte und wurde als Steinbruch missbraucht. Dass dennoch relativ viel erhalten blieb, verdanken wir der Tatsache, dass Papst Pius IV. das Gebäude 1561 den Kartäusern übergab, die hier ein *Kloster* einrichteten. Den Bau der Klosterkirche **S. Maria degli Angeli** übertrug der Papst dem greisen *Michelangelo*, der unter respektvoller Einbeziehung der antiken Ruinen eine der wohl eigenartigsten römischen Kirchen entwarf. Die Vollendung des Baus 1566 erlebte der Meister nicht mehr. Die Kirche ist in das *Frigidarium* (Kaltbad) der alten Thermen eingebaut. Im 18. Jh. wurde durch Verlegung des Haupteingangs das Langhaus zum Querhaus. Somit sind die Seitenarme nun länger als das Hauptschiff, wodurch die eigenartige querstehende Wirkung hervorgerufen wird. Dass Michelangelo den Bau entworfen hat, erweist das ruhige *Innere*; die antiken Säulen prägen den Raum, sparsame klassische Or-

Ein fantasievolles Miteinander von Mensch und Tier – freundlich lächelnde Nilpferde und Krokodile zieren ein Mosaik im Palazzo Massimo

Ein Paradiesgarten – die Fresken aus dem Haus der Livia im Palazzo Massimo alle Terme

namente gliedern die Wände. Die Ausstattung mit Skulpturen und Gemälden – z. T. französischer Künstler – erfolgte erst ab dem 17./18. Jh.

Im rechten Seitenarm der Kirche ist im Boden der Meridian Roms gekennzeichnet, die *Linea Clementina* (1703), mit Sternen, Sternzeichen und astronomischen Daten. Eine Öffnung hoch oben in der Wand gestattet es der Sonne zu bestimmten Zeiten, die astronomische Position anzuzeigen.

Nach der Aufhebung des Kartäuserklosters wurde 1889 das **Museo Nazionale Romano** eingerichtet. Den Grundstock bildeten die Sammlungen der Fürsten Ludovisi und des deutschen Jesuiten Athanasius Kircher. Der große Umfang der Sammlung führte zur Verteilung auf vier Standorte: Terme di Diocleziano, Palazzo Massimo alle Terme, Crypta Balbi und Palazzo Altemps.

Im 2000 wieder eröffneten **Thermenmuseum** wurde das *Dipartimento Epigrafico* eingerichtet, eine Ausstellung bedeutender Inschriften und darauf bezüglicher Dokumente von der Antike bis in moderne Zeiten. Kürzlich kam die informative Abteilung zur frühen Siedlungs- und Kulturgeschichte Roms und Latiums (11.–7. Jh. v. Chr.) hinzu.

Die von der Via Romita aus zugängliche **Aula Ottagona** (Via G. Romita 8, Di–Sa 9–14, So/Fei 9–13 Uhr) ist ebenfalls Teil der Diocletiansthermen. Sie zeigt bedeutende Skulpturen des Museo Nazionale Romano in sehr ansprechendem Ambiente, darunter der *Thermenherrscher* (eine Marmorskulptur, die einen hellenischen Fürsten darstellt) und die besonders beeindruckende Bronzestatue eines *Faustkämpfers*, dessen Wunden realistisch durch polychrome Farbgestaltung hervorgehoben sind.

Schräg gegenüber jenseits des Platzes steht der **Palazzo Massimo alle Terme** (Largo di Villa Paretti 1, Tel. 06 39 96 77 00, www.archeorm.arti.beniculturali.it, Di–So 9–19.45), ein Bau aus der Gründerzeit, in dem weitere Bestände des Museo Nazionale Romano präsentiert werden. Hier sieht man z.B. eine *Augustus-Statue*, die den Kaiser als Pontifex Maximus zeigt, ferner das vornehme *Mädchen von Antium*, ein besonders preziöses Meisterwerk griechisch-hellenistischer Herkunft, den *Sarkophag von Portonaccio* mit hochdramatischen Kampfszenen zwischen Römern und Barbaren, zwei Diskuswerfer, von denen einer, der *Discobolo di Castel Porziano* eine römische Kopie eines Werkes von Myron ist, sowie zwei Apollo-Statuen, *Apollo del Tevere und Apollo Chigi*. Weitere Höhepunkte der Kollektion bilden die antiken *Wandmalereien*, die aus verschiedenen römischen Villen stammen und hier wieder im räumlichen Zusammenhang präsentiert werden. Besonders eindrucksvoll sind die idyllisch-lyrischen Wandmalereien aus dem *Haus der Livia* an der Via Flaminia.

106 Stazione Centrale Roma Termini

Der große Empfangssalon Roms.

Metro A, B: Termini
Bus: 36, 38, 40, 64, 86, 90, 92, 105, 170, 175, 217, 310, 714, 910
Tram: 5, 14

Noch Papst Gregor XVI. Cappellari (1831–46) weigerte sich, den Kirchenstaat an das europäische Eisenbahnnetz anschließen zu lassen. Erst unter Pius IX. Mastai-Ferretti (1846–78) wurde eine Bahnlinie bis Rom geführt. Der erste Bahnhof wurde – damals weit draußen zwischen Villen und Weinbergen – in der Nähe der Diocletiansthermen errichtet, daher der Name für die Stazione Centrale Roma Termini. 1930 wurde unter Mussolini, der für die Hauptstadt des Faschismus einen pompösen Hauptbahnhof wünschte, der Neubau begonnen. Er wurde, durch den Krieg verzögert, 1950 fertig gestellt. An Planung und Ausführung waren mehrere Architekten und Ingenieure beteiligt, vor allem Angiolo Mazzoni Del Grande und Annibale Vitellozzi. Der ohne Zweifel kühne Bau ist ein interessantes Denkmal des optimistischen Modernismus.

Draußen, seitlich der großen Eingangshalle, sind Überreste der *Servianischen Mauer* zu sehen, die 390 v. Chr. errichtet wurde.

107 Sant' Eusebio und Santa Bibiana

Alte Kirchen und raue Stadtkulisse.

Metro A: Vittorio Emanuele
Bus: 105, 360, 590, 649
Tram: 5, 14

In der nördlichen Ecke der Piazza Vittorio Emanuelle II, die von ihrer unverfälschten rauen Großstadtatmosphäre zehrt, steht die Kirche **S. Eusebio**, eine der ältesten Titelkirchen Roms. Sie stammt vermutlich bereits aus dem 3. Jh., der jetzige Bau wurde 1711 errichtet. In der Mitte des Platzes erhebt sich die Ruine einer *Brunnenanlage* aus severianischer Zeit, die zur Aqua Julia gehörte. Hier waren ursprünglich die *Trophäen des Marius* angebracht, die heute die Brüstung des Kapitolsplatzes schmücken.

Wenige Minuten Fußweg in Richtung Hauptbahnhof sind es bis zu der kleinen Kirche **S. Bibiana**, über die hinweg die Eisenbahntrasse gezogen wurde. Sie ist sehr alt (5. Jh.) und wurde 1624–26 von *Bernini* restauriert, seine erste architektonische Arbeit in Rom. Auch den Hochaltar hat Bernini entworfen und die Statue der Heiligen 1626 gemeißelt. Die hl. Bibiana gilt als eine römische Märtyrerin aus der Zeit der letzten Christenverfolgung unter Julianus Apostata (361–363).

108 Tempel der Minerva Medica

Noch immer falsch benannt, aber sehenswert.

Via Giovanni Giolitti
Metro A: Vittorio Emanuele
Bus: 105, 150
Tram: 5, 14

Wenn man kurz vor der Ankunft mit dem Zug in Roma Termini aus dem Fenster schaut, sieht man als erste antike Ruine die Reste eines Gebäudes, das irrtümlich *Tempel der Minerva Medica* genannt wird.

In Wirklichkeit handelt es sich um ein *Nymphäum*, das in den Licinianischen Gärten stand. Kaiser Licinius Gallienus (253–268) ließ die Grünanlage und das Nymphäum einrichten. Dessen Grundriss ist zehneckig. Die neun Statuennischen sind noch zu sehen, der zehnte Sektor enthielt die Tür. Die Kuppel stand noch lange und ist erst 1828 eingestürzt.

109 Porta Maggiore

Auch ein Bäcker wird unsterblich, wenn er sich ein schönes Grabmal errichten lassen kann.

Piazza di Porta Maggiore
Bus: 105, 150
Tram: 3, 5, 14, 19

In einem Labyrinth von Straßenbahngleisen und einem Gewirr wartender und rangierender Trambahnwagen erhebt sich die Porta Maggiore am gleichnamigen Platz. Sie ist aus Travertinblöcken erbaut. Über zwei Haupt- und drei Nebentoren liegt eine hohe, schmucklose *Attika*. Das Bauwerk diente als Überführung der zwei übereinander liegenden *Wasserleitungen* Aqua Claudia und Anio Novus über die beiden Hauptstraßen, die Via Prenestina und die Via Casilina, die sich dort gabeln. Es diente aber auch als Tor über eben dieser Weggabelung. Die Porta, ein eindrucksvolles Monument römischer Ingenieurbaukunst, wurde im Jahr 52 unter Kaiser Claudius errichtet, und 270–282 in die *Aurelianische Mauer* einbezogen. Im Zuge der Stadterweiterung nach 1870 wurde die Mauer an mehreren Stellen abgebrochen und das Tor folglich seiner Hauptfunktion beraubt.

Auf der stadtabgewandten Seite befanden sich, wie überall an den Straßen außerhalb des Pomeriums, Gräberreihen. Eines der Grabmäler, das unmittelbar an der Außenseite des Tores steht, ist fast vollständig erhalten und fällt durch seine eigenartige Form auf: Das **Bäckergrab** ist das Grabmal des Bäckers oder wohl eher Brotfabrikanten M. Vergilius Eurysaces und seiner Frau Atistia, die im 1. Jh. v. Chr. lebten. Entgegen früheren Deutungen handelt es sich bei den eigenartigen *Röhren* am Denkmal nicht um die Nachahmung eines Backofens, sondern um die Darstellung aufeinander geschichteter Getreidemaße. Der Relieffries oberhalb zeigt die Arbeitsvorgänge in einer Bäckerei.

Jenseits der Via Prenestina liegt im Unterbau der Eisenbahntrasse die **Basilica Sotteranea** (Öffnungszeiten ändern sich ständig. Anfragen: Soprintendenza per i beni culturali, Tel. 066 99 17 18), eines der

An der Porta Maggiore, Teil der Aurelianischen Stadtmauer, steht das Grabmal eines Bäckers, das mit stilisierten runden Getreidemaßen geschmückt ist

rätselhaftesten antiken Bauwerke Roms. Die 1917 entdeckte *Kultstätte* liegt 14 m unter der Erde und war – was sich am Straßenniveau der Porta Maggiore ablesen lässt – auch schon in der Antike unterirdisch. Die Basilika ist dreischiffig und nimmt in verblüffender Weise die Bauart frühchristlicher Kirchen vorweg, war aber sicher kein christlicher Kultplatz, was die feinen, leider immer mehr zerfallenden *Reliefs* erweisen. Sie stellen Szenen aus der griechischen Mythologie dar, z. B. Sappho, wie sie, von Eros gedrängt, vom Felsen ins Meer springt. Es gilt als gesichert, dass die Basilika im 1. Jh. errichtet wurde. Welchem Kult sie diente, ist ungeklärt. Man nimmt an, dass es die Sekte der *Neupythagoräer* gewesen sein könnte. Diese zählte zu den vielen Erlösungsreligionen, die in jener Zeit als Reaktion auf die nüchterne römische Staatsreligion entstanden.

110 Santa Croce in Gerusalemme

Hierher soll Konstantins Mutter Helena das Kreuz Christi gebracht haben.

Piazza di S. Croce in Gerusalemme
Metro A: S. Giovanni
Bus: 16, 81, 810
Tram: 3

Die Gründung der Kirche S. Croce in Gerusalemme, einer der sieben Haupt- und Pilgerkirchen Roms, geht auf die Legende von der *Auffindung des Kreuzes Christi* durch Kaiser Konstantins Mutter Helena zurück. Die Reliquie sei, heißt es, um 320 in Jerusalem gefunden und dann nach Rom gebracht worden. Tatsache ist aber lediglich, dass 1144 von Papst Lucius II. hier eine alte Kirche erneuert wurde, die sich wiederum im 18. Jh. in einem baufälligen Zustand befand. Papst Benedikt XIV. ließ den Bau 1743 von Domenico Gregorini modernisieren, sodass sie sich heute als Rokoko-Kirche darstellt, was namentlich die stark gekurvte und bewegt gegliederte *Fassade* betont. Sie verrät zwar borrominischen Einfluss, ist aber weitaus verspielter als die Werke des Meisters.

Im *Inneren* ist der mittelalterliche Cosmatenfußboden erhalten. Der *Freskenzyklus* in der Apsis (1492) stammt von Antoniazzo Romano und Marco Palmezzano und wurde in den barockisierten Bau übernommen. Die Bilder schildern ausführlich das Wunder der Kreuzauffindung. Die *Helenakapelle* hinter der Apsis enthält Gewölbe-Mosaiken, die Melozzo da Forlì zugeschrieben werden. Unter dem Boden wurde seinerzeit Erde vom Kalvarienberg aufgeschüttet. In der *Reliquienkapelle* (zugänglich vom linken Seitenschiff aus) werden auch die *Kreuzesreliquien* aufbewahrt, neben einigen Holzstücken auch ein Nagel und Dornen von der Dornenkrone Christi, außerdem ein Stück vom Kreuz des rechten Schächers.

Direkt neben der Kirche sind die Ruinen des **Amphiteatrum Castrense** zu sehen, eines ovalen Ziegelbaus, der in die vorbeiführende Aurelianische Mauer einbezogen ist. Es handelt sich um den Rest einer antiken Villa in den *Horti Variani*, wohl ein Hinweis auf Kaiser Elagabal, der in Wirklichkeit Varius Avitus hieß. Die Varii hatten hier große Besitzungen. Zum Baukomplex, der so groß wie die *Hadriansvilla* in Tivoli [s. S. 177] gewesen sein soll, gehörten auch eine Wagenrennbahn, der *Circus Varianus*, und der nach einem späteren Besitzer *Palatium Sessorianum* genannte *Palast*. Dieser ging im 4. Jh. in den Besitz der Kaiserin Helena über und wurde – wohl Mitte des 4. Jh. – zur Kirche umgebaut, dem Vorgängerbau von S. Croce. Letztere wird auch heute noch als *Basilica Sessoriana* bezeichnet.

111 Campo Verano

Triumph marmornen Totenkults.

Haupteingang: Piazzale di S. Lorenzo
Bus: 71, 93, 163, 443, 448, 492
Tram: 3, 19

Der größte römische Friedhof wurde 1835 angelegt, 1870 vergrößert und mit dem marmornen Eingangsbereich voll monumentaler Trauersymbolik versehen. Der Name geht auf den *Ager Veranus* zurück, auf dem der Legende nach der Märtyrer *Laurentius* begraben wurde, dessen Kirche San Lorenzo fuori le Mura [Nr. 110] sich in unmittelbarer Nähe befindet. Der Campo Verano ist einen Besuch wert, denn der Aufwand an Stein gewordenen *Gesten* ist enorm. Verzweifelte Witwen aus Marmor werfen sich weinend über verewigte Steuerinspektoren, Admiräle versinken kühnen Blickes in Marmorwellen, nackte Genien von bestechender Sinnlichkeit halten kühle Lorbeerkränze über die gelichteten Scheitel dahinge-

Das Marmor-Ziborium in S. Lorenzo fuori le Mura (1148)

schiedener Musikprofessoren und alles ist übersät von künstlichen Blumen. Ungerührt ragen die Zypressen über diesem Ausbund südländischen Totenkultes in den römischen Himmel.

112 San Lorenzo fuori le Mura

Aus zwei Kirchen zusammengewachsene alte Basilika und eine der sieben Hauptkirchen Roms.

Piazzale di S. Lorenzo
Bus: 71, 93, 163, 443, 448, 492
Tram: 3, 19

Die Basilika S. Lorenzo fuori le Mura gehört zu jenen Kirchen, die schon sehr früh – jedoch eher am Stadtrand oder sogar außerhalb und in schlichter Form – gebaut wurden, um die noch lange einflussreiche ›heidnische‹ römische Oberschicht nicht zu beunruhigen. Der Kult des *hl. Laurentius*, dem allein vier große Kirchen in Rom geweiht sind (außer der ältesten hier: S. Lorenzo in Damaso, in Lucina und in Miranda), ist ebenfalls sehr alt. Der Legende nach wurde Laurentius in der Zeit der Christenverfolgung unter Kaiser Decius (249–251) auf einem eisernen Gestell geröstet und gilt deshalb makabrerweise als *Patron der Köche*. Er überlebte diese Marter zwar, wurde aber dann im Jahre 258 unter Kaiser Valerian hingerichtet.

Die **Basilika** besteht eigentlich aus zwei Kirchen: der alten *Laurentiuskirche*, die ungefähr 330 noch unter Kaiser Konstantin über einer Gedächtnisstätte (vielleicht dem Grab) des Märtyrers errichtet wurde, und einer *Marienkirche*, die im 13. Jh. mit der Laurentiuskirche durch Abbruch der Apsiden und Angleichung der Mauern vereinigt wurde. Der eigenartig geknickte Grundriss resultiert aus dieser Entstehungsgeschichte. Im 19. Jh. wurde die Kirche renoviert, 1878 das Grab für Papst Pius IX. hinter dem Altar rechts aufgerichtet. S. Lorenzo fuori le Mura war die einzige Kirche in Rom, die (am 19. Juli 1943) durch Bomben der Alliierten beschädigt wurde. Nach dem Zweiten Weltkrieg, 1946–49, wurde sie wieder aufgebaut.

Unter dem *Portikus* mit sechs Säulen fallen die romanischen, Säulen tragenden Löwen auf. Einige schöne antike Fragmente sind in die Wände eingelassen. Besonders hingewiesen sei auf den Sarg des Papstes Damasus II. Die Reliefs dieses wieder verwendeten spätantiken Sarkophags zeigen Pfauen und Eroten bei der Weinlese. Links ist das 1954 von Giacomo Manzù geschaffene Grabmal für Alcide De Gasperi, einen der maßgeblichen italienischen Politiker der Nachkriegszeit, zu sehen.

Das *Innere* der ›ersten‹ Kirche macht einen geradezu archaischen Eindruck: Ein hohes Langhaus wird von zwei ganz schmalen Seitenschiffen flankiert. Der Pelagiusbau, die ›zweite‹ Kirche, wurde unter Papst Pelagius II. im 6. Jh. errichtet. Da im 19. Jh. der Boden angehoben wurde, wirken die schönen korinthischen Säulen nun unproportional kurz. Bemerkenswert sind die *Mosaiken* am Triumphbogen (6. Jh.) mit dem auf der Weltkugel thronenden Christus. Das marmorne *Ziborium* (1148) ist die Arbeit römischer Steinmetzen.

Zur Basilka gehört auch ein *Kreuzgang*, den ein typisch römischer Campanile überragt. Unter der Kirche, vom Kreuzgang aus zugänglich, liegen die *S.-Ciriaca-Katakomben* mit frühchristlichen Malereien.

Entlang der Via Nomentana – Villen, Helden, Heilige

Heute ist man sich gar nicht mehr so sicher, ob es ein Glück für Rom (und Italien) war, dass damals am 20. September 1870 mit dem Einmarsch der Savoyer die päpstliche Herrschaft über die Stadt beseitigt wurde. Eines ist gewiss: Das grauenvolle Siegesdenkmal Vittorio Emanueles II an der Piazza Venezia stünde dann nicht. Vor der **Porta Pia** stellten die Italiener ihre Kanonen auf und schossen eine Bresche, worauf der letzte General des Papstes, ein badischer Offizier, kapitulierte. In den Jahrzehnten danach entstand dann entlang der alten Consularstraße **Via Nomentana** ein vornehmes und schönes, mit vielen Parks und Villen durchsetztes Stadtviertel. Die **Villa Massimo**, die Deutsche Akademie in Rom, hat dort ihren Sitz, aber auch einige alte, einstmals weit außerhalb der Stadt befindliche Kirchen stehen hier.

113 Porta Pia

Den 20. September 1870 konnten die Päpste viele Jahrzehnte lang nicht vergessen.

Via XX Settembre/Piazzale di Porta Pia
Metro B: Castro Pretorio
Bus: 490, 491, 495

Die Via XX Settembre endet an der Porta Pia, der alten Porta Nomentana, an der die gleichnamige Straße beginnt, schon in der Antike eine der wichtigsten Ausfallstraßen Roms. Papst Pius IV. ließ den feinen, klar gegliederten Torbau 1564 durch *Michelangelo* errichten. Es war dessen letzte architektonische Arbeit. Die stadtabgewandte Seite mit den zwei Heiligenfiguren wurde 1864 abgeändert. Die Stadtmauer, die damals selbstverständlich bis ans Tor reichte, ist jetzt durchbrochen. Etwas weiter in Richtung Piazza Fiume hat man 1920 eine Gedenkwand an der Stelle angebracht, wo die königlichen Truppen 1870 eine Bresche schossen und in die vom Papst beherrschte Stadt eindrangen. Im Gefolge dieses Ereignisses gliederte Vittorio Emanuele II den letzten Rest des Kirchenstaates dem italienischen Königreich an und machte Rom nun auch zu dessen Hauptstadt.

Im Torgebäude der Porta Pia befindet sich das **Museo Storico dei Bersaglieri** (Tel. 06 48 67 23, Di, Do 9–13 Uhr) und auf dem Platz davor stürmt ein offensichtlich zu allem entschlossener Bersagliere aus Bronze immerwährend auf die Porta Pia hin.

114 Villa Torlonia

Ein schöner Park und ein klassizistisches Ensemble.

Via Nomentana 70
Metro B: Bologna
Bus: 36, 60, 62, 84, 90, 140
Tram: 3, 19

Der Bankier und Fürst Giovanni Torlonia ließ 1806 durch Giuseppe Valadier eine damals weit außerhalb der Stadt gelege-

Einst letzte Bastion der Papstherrschaft: die Porta Pia

Konstantinischen Prinzessinnen verdankt Rom die frühchristliche Kirche S. Costanza

ne Villa, also ein Landhaus mit Park errichten. Erst später entdeckte man, dass sich unter dem Gelände jüdische Katakomben erstrecken. Ein weiteres Gebäude befindet sich im Park, die mehrfach veränderte **Casina delle Civette** (Käuzchen-Haus, Sa/So 10.30–12 Uhr).

1925 mietete Mussolini die Villa an und bewohnte sie mit seiner Familie als Privatresidenz. Nach dem Krieg stand das Landhaus leer und verfiel, der Park verwilderte. 1978 kaufte die Stadt Rom das Anwesen und restaurierte es. Heute bildet die Villa Torlonia wieder das bemerkenswerteste Ensemble klassizistischer Architektur in Rom. Im **Museo del Casino dei Principe** (Sa/So 10.30–12 Uhr) werden kostbare Stuckdekorationen, Trompe-l'oeil-Wandmalereien und Teile der Kunstsammlung der Torlonia gezeigt.

Eine weitere ›Villa Torlonia‹ befand sich innerhalb der Aurelianischen Mauer seitlich der Porta Pia, wo nun das Gebäude der **Britischen Botschaft** (1971 von Basil Spencer erbaut) steht. Als ›Villa Torlonia‹ wird auch die heute dem Principe Torlonia gehörende **Villa Albani** in der gleichnamigen Straße bezeichnet. Diese Villa Torlonia già Albani enthält eine der bedeutendsten Antikensammlungen Roms, ist aber nur für Wissenschaftler zugänglich (Amministrazione Principe Torlonia, Tel. 066 86 10 44).

115 Villa Massimo

Hier können die deutschen Rom-Stipendiaten ein Jahr lang künstlerisch arbeiten.

Largo di Villa Massimo 1–2
Tel. 064 42 59 31
www.villamassimo.de
Mo–Do 9–13 und 14–17, Fr 9–13 Uhr
Metro B: Bologna
Bus: 168, 310, 445, 542

Die Villa Massimo, die Deutsche Akademie in Rom, wurde von dem deutschen Industriellen Eduard Arnhold in Anlehnung an die französische Akademie der Villa Medici gegründet. Arnhold erwarb den großen Park 1910 vom Fürsten Massimo und ließ den neobarocken Palazzo und die Atelierhäuser erbauen. Dort, im gepflegtesten Park Roms, dürfen sich Stipendiaten der Akademie (Maler, Bildhauer, Architekten, Schriftsteller und Musiker) jeweils ein Jahr aufhalten. Die Akademie, die auch Konzerte und Ausstellungen veranstaltet, ist wohl die herausragende deutsche Institution in Rom.

116 Santa Costanza

›Heidnisch‹ geschmückte Grabeskirche zweier christlicher Prinzessinnen.

Via Nomentana
Bus: 36, 60, 84, 90

S. Costanza stammt vom Anfang des 4. Jh., aus konstantinischer Zeit. Sie diente zunächst als *Mausoleum*, später als *Baptisterium* der nahe gelegenen, heute fast völlig verschwundenen *Basilica Constantina*. Erst 1254 wurde der Rundbau als Kirche geweiht. Die – inzwischen wieder getilgte – Barockisierung hat die antiken Kuppelmosaiken zerstört. Erhalten geblieben sind die *Mosaiken* des Tonnengewölbes im ringförmigen Umgang: die besterhaltenen frühchristlichen, vielleicht sogar noch spätantiken Mosaiken Roms.

In diesem Zusammenhang gibt die Kirche einige Rätsel auf. Eine hl. Costanza (oder Constantia, Constantina) gab es nie. Daher nimmt man an, dass das Mausoleum für eine oder mehrere *Prinzessinnen* aus dem flavisch-konstantinischen Haus errichtet wurde. Da es mehrere mit dem Namen Constantia und Constantina gab, kann nicht sicher festgestellt werden, wer hier begraben war, vielleicht Constantia, die 354 verstorbene Tochter Kaiser Konstantins des Großen.

Die **Mosaiken** im Umgang stellen in zwei symmetrischen Bildfolgen Genreszenen (Eroten bei der Weinlese), geometrische Ornamente, Blumenmuster, Vögel und andere Tiere dar. Im eigentlichen Sinne christliche Motive sind nicht zu finden, auch wenn man Weinranken und Weinlese als Symbole für die Passion Christi und die Eucharistie verstehen kann. Durch Anwendung von Zahlensymbolik wird in der Literatur versucht, den Bau eindeutig christlich zu erklären: Die zwölf Doppelsäulen symbolisieren angeblich die Apostel, als doppelte Zwölfzahl die 24 Ältesten der Apokalypse, die vier Hauptnischen die vier Evangelisten.

Das wirkt alles etwas gesucht und Tatsache ist auch, dass der große, schwere *Porphyrsarkophag*, der früher hier stand und jetzt im Vatikan ausgestellt ist, ein Kunstwerk von hohem Rang, ebenfalls keine christlichen Bildinhalte aufweist, sondern Kriegsszenen, Eroten und Pfauen. Es sieht so aus, als ob Kaiser Konstantin und seine Familie längst nicht so christlich waren, wie die kirchliche Historiographie es gerne hätte.

117 Sant'Agnese fuori le Mura und Agneskatakomben

(Catacombe di S. Agnese)

Auch wenn Agnes von der vatikanischen Kommission aus der Heiligenliste gestrichen wurde, bleibt ihr Mosaikbild beeindruckend.

Via Nomentana 349
Tel. 068 61 08 40
www.santagnese.org
Mo–Sa 9–12 und 16–18.30 Uhr
Bus: 36, 60, 84, 90

Die sehr alte Vorgängerkirche des heutigen Baus wurde 337 von Constantia, einer Tochter Kaiser Konstantins, über der Begräbnisstätte der Märtyrerin Agnes errichtet. Nicht genau an gleicher Stelle ließ Papst Honorius I. (625–638) die Kirche durch eine dreischiffige *Basilika* ersetzen. Dieser Bau ist – Anfang des 17. Jh. barock umgestaltet – im Kern erhalten. Der *Bischofsthron* in der Apsis stammt aus dieser Zeit, ebenso das eindrucksvolle, auf Goldgrund komponierte *Apsismosaik*: die hl. Agnes, zu seiten die Päpste Honorius I. (mit Kirchenmodell) und Symmachus. Die Heilige ist in fürstliche byzantinische Tracht gekleidet, trägt eine Krone und reiche Ohrgehänge.

Unter der Kirche und von dort zugänglich liegen frühchristliche *Katakomben* aus dem 3. und 4. Jh. Besonders die zwei jüngeren Gräbergalerien mit zahlreichen Begräbnisstätten sind gut erhalten.

118 Priscillakatakomben

(Catacombe di S. Priscilla)

Bemerkenswerte frühchristliche Malereien.

Via Salaria 430
Tel. 06 86 20 62 72
Febr.–Dez. Di–So 8.30–12, 14.30–17 Uhr
Bus: 168, 310

In westlicher Richtung können die interessanten Priscillakatakomben besichtigt werden. Den Kern dieser Anlage bildet die Familiengruft der *Acilii Glabriones*, einer Adelsfamilie, der auch die hl. Priscilla angehörte. Es finden sich hier einige bemerkenswerte *Malereien*. Die Darstellung der Maria (in Anlehnung an Isisbilder) aus dem frühen 3. Jh. dürfte das älteste Beispiel dieses Bildthemas sein.

EUR, Foro Italico und Parco della Musica – Sport, (Bau-)Kunst und Musik

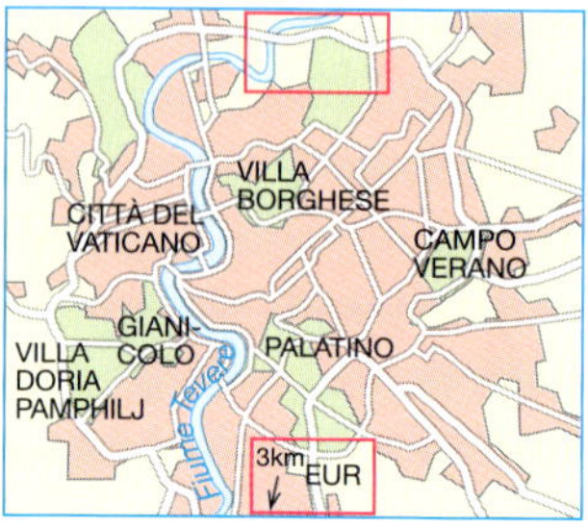

Die hier der Einfachheit halber in einem Kapitel zusammengefassten Sehenswürdigkeiten haben topographisch nichts miteinander zu tun. Das **Foro Italico** mit den Sportanlagen im Norden der Stadt wird diejenigen begeistern, die einen Sinn für Monumentalkomik haben. Architektonisch nicht weniger interessant sind die Konzertsäle des neuen **Auditorium – Parco della Musica** auf der anderen Tiberseite. Das im Süden gelegene **EUR** wiederum ist eine architektonisch gelungene Trabantenstadt und auch wegen Sammlungen wie dem **Museo della Civiltà Romana** mit einem Modell des antiken Rom bemerkenswert.

119 EUR

(Esposizione Universale di Roma)

Ein großes ›Pentagon‹ für eine Weltausstellung, die nie stattgefunden hat.

Metro B: EUR Fermi
Bus: 071, 072, 077, 700, 705, 706, 709

Für das Jahr 1942 plante Mussolini eine seinem Größenwahn entsprechende Weltausstellung (›Olimpiade della Civiltà‹) in Rom. Ab 1937 arbeiteten Architekten und Städteplaner unter Führung von Marcello Piacentini am Projekt einer riesigen *Trabantenstadt* im Süden. Ein Areal von 420 ha sollte mit Wohnquartieren, öffentlichen Anlagen und Parks überbaut werden. Der Krieg verhinderte die Weltausstellung, der Bau des EUR-Viertels wurde erst 1951 abgeschlossen. Die klotzige vom faschistoiden Baustil geprägte Anlage galt damals gewiss als Großtat

Der Palazzo della Civiltà del Lavoro, das ›viereckige Colosseum‹ im EUR

moderner Städteplanung. Heute ist das EUR eine beliebte Wohngegend. Die breiten Straßen und weiten Plätze, die Grünanlagen mit Teichen und Seen machen das Leben hier angenehm.

Eines der auffallendsten Gebäude aus der Mussolinizeit ist der von Guerrini, La Padula und Romano erbaute **Palazzo della Civiltà del Lavoro**, eine Art ›viereckiges Colosseum‹, ein 68 m hoher Quader, der sich in 216 großen Rundbogenarkaden öffnet. *Giorgio De Chirico* war von dem kalten, strengen Gebäude offenbar fasziniert, denn es taucht in einigen seiner Bilder auf. Aus der gleichen Bauphase stammt der Kuppelbau des nahe gelegenen **Palazzo dei Congressi** von Adalberto Libera. Der **Palazzo dello Sport,** ein Rundbau von Marcello Piacentini und Pier Luigi Nervi, wurde erst 1957 fertig gestellt. Er war einer der Schauplätze der Olympischen Spiele 1960 und wurde wegen seiner klaren Geometrie als Meisterwerk der Sportarchitektur gepriesen.

Zuletzt sei noch die 45 m hohe, von Arturo Dazzi geschaffene **Stele** erwähnt, die 1959 zu Ehren Guglielmo Marconis auf dem gleichnamigen Platz aufgestellt wurde.

120 Museo della Civiltà Romana

Interessante stadtgeschichtliche Sammlung.

Piazza Giovanni Agnelli 10
Tel. 06 82 05 91 27
www.museociviltaromana.it
Di–Sa 9–14, So/Fei 9–13 Uhr
Metro B: EUR Fermi
Bus: 703, 707, 765, 767

Das riesige 1937 eröffnete Museum, dessen beiden Bauteile durch einen klotzigen *Portikus* verbunden sind, dokumentiert die Geschichte der römischen Kunst und Kultur. Höchst reizvoll ist das 1937 von Italo Gismondi angelegte **Stadtmodell** (1970 fertig gestellt). Es zeigt die Rekonstruktion des *antiken Rom* aus der Zeit Konstantins im Maßstab 1:250. Das Museum besitzt außerdem Gipsabgüsse der Reliefs von der **Trajanssäule** [s. S. 27], die Napoleon III. 1860 herstellen ließ. Während die Originale längst von Abgasen zerfressen sind, bietet sich hier die Möglichkeit, die künstlerisch und kulturhistorisch interessanten Darstellungen bequem in Augenhöhe zu betrachten.

121 Foro Italico

Zum Totlachen: Sportliche Gartenzwerge in Riesengröße und überdies unbekleidet.

Bus: 32, 69, 168, 186, 224, 280

Die ausgedehnten **Sportanlagen** des Foro Italico auf Höhe der Milvischen Brücke sind Beispiele gigantischer Funktionsarchitektur. Das eine oder andere, etwa das **Stadio Olimpico** von Frisa und Pintonello, gilt als elegant. Es fasst 100 000 Zuschauer und war einer der Schauplätze der Olympischen Spiele 1960. Nach Mussolinis Willen hätten schon die Olympischen Spiele 1944 in Rom stattfinden sollen. Bei Ausbruch des Krieges, der die Spiele verhinderte, stand nur das **Stadio dei Marmi**, ein Sportplatz für 20 000 Zuschauer, geschmückt mit 60 marmornen *Athletenfiguren*, jede von einer anderen Provinz Italiens gestiftet. Die Vorgaben für die dem Propagandastil verpflichteten Bildhauer Silvio Canevari und Carlo de Veroli waren klassische Nacktheit und die Darstellung aller Sportarten. Besonders komisch-peinlich: der nackte Skifahrer.

122 Auditorium – Parco della Musica

Neues Konzertzentrum von Renzo Piano.

Viale Pietro De Coubertin
Tel. 06 80 24 12 81
www.auditorium.com
Bus: M, 53, 217, 223, 910 Tram: 2

Nahe dem Palazetto dello Sport lädt der Parco della Musica von Renzo Piano (1998 –2002) in eine Musik-Landschaft mit drei Konzertsälen ein, deren äußere Hüllen an riesige Käferpanzer erinnern. Die Säle des Auditoriums [s. S. 173], Sala Santa Cecilia (2800 Plätze), Sala Sinopoli (1200 Plätze) und Sala Settecento (700 Plätze), sind um ein Amphitheater für Freiluftkonzerte gruppiert. Die neue Heimstatt der *Accademia Nazionale di Santa Cecilia* mit ihrem Orchester und Chor verfügt über Bibliothek, Musikinstrumenten-Sammlung, Café, Restaurant, Buchhandlung und einen Raum für Wechselausstellungen. Hinzu kommen die Reste einer antiken, bei den Bauarbeiten entdeckten Villa (6. Jh. v. Chr.). (Bus M verkehrt tgl. 17–24 Uhr zw. Stazione Termini und Auditorium.)

SPQR
GRUPPO
STORICO
ROMANO

Rom aktuell A bis Z

Vor Reiseantritt

ADAC Info-Service:
Tel. 018 05/10 11 12, Fax 018 05/30 29 28 (0,14 €/Min.)

ADAC im Internet:
www.adac.de
www.adac.de/reisefuehrer

Rom im Internet:
www.romaturismo.it
www.comune.roma.it

Informationen erteilt das Staatliche Italienische Fremdenverkehrsamt **Ente Nazionale Italiana per il Turismo (ENIT)**, www.enit.de

Prospekte können telefonisch in allen Enit-Büros bestellt werden, sie stehen aber auch im Internet als Download zur Verfügung.

Deutschland

Kontorhaus Mitte, Friedrichstr. 187, 10117 Berlin, Tel. 030/2 47 83 98, Fax 030/247 83 99, enit-berlin@t-online.de

Kaiserstr. 65, 60329 Frankfurt/Main, Tel. 069/23 74 34, Fax 069/23 28 94, enit.ffm@t-online.de

Lenbachplatz 2, 80333 München, Tel. 089/53 13 17, Fax 089/53 45 27, enit-muenchen@t-online.de

Österreich

Kärntnerring 4, 1010 Wien, Tel. 01/5 05 16 30 12, Fax 01/505 02 48, delegation.wien@enit.at

Schweiz

Uraniastr. 32, 8001 Zürich, Tel. 04 34 66 40 40, Fax 04 34 66 40 41, info@enit.ch

Allgemeine Informationen

Reisedokumente

Personalausweis oder Reisepass, für Kinder unter 16 Jahren ein Kinderausweis oder Eintrag im Elternpass.

Kfz-Papiere

Neben Führerschein und Fahrzeugschein empfiehlt es sich, die *Internationale Grüne Versicherungskarte* mitzunehmen. Wer einen fremden Wagen fährt, benötigt eine Vollmacht des Fahrzeugbesitzers.

Krankenversicherung

Vor Reiseantritt erhalten gesetzlich Versicherte bei ihrer Krankenkasse seit 2005 die scheckkartengroße *Europäische Krankenversicherungskarte*, die eine eventuell notwendige ärztliche Behandlung und Versorgung garantiert.

Sicherheitshalber empfiehlt sich jedoch der Abschluss einer zusätzlichen *Reisekranken- und Rückholversicherung*.

Hund und Katze

Für Hunde und Katzen ist bei Reisen innerhalb der EU ein gültiger, vom Tierarzt ausgestellter EU Heimtierausweis vorgeschrieben, ebenso Kennzeichnung durch Mikrochip oder Tätowierung. Bis zum Jahr 2011 gelten Übergangsregelungen.

Für Hunde sind zudem Leinen und Maulkorb mitzuführen.

Zollbestimmungen

Reisebedarf für den persönlichen Gebrauch obliegt innerhalb der EU keinen Beschränkungen und darf abgabenfrei eingeführt werden. Es gelten allerdings Richtmengen für den Privatreisenden: 800 Zigaretten, 400 Zigarillos, 200 Zigarren, 1 kg Tabak, 10 l Spirituosen, 20 l Zwischenerzeugnisse, 90 l Wein (davon max. 60 l Schaumwein), 110 l Bier.

◁ **Oben links:** *Fremde genießen an der Piazza Navona ihr süßes Leben als Römer auf Zeit*
Oben rechts: *Nächtliches Schauspiel vor der Spanischen Treppe*
Mitte: *Das Colosseum wird zur Kulisse für eine römische Hochzeit*
Unten: *Dezent oder üppig – Roms Geschäfte, rechts die Enoteca Buccone, verführen zum Kauf*

Bei Reisen in und durch *Drittländer* (Schweiz) dürfen zollfrei mitgeführt werden: 1 Stange Zigaretten, 1 l Spirituosen über 22 % oder 2 l Spirituosen unter 22 %, 50 ml Parfum, 250 ml Eau de Toilette, 500 g Kaffee und 100 g Tee.

Geld

Die gängigen *Kreditkarten* werden in Banken, in Hotels und den meisten Geschäften akzeptiert. An zahlreichen Geldautomaten kann man rund um die Uhr Geld abheben. Auch mit der *Postbank SparCard* erhält man an VISA PLUS-Automaten rund um die Uhr Geld.

Tourismusämter in Rom

Azienda di Promozione Turistica (APT), Via Parigi 5 (zwischen Stazione Termini und Diocletiansthermen), Rom, Tel. 06 48 89 91, Fax 064 81 93 16, www.romaturismo.it, Mo–Sa 9–19 Uhr

Flughafen Leonardo da Vinci, Fiumicino, Terminal B, Tel. 06 65 95 44 71, tgl. 8.15–19 Uhr

Fremdenverkehrsamt der Stadt Rom, *Stazione Termini*, Galleria Gommata, Rom, Tel. 06 48 90 63 00, www.comune.roma.it, tgl. 8–21 Uhr

Call Center, Tel. 06 82 05 91 27 (mehrsprachig, auch deutsch)

… sowie Informationsstellen an vielen wichtigen Sehenswürdigkeiten.

Deutsches Reisebüro (DER), Piazza Esquilino 28, Rom, Tel. 064 82 75 31. Fahrkarten für Fähren und Eisenbahnen sowie Flugtickets, Ausflugstipps und Stadtrundfahrten.

American Express, Piazza di Spagna 38, Rom, Tel. 06 67 64 24 13. Hotelreservierungen, Stadtrundfahrten und Ausflüge.

Notrufnummern

Einheitlicher Notruf: Tel. 112 (auch mobil: Polizei, Unfallrettung, Feuerwehr)

Notdienst der Ärzte (Guardia Medica): Tel. 06 58 20 10 30 (tgl. 20–8 Uhr)

Pannendienst des ACI (Soccorso Stradale): Tel. 80 31 16, Mobil 800 11 68 00 (rund um die Uhr, mehrsprachig). Man beachte die *gelben Notrufsäulen* auf den Autobahnen (ca. alle 2 km).

ADAC-Notrufstation Mailand: Tel. 02 66 15 91 (rund um die Uhr, mehrsprachig)

ADAC-Notrufzentrale München: Tel. 00 49/89/22 22 22 (rund um die Uhr)

ADAC-Ambulanzdienst München: Tel. 00 49/89/76 76 76 (rund um die Uhr)

Österreichischer Automobil Motorrad und Touring Club
ÖAMTC Schutzbrief-Nothilfe: Tel. 00 43/(0)1/2 51 20 00

Touring Club Schweiz
TCS Zentrale Hilfsstelle: Tel. 00 41/(0)2 24 17 22 20

Bei Unfällen mit *Sachschäden* ist es dringend erforderlich, Versicherung und Versicherungsnummer des Unfallgegners zu notieren. Bei Unfällen mit *Personenschäden* muss die Polizei verständigt werden.

Fundbüros

Städtisches Fundbüro, Depositaria Comunale, Via Nicolò Bettoni 1, Rom, Tel. 065 81 60 40, tgl. 8.30–13 Uhr

Fundbüro der Verkehrsgesellschaft ATAC, Via Nicolò Bettoni 1, Rom, Tel. 065 81 60 40, Mo–Fr 8–13 Uhr

Ärztliche Versorgung

Bei der *Deutschen Botschaft* bekommt man die Adressen von Deutsch sprechenden Ärzten. In Notfällen kann man sich an die Erste-Hilfe-Stationen (*Pronto Soccorso*) der Krankenhäuser wenden.

Azienda Complesso Ospedaliero San Filippo Neri, Piazza S. Maria della Pietà, Rom, Tel. 063 30 61

Ospedale San Giacomo, Via Canova 29 (nahe Via del Corso), Rom, Tel. 063 62 61

Ospedale San Giovanni, Via Amba Aradam 8 (hinter der Piazza San Giovanni), Rom, Tel. 067 70 51

Policlinico Umberto I, Viale Policlinico 155 (im Uni-Viertel), Rom, Tel. 064 99 71

Policlinico Universitaria Agostino Gemelli, Largo A. Gemelli 8, Rom, Tel. 063 01 51

Apotheken

Die *Apotheken* haben normale Ladenschlusszeiten, die Adressen der jeweiligen Nachtapotheken hängen an jeder Apotheke aus, Info-Tel. 06 22 89 41.

Farmacia Internazionale, Piazza Capranica 95, Rom, Tel. 066 79 46 80. Internationales Medikamentensortiment.

Diplomatische Vertretungen

Deutschland

Deutsche Botschaft, Via S. Martino della Battaglia 4, Rom, Tel. 06 49 21 31, Fax 0 64 45 26 72, www.rom.diplo.de

Deutsche Botschaft am Heiligen Stuhl, Via di Villa Sacchetti 4, Rom, Tel. 06 80 95 11, Fax 06 80 95 12 27, www.vatikan.diplo.de

Österreich

Österreichische Botschaft, Via Pergolesi 3, Rom Tel. 068 44 01 41, Fax 068 54 32 86, www.bmaa.gv.at

Österreichisches Konsulat, Viale di Liegi 32, Rom, Tel. 068 55 29 66, Fax 06 85 35 29 91

Schweiz

Schweizer Botschaft und Konsulat, Via Barnaba Oriani 61, Rom, Tel. 06 80 95 71, Fax 068 08 85 10, www.eda.admin.ch/roma

Besondere Verkehrsbestimmungen

Tempolimits (in km/h): Für Pkw, Motorräder und Wohnmobile gilt innerorts 50, außerorts 90, auf Schnellstraßen 110 und auf Autobahnen 130 (Erhöhung auf 150 geplant) bei Regen jedoch nur 110. Für Wohnmobile über 3,5 t gilt außerorts 80, auf Autobahnen 100; Pkw mit Anhänger dürfen außerorts und auf Schnellstraßen max. 70, auf Autobahnen 80 fahren.

Auf allen Straßen außerhalb von Stadtzentren und Orten muss auch tagsüber mit *Abblendlicht* gefahren werden. Motorräder müssen grundsätzlich mit Abblendlicht fahren. Es besteht *Anschnallpflicht* und für Lenker und Mitfahrer von Zweiradfahrzeugen *Sturzhelmpflicht*. Kinder unter 12 Jahren müssen auf dem Rücksitz befördert werden. Das *Telefonieren* während der Fahrt ist nur mit Freisprechanlage erlaubt. Das *Nationalitätenkennzeichen* ist Pflicht, es sei denn, das Fahrzeug besitzt ein EU-Kennzeichen.

Jede Person, die im Falle einer Panne oder eines Unfalls auf offener Straße den Wagen verlässt, muss eine reflektierende *Warnweste* tragen.

Die *Promillegrenze* liegt bei 0,5. Die Bußgelder für Verstöße wurden 2007 drastisch erhöht.

Öffentliche *Parkplätze* sind durch weiße oder blaue Markierungen gekennzeichnet. Die ›blauen‹ Parkplätze sind gebührenpflichtig. Parkverstöße und Geschwindigkeitsüberschreitungen werden mit besonders hohen *Geldbußen* geahndet.

Wichtig: Jede Ladung, die nach hinten überragt (Surfbretter, Boote, Fahrradständer) muss mit einer 50 x 50 cm großen rot-weiß-roten reflektierenden Warntafel (ggf. mit Rückstrahlern) versehen sein. Keine Ladung darf über die Vorderkante des Fahrzeugs hinausragen.

Anreise

Auto

Umfangreiches **Informations-** und **Kartenmaterial** (www.adac.de/Karten) können Mitglieder des ADAC kostenlos bei den ADAC-Geschäftsstellen oder unter Tel. 018 05/10 11 12 (0,14 €/Min.) anfordern. Außerdem ist im ADAC Verlag der *Cityplan Rom* (1:15 000) erschienen.

Die wichtigsten Routen aus Deutschland führen durch Österreich über den Brenner und die *Autobahn A1* Florenz–Rom, die bei Settebagni auf den *Grande Raccordo Anulare* stößt, den Autobahnring, der Rom umschließt. Die Ausfahrten sind gegen den Uhrzeigersinn nummeriert. Man vergewissere sich vorher, welchen Stadtteil man erreichen will und wähle die entsprechende Ausfahrt, die meist in eine der großen Ausfallstraßen überleitet.

Die österreichischen und Schweizer Autobahnen sind **mautpflichtig** (*Vignetten* beim ADAC oder an den Grenzstationen). Die **Autobahngebühren** in Italien werden nach Fahrzeugklasse und zurückgelegter Strecke berechnet. Die Maut wird bei der Autobahnabfahrt in Euro oder Fremdwährung bezahlt.

Besitzer der *Viacard* (beim ADAC; in Italien bei Banken, Sparkassen und an Kiosken zu 25 € und 50 € erhältlich) werden an vielen Mautstellen auf eigenen Fahrspuren bargeldlos abgefertigt. Achten Sie darauf, dass noch genügend Kredit auf Ihrer Viacard vorhanden ist, um die Gebühr zu bezahlen bzw., dass Sie in Besitz einer zweiten Viacard sind, denn fehlende Beträge können nicht mit Bargeld beglichen werden.

Autobahntankstellen sind durchgehend geöffnet, die übrigen Tankstellen meist Mo–Fr 7–12.30 Uhr und 15.30–19.30 Uhr, am Wochenende machen sie Schichtdienst. Viele Self-Service-Tankstellen haben durchgehend geöffnet. An Sonn- und Feiertagen sind die meisten Tankstellen in Rom geschlossen.

Bahn und Autozug

Direktverbindungen nach Rom gibt es u.a. ab München und Wien. Ankunftsbahnhof ist entweder die **Stazione Centrale Roma Termini** (www.romatermini.it.) oder die **Stazione Tiburtina**, an der einige Züge Richtung Süditalien halten, ohne den Umweg über den Hauptbahnhof nehmen zu müssen. Das Zentrum Roms erreicht man mit der Metro-Linie B Richtung Laurentia.

Deutschland
Deutsche Bahn, Tel. 11861,
Tel. 0800/1507090 (sprachgesteuert, gebührenfrei), www.bahn.de

Deutsche Bahn AutoZug,
Tel. 01805/241224, www.autozug.de

Österreich
Österreichische Bundesbahn,
Tel. 051717, www.oebb.at

Schweiz
Schweizerische Bundesbahn,
Tel. 0900300300, www.sbb.ch

Italien
Trenitalia, Tel. 848888088
(innerhalb Italiens, gebührenfrei),
www.trenitalia.com

Bus

Von mehreren deutschen Großstädten fahren Busse nach Rom. Zentrale Reservierungsstelle:

Deutsche Touring, Am Römerhof 17,
60486 Frankfurt/Main,
Tel. 069/790350, Fax 069/7903219,
www.deutsche-touring.com

Flugzeug

Von deutschen, österreichischen und Schweizer Flughäfen wird der Internationale Flughafen **Aeroporto Leonardo da Vinci** in Fiumicino (28 km außerhalb, Tel. 06659 51,www.adr.it) täglich angeflogen.

Der Flughafen ist durch *Shuttlezüge*, dem Leonardo-Express, mit der Innenstadt verbunden. Die Züge vekehren im 30-Min.-Takt vom Bahnhof Fiumicino (zu Fuß von der Ankunft aus zu erreichen) direkt zur *Stazione Termini* (Fahrzeit ca. 35 Min.). Fahrkarten (ca. 11 €) sind am Schalter im Bahnhof bzw. am Flughafen erhältlich. Außerdem gibt es Zugverbindungen im 15-Min.-Takt (Mo–Sa) bzw. 30-Min.-Takt (So/Fei) mit Zwischenstopps zwischen Fiumicino und dem römischen Bahnhof *Tiburtina* (Fahrzeit etwa 40 Min., Fahrkarten ca. 5 €). Für eine *Taxifahrt* vom Flughafen zu jedem Ziel innerhalb der Aurelianischen Mauer wird eine Pauschale von 40 € erhoben. Die Fahrt dauert je nach Verkehrslage 45 Min. bis 1 Std. Für Ziele außerhalb der Aurelianischen Mauer gelten die üblichen Taxi-Tarife.

Der **Aeroporto G.B. Pastine** in Roma Ciampino (15 km vom Zentrum, Tel. 0665951, www.adr.it) wird von Charter- und Billigfluglinien angeflogen. Es bestehen Verbindungen per COTRAL-Bus zur Metro-Station Anagnina (Metro A) und von dort ins Zentrum bzw. per Bus zur Bahnstation Ciampino und weiter zur Stazione Termini.

Bank, Post, Telefon

Bank

Öffnungszeiten: Mo–Fr 8.30–13.30 und 14.30–15.45 Uhr

An der *Stazione Termini* und am *Flughafen* kann man auch außerhalb der Banköffnungszeiten Geld abheben, außerdem gibt es zahlreiche Geldautomaten in der Stadt.

Post

Öffnungszeiten: Mo–Fr 9–18, Sa 9–12 Uhr

Das *Hauptpostamt* befindet sich an der Piazza San Silvestro. Briefmarken (*Francobolli*) gibt es auch in Tabakläden.

Karten und Briefe mit Marken der *Posta prioritata* kommen innerhalb weniger Tage in Mitteleuropa an. Meist schneller als die italienische Post arbeitet die Vatikan-Post am Petersplatz, natürlich nur mit Vatikan-Briefmarken.

Telefon

Internationale Vorwahlen
Italien 0039
Deutschland 0049
Österreich 0043
Schweiz 0041

In Italien ist die Ortsnetzkennzahl im Festnetz fester Bestandteil der Telefonnummern und muss **immer** (inkl. der 0) mitgewählt werden. Nur beim Handy fällt nach der Landesvorwahl die Null weg. Die mit 8 beginnenden Servicenummern (*Numero verde*) gelten italienweit und sind gebührenfrei.

Die Telefonzellen sind nur für Telefonkarten (*Scheda Telefonica*, perforierte Ecke abreißen!) eingerichtet, die in Tabakläden, an Kiosken und in manchen Bars verkauft werden.

Die Benutzung handelsüblicher **GSM-Mobiltelefone** aller Netzbetreiber ist in ganz Italien möglich. Man sollte sich jedoch vor Reiseantritt über das günstigste Netz vor Ort informieren und das Handy entsprechend programmieren.

Einkaufen

Öffnungszeiten: Mo–Sa 8.30/9–12.30/13 und 15.30/16–19.30/20 Uhr

Im Haupteinkaufsviertel zwischen Piazza del Popolo, Piazza di Spagna und Piazza Colonna sind viele Boutiquen über Mittag geöffnet. Mo vormittag sind die meisten Läden geschlossen. Lebensmittelhändler haben Do nachmittags und Sa nachmittags geschlossen. Den Geschäften ist es gesetzlich erlaubt, auch So zu öffnen. Viele Kaufhäuser haben auch So geöffnet. Im **August** ist Rom *chiuso per ferie* – wegen Urlaub geschlossen, das trifft auf 80 % der Geschäfte zu.

Wer an einem sonnigen Samstagnachmittag zum ersten Mal die **Via del Corso** betritt, glaubt meist, er wäre mitten in ein Volksfest geraten. Dabei gibt es keinen Anlass für den atemberaubenden Menschenauflauf zwischen Corso und Spanischer Treppe. Die Massen von Römern, die an diesem Tag durch die Straßen flanieren, gehen einfach nur ihrer Lieblings-Freizeit-Beschäftigung nach: dem *Giro*, dem Bummel.

Shopping in Rom ist ein Vergnügen, wenn man viel Geld ausgeben kann und nichts Bestimmtes sucht, sondern sich einfach verführen lässt. Sofort zu haben ist alles Luxuriöse, Wunderschöne, sündhaft Teure, Überflüssige, etwa ein Abendkleid von Valentino oder ein Schreibtisch im Louis-Quinze-Stil, eine lebensgroße Bronzestatue oder ein Künstler, der Ihr Badezimmer mit Mosaiken in römisch-antikem Stil auslegt. Wer allerdings für den Alltag einkaufen muss, braucht Zeit und Unternehmungsgeist.

Es gibt in ganz Rom nicht ein einziges Warenhaus, in dem man alles bekommt, was der Mensch zum Leben braucht. Die **Kaufhäuser** im Zentrum sind weitgehend auf Mode spezialisiert. Größere Supermärkte gibt es meist nur außerhalb des Stadtkerns. Zwar hat der gute alte *Tante-Emma-Laden* in Roms Innenstadt überlebt, dafür zahlt der Kunde dort Spitzenpreise.

Für Italien-Neulinge ist das Einkaufen nicht ganz leicht: Fleisch gibt es beim Fleischer, Obst beim Obsthändler; soweit ist die Welt noch in Ordnung. Die *Obsthändler* verkaufen aber auch Wein, *Weinhändler* auch frische Eier. Brot bekommt man beim Lebensmittelhändler (*Alimentari*), denn reine Bäckereien gibt es sowenig wie Brotsorten. Dafür verkaufen viele Geschäfte ausschließlich frische Pasta. Wenn Sie Ihre Zahnbürste vergessen haben, können Sie sie im Lebensmittelgeschäft bekommen, aber nicht in jedem. Einen Kamm hingegen finden Sie nur in der *Profumeria*, dem Parfümladen.

Antiquitäten

Edle Antiquitäten mit Echtheits-Garantie gibt es in der *Via Giulia*, seriöse Händler auch in der *Via Coronari*, der *Via Margutta* und der *Via Babuino*. Eine gute Adresse für restaurierte Bauernmöbel ist die *Via dei Cappellari* hinter dem Campo de' Fiori. Hier sollte man handeln. Außerdem haben sich viele Antiquitätenhändler im Monti-Viertel zwischen der *Via Nazionale* und der *Via Cavour* angesiedelt. Ein Bummel durch dieses Viertel lohnt auch ohne Schnäppchen: Rom ist hier noch recht ursprünglich.

Alte Bücher und Stiche

Francesco Ponti, Via Tomacelli 23, Tel. 06 68 80 82 03

Di Cave Giuliana, Via dei Pastini 23, Tel. 06 678 02 97

Rappaport, Via Sistina 23, Tel. 06 48 38 26

Alte Bücher werden auch an den Ständen auf der Piazza Borghese verkauft.

Neue Bücher

Feltrinelli, u. a. in der Via del Babuino 39/40, Largo Torre Argentina 7/10 und Via V. E. Orlando 84/86. Gutes Sortiment.

Herder Libreria, Piazza di Montecitorio 117, Tel. 06 679 46 28. Große Auswahl an Italien-Literatur.

Haushaltswaren

TOP TIPP **Limentani**, Via Portico d'Ottavia 47, Tel. 06 68 80 66 86. In einem labyrinthischen unscheinbaren Souterrain stehen schlichtes Porzellan und Haushaltsgeräte neben kostbaren Servicen und Kristallgeschirr. Nicht nur Königs- und Adelshäuser, auch der Papst lässt sich von Limetani beliefern.

Kaufhäuser

Sehr günstige Kleidung, Drogerieartikel und Haushaltswaren gibt es bei **Upim**, u.a. in der Via Giolitti Giovanni (Nähe Stazione Termini) und Piazza S. Maria Maggiore (etwas größer). Ein ähnliches Sortiment und eine Lebensmittelabteilung gibt es bei **Standa**, Viale Trastevere 60. Sehr elegante, klassische Mode für Damen und Herren sowie eine große Parfümerieabteilung hat **La Rinascente**, Piazza Colonna 1. Haushaltswaren, Bettwäsche und Kleinmöbel sowie Lebensmittel gibt es bei **Coin**, Via dei Gracchi 163 (nördlich der Engelsburg) und Viale Trastevere 60.

Märkte

Es gibt 134 Lebensmittelmärkte in Rom.

Das schönste Gemüse vor malerischer Kulisse kauft man auf dem **Campo de' Fiori** (Mo–Sa 7–14 Uhr) [s. S. 81]. Pferdefleisch, Wachteln und gefälschte Markenhemden gibt es auf dem quirligen Markt im Viertel **Testaccio** (Piazza Testaccio, Mo–Sa 7–14 Uhr). Der **Blumengroßmarkt** befindet sich in der Via Trionfale 45. Er ist Di 10.30–13 Uhr für jedermann geöffnet.

Stöberfreuden am Sonntagvormittag: Antiquitätenmarkt an der Porta Portese

Täglich ab 10 Uhr, nachdem die Händler bedient wurden, dürfen die normalen Bürger auf dem **Großmarkt** zwischen San Paolo fuori le Mura und der Porta San Paolo einkaufen.

Preiswerte Jeans und Seidenhemden, Schuhe und Lederjacken, Tischdecken und gefälschte Designertaschen kann man Mo–Sa 8.30–13.30 Uhr auf dem **Kleidermarkt** in der Via Sannio hinter S. Giovanni in Laterano, neben dem Kaufhaus Coin, erstehen. Zu den beliebten **Flohmärkten** gehören der Mercato delle Pulci in *Borghetto Flaminio* (So 10–19 Uhr) und im *Borgo Parioli* (Sa, So 9.30–20 Uhr). Die aktuelle Liste erscheint in der Sonntagsausgabe von ›La Repubblica‹.

Mode

Günstige Mode und Schuhe für junge Menschen verkaufen die Boutiquen in der *Via Giubbonari* am Campo de' Fiori, in der *Via del Corso*, in der *Via Frattina* und in der *Via della Croce*. Anspruchsvollere Mode bieten die Geschäfte in der Via del Tritone und in der Via Nazionale. Roms teuerste und edelste Straße ist die *Via Condotti*. Die bekannten italienischen und internationalen *Modeschöpfer* haben ihre Läden rund um die Spanische Treppe. Eine Fundgrube für schöne günstige italienische Mode für Damen und Herren sind die *Viale Marconi* (Piazza della Radio) und die *Via Cola di Rienzo* außerhalb des Zentrums. *Secondhand-Boutiquen* befinden sich in der *Via del Governo Vecchio* hinter der Piazza Navona.

Alta Moda und Designer Mode

Giorgio Armani, Via Condotti 77, Tel. 066 99 14 60

Renato Balestra, Via Abruzzi 3, Tel. 066 79 55 66

Rocco Barocco, Via Bocca di Leone 65a, Tel. 066 79 79 14

Laura Biagiotti, Via Borgognona 43, Tel. 066 79 50 40

Fendi, Via Borgognona 36 – 40, Tel. 06 69 66 61

Raniero Gattinoni, Via Borgognona 22, Tel. 066 79 37 86

Fausto Sarli, Via Gregoriana 41, Tel. 066 78 04 65

Valentino, Herren, Via Bocca di Leone 15; Damen, Via Condotti 13

Gianni Versace: Via Bocca Leone 26, Tel. 066 78 66 74

Pelze und Leder

Antinoo, Piazza Vittorio Emanuele II 115, Tel. 064 46 71 85

Gucci, Via Condotti 8, Tel. 066 79 38 88

Valentino Guido, Via Sistina 16, Tel. 064 88 16 19

Schuhe

Schöne Schuhe gibt es in Rom an jeder Ecke. Wer besonders exklusive Modelle sucht, findet sie in folgenden Läden:

Davis, Via Appia Nuova 102/104, Tel. 067 00 06 34

Ferragamo, Via Condotti 66, Tel. 066 78 11 30 (Herren) und 73/74, Tel. 066 79 15 65 (Damen)

Fragiacomo, Via delle Carrozze 28, Tel 066 79 87 80

Fratelli Rossetti, Via Borgognona 5/a, Tel. 066 78 26 76

Kinderkleidung

TOP TIPP **La Cicogna**, Via Frattina/ Via Mario di Fiori, Tel. 066 79 19 12. In diesem drei stöckigen Kaufhaus für Umstandsmode und Kinderkleidung gleich an der Spanischen Treppe gibt es vom Smoking für den Dreijährigen bis zum schrillen Lederoutfit für die Grundschülerin alles, wovon Kinder und vor allem Eltern träumen. Die Preise sind so exklusiv wie die Modelle, man kann aber manches Schnäppchen machen, wenn man die Ständer mit den heruntergesetzten Modellen (*fine serie*) durchsucht.

Ledertaschen

Handtaschen gibt es in den guten Schuhgeschäften rund um die Piazza di Spagna und im Viertel am Trevi-Brunnen.

Schmuck

Wer durch Rom geht, wird alle paar Meter an einem Juwelier oder Modeschmuckladen vorbeikommen. In keinem anderen Land der Welt wird so viel Gold zu Schmuck verarbeitet und so viel Goldschmuck gekauft.

Bulgari, Via Condotti 10, Tel. 066 79 38 76. Die feinste Juwelier-Adresse Roms.

Pomellato, Via del Babuino 63, Tel. 063 24 16 23. Edler industriell hergestellter Design-Schmuck.

Wein

Die ›Enoteca‹ ist nicht nur ein Geschäft, sondern ein Treffpunkt für einen Aperitif. In den folgenden Weinhandlungen wird der Vino auch ausgeschenkt:

Fior Fiore 2000, Via della Croce 76, Tel. 066 79 75 44. Das stimmungsvolle Lokal, in dem man auch Häppchen bekommt, schließt um 20 Uhr.

Enoteca al Parlamento, Via dei Prefetti 15, Tel. 066 87 34 46. Hier gibt es italienische Spezialitäten und Wein aus aller Welt. Schließt zwischen 20 und 21 Uhr.

TOP TIPP **Enoteca Buccone**, Via di Ripetta 19, Tel. 063 61 21 54. Traditionsreiche, um die Wende vom 19. zum 20. Jh. gegründete Wein- und Champagnerhandlung. Mo–Sa 9–20.30 Uhr.

Römische Besonderheiten

Eine römische Spezialität sind die *Klerikalausstattungsgeschäfte,* die sich hauptsächlich in der *Via dei Cestari* (nahe dem Pantheon) und in den Nebengassen befinden. Am vornehmsten ist das von **Massimiliano Gammarelli** (Via di S. Chiara 34, Tel. 06 68 81 314) für klerikale Maßanfertigung. Dieser Schneidermeister hat die alleinige Befugnis, die Gewänder für den Papst zu fertigen. 1993 feierte die Familie ihr 200-jähriges Jubiläum als Papstschneider. Im Schaufenster liegt auf einem Samtkissen das Duplikat des weißen *Zucchetto*, des Papstkäppchens.

Ansonsten gibt es in diesen Läden von Mönchssandalen bis Camping-Monstranzen alles, was der Geistliche braucht, und selbstverständlich kleidsame Nonnenunterwäsche, Kerzen und Heiligenfiguren, die oft wie von Christo in Folie verpackt sind. Einer dieser Läden, er heißt tatsächlich **Euroclero**, liegt in der Via del Sant'Uffizio 31, Tel. 06 68 80 17 22. Es sei darauf hingewiesen, dass auch Laien dort kaufen können. Unterwäsche und Socken sind ausgesprochen preiswert.

Essen und Trinken

Am 10. Januar 2005 wurde das Rauchverbot in Italien auf Bars, Restaurants und Diskotheken ausgeweitet – wenn diese nicht über getrennte Räumlichkeiten mit besonderer Lüftung verfügen. Rauchern drohen Geldstrafen von 27,50 € bis 275 €.

Cafés und Bars

Die Römer nehmen ihr **Frühstück** nicht zu Hause ein, sondern in der **Bar**. Dort stürzen sie im Stehen schnell einen *Caffè* oder einen *Cappuccino* hinunter und essen dazu ein *Cornetto*, ein süßes Hörnchen. Die gibt es gefüllt mit Vanillepudding (*con crema*), mit Marmelade (*con marmellata*), mit Schokolade (*con cioccolata*) oder ganz ungefüllt (*semplice*). Wer morgens lieber in etwas Herzhaftes beißt, nimmt ein *Tramezzino* (dreieckiges Weißbrot-Sandwich) zu sich. Die gibt es mit Schinken und Käse (*prosciutto e formaggio*), mit Thunfisch (*tonno*), mit Mozzarella und Tomate (*mozzarella e pomodoro*) und in etwa 100 weiteren Varianten. Geröstete Toasts (*Toast*) mit Käse und Schinken gibt es ebenfalls in jeder Bar. Die belegten Brötchen (*Panini*), die in der Glasvitrine liegen, kann man sich warm (*riscaldato*) machen lassen.

Den Caffè oder Cappuccino bestellen die Römer beim *Barista* (Barmann) ganz nach ihrem Geschmack. Den **Caffè** kann man auch verdünnt (*lungo*) oder ganz besonders stark (*ristretto*) bestellen. Ein *Caffè corretto* ist ein Espresso mit einem Schuss Cognac, Grappa oder Anislikör. Wer ein paar Tropfen Milch im Espresso haben möchte, verlangt *Caffè macchiato*. Wer ungern aus den dicken Espressotassen trinkt, bittet den Barmann um einen *Caffè al vetro*, einen Espresso im Glas.

Den **Cappuccino** bereitet der Barista je nach Wunsch hell (*chiaro*), dunkel und stark (*scuro*), lauwarm (*tiepido*) oder besonders heiß (*bollente*) zu. Wer einen Cappuccino nach der Zeit des Mittagessens bestellt, weist sich als ahnungsloser Tourist aus. In Italien trinkt man den Cappuccino nur vormittags. Milchkaffee (*Caffè latte*) ist nicht so stark wie ein Cappuccino und wird ohne Schaum im Glas serviert. Wer am liebsten heiße Milch trinkt, bestellt *Latte caldo*. Die gibt es auch als *Latte macchiato*: Dann gießt der Barmann etwas Espresso in die Milch. Im Sommer kann man Kaffee oder Cappuccino auch eiskalt trinken; man bestellt dann *Caffè freddo* oder *Cappuccino freddo*. Diese Getränke sind immer schon leicht gezuckert.

Die meisten Römer, die im Stadtzentrum arbeiten, nehmen in der Bar auch den **Mittagsimbiss** ein, der ebenso leicht ist wie das Frühstück: ein paar Sandwiches, ein wenig Büffelkäse mit Tomate (*Mozzarella e pomodori*), kalter Reissalat oder ein Teller leichte Pasta. In der Bar muss man sich entscheiden, ob man seine Erfrischung im Sitzen oder im Stehen einnehmen will. Wer sitzt, zahlt mindestens das Doppelte. Im Zentrum Roms jedoch steigen die **Preise am Tisch** etwa um das Fünffache. An der Piazza Navona oder am Pantheon kostet ein kleines Bier im Sitzen bis zu 10 €, ein Tramezzino mindestens 5 €. Solche Kosten bleiben dem erspart, der seinen Imbiss im Stehen einnimmt. In diesem Fall muss der Kunde zunächst zur Kasse gehen und bezahlen, was er zu essen oder zu trinken gedenkt. Den Kassenbon (*Scontrino*) gibt er dann an der Theke ab. Wer eine Münze dazulegt, wird schneller bedient.

Die römischen Cafés sorgen für Erfrischungen nach einer langen Besichtigungstour

Antico Caffè Greco, Via Condotti 86, Tel. 066791700, tgl. 9–19 Uhr. Goethe war Stammgast in Roms ältestem, 1760 von einem Levantiner gegründeten Kaffeehaus. Heute erinnert nur die Innendekoration an die glorreiche Zeit, als im Caffè Greco Literaten und Künstler verkehrten. Den meisten Italienern ist es hier zu teuer [s. S. 61].

TOP TIPP **Autogrill**, Via del Corso 181, Tel. 066789135, tgl. 7–23 Uhr. Die besten belegten Panini der Stadt und ein reichhaltiges Pasta- und Salatbuffet gibt es in diesem Lokal.

Bar Vezio, Via dei Delfini 23, Tel. 0669200347. Der wahrscheinlich letzte Ort Europas, an dem man zugeben darf, noch immer vom Kommunismus zu träumen. Der Wirt summt die Internationale und serviert die Getränke in skurriler Stehimbiss-Atmosphäre.

TOP TIPP **Giolitti**, Via Ufficio del Vicario 40, Tel. 066 99 12 43, tgl. 7–1 Uhr. Hier gibt es mittags ein ausgezeichnetes Buffet und vor allem das beste Eis der Stadt.

Palma Terza, Via della Maddalena 22, Tel. 06 68 80 67 52, tgl. 8 – 1 Uhr. Neongestyltes Eiscafé mit einer scheinbar unendlichen Auswahl an Gelato-Sorten.

Rosati, Piazza del Popolo 5, Tel. 063 22 58 59, tgl.8–23 Uhr. Stilvolles Café mit breiter Auswahl an Snacks, Eis und Torten. Hier treffen sich Stars und Sternchen.

Sant' Eustachio, Via della Scrofa 64, Tel. 06 97 61 85 52, Di–So 8.30–1 Uhr. Bar und Kaffeerösterei. Hier soll es den besten Cappuccino der Stadt geben.

TOP TIPP **Tazza d'Oro**, Via degli Orfani 84, Tel. 066 78 97 92, Mo–Sa 7–20 Uhr. Hier kann man zusehen, wie der Kaffee geröstet wird. Eigentlich ist dies nur ein Kaffeegeschäft mit Bar unweit des Pantheon. Aber dieser Kaffee ist einer der besten der Welt.

Tre Scalini, Piazza Navona 30, Tel. 066 87 91 48, tgl. 11.30–23.30 Uhr. Berühmt für die unverschämten Preise und das offensichtlich unwiderstehliche Tartuffo-Eis.

Restaurants

Gegessen wird in Rom mittags zwischen 13 und 15 Uhr und abends zwischen 20 und 24 Uhr. Wer um 20 Uhr kommt, findet meist noch einen Platz, gute Restaurants sind aber ab 21 Uhr ausgebucht. – Die meisten Restaurants sind einige Wochen im August geschlossen.

Die römische Küche ist vergleichsweise einfach und deftig. Typische **Spezialitäten** sind Kutteln (*Trippa*) und Kalbsrouladen (*Involtini*), Hirn (*Cervello*), Bouletten (*Polpette*), Ragout (*Spezzatino*), mit Schinken gefülltes Kalbfleisch (*Saltimbocca*), Lammbraten (*Abbacchio al forno*), Kalbshaxe (*Ossobuco*) oder Ochsenschwanz (*Coda alla vaccinara*).

Die Saucen für die **Pasta** werden meistens mit reichlich Olivenöl zubereitet, Sahnesaucen finden in der römischen Küche kaum einen Platz. Relativ kalorienarm ist Pasta mit frischer Tomatensauce (*con sugo*), recht leicht sind auch *Ravioli* (mit Käse und Spinat gefüllte Teigtaschen). Schwer, aber vorzüglich ist *Pasta con funghi porcini* (mit Steinpilzen). Auch Fischliebhaber kommen selbst in einfachen Trattorien auf ihre Kosten.

Die frühere Trennung in die Kategorien *Osteria, Trattoria* und *Ristorante* gilt heute nicht mehr und gibt deshalb auch keinen Hinweis auf das **Preisniveau**. In manchen Pizzerien kann man sich noch immer für 8–15 € pro Person satt essen, ansonsten zahlt man heute 20–30 € pro Person in den einfacheren Restaurants, je nachdem, wie viele und welche Gerichte man bestellt. In den feineren Restaurants kostet eine Mahlzeit etwa 40–50 €, nach oben hin gibt es keine Grenzen. Wer mit einem kurzen Blick auf die Speisekarte feststellen möchte, ob ein Restaurant billig oder teuer ist, sollte als erstes auf den Hinweis *Pane e coperto* achten. Das heißt

Kaffeepause mit Stil im St. Regis Grand

In Rom finden sich viele zauberhafte Kulissen für ein gediegenes Abendessen im Freien

›Brot und Gedeck‹ und dahinter verbirgt sich eine Art Eintrittspreis, den man in jedem römischen Restaurant zahlen muss. Auch die 19 % *Mehrwertsteuer (IVA)* sind meist nicht in den auf der Speisekarte angegebenen Preisen enthalten. Darüber hinaus erwarten die Kellner ein *Trinkgeld* von 5–10 %.

Auf der **Speisenkarte** stehen Vorspeisen (*Antipasti*), erster Gang (*Primi piatti*), meist Suppen, Pasta oder Risotto, Hauptgerichte (*Secondi*), Beilagen (*Contorni*) und Nachtisch (*Dolce*). Aber keine Sorge, heutzutage ist es durchaus üblich, dass ein Gast nur ein Nudelgericht mit Salat bestellt. Da die Hauptgerichte ohne Beilagen serviert werden, muss man diese extra bestellen, etwa grüne Bohnen (*Fagioli verdi*), Erbsen (*Piselli*) oder Bratkartoffeln (*Patate arroste*).

Bier ist teurer als **Wein**. Die billigen offenen Weiß- und Rotweine des Hauses (*Vino della casa*) stammen meist aus Frascati oder den Colli Albani und sind schwer, aber durchaus genießbar. Flaschenweine wie der fruchtige weiße Galestro oder ein roter Chianti kosten in einfachen Restaurants 5–10 €.

Pizza

Die Pizza ist kein ursprünglich römisches, nicht einmal ein italienisches Gericht. Es entstand unter italienischen Einwanderern in den USA. Die deutschen Touristen haben es, in Verkennung des Ursprungs, in den achtziger Jahren des 20. Jh. nach Rom mitgebracht. Inzwischen haben sich auch die Römer daran gewöhnt. In den meisten Pizzerien gibt es außer Pizza römische Häppchen wie geröstetes Brot mit Öl, Knoblauch und Tomaten (*Bruschetta*), frittierte Reisbällchen mit Käsefüllung (*Supplì al telefono*), frittiertes Klippfisch-Filet (*Filetto di baccalà*) und Bohnen (*Fagioli*).

Ai Marmi, Viale Trastevere 53, Tel. 065 80 09 19, Mi geschl. Die Adresse für hungrige Nachtschwärmer: Hier kann man auch um Mitternacht noch essen, gemeinsam mit Künstlern und Studenten, Büroangestellten und Urlaubern. Neben Pizza gibt es fünf Sorten von Bohnen.

Il Leoncino, Via del Leoncino 28, Tel. 066 87 63 06, Mi geschl. Diese Pizzeria in der Nähe der Einkaufsstraße Via Condotti an der Spanischen Treppe bietet recht preiswertes Essen an.

Hier kocht die Mama …

Arco di S. Calisto, Vicolo Arco di S. Calisto 45, Tel. 065 80 69 91. Ein sehr reizvoll gelegenes trasteveranisches Restaurant, dessen Muschelsuppe als die beste in ganz Rom gelten kann.

Cannavota, Piazza San Giovanni in Laterano 20, Tel. 06 77 20 50 07, Mi sowie 1.–20. August geschl. Eines der besten römischen Restaurants, wenn man Preis und Leistung vergleicht. Es gibt ausgezeichnete Gerichte mit Putenfleisch und sehr gute Cannelloni.

TOP TIPP **Ciak**, Vicolo del Cinque 21, Tel. 065 89 47 74, Juli/Aug. geschl. Reizvolle kleine Trattoria mitten in Trastevere, die ausgezeichnete Fleischgerichte anbietet. Reservierung unbedingt empfohlen.

TOP TIPP **Hosteria Costanza**, Piazza Paradiso 63/65, Tel. 066 86 17 17, So geschl. Es ist eine der Lokalitäten, die von sich behaupten, dass Caesar hier am 15. März 44 v. Chr. ermordet wurde. Heute ist der Besuch ungefährlich und kulinarisch empfehlenswert.

L'Angoletto, Piazza Rondanini 51, nahe der Chiesa della Maddalena, Tel. 066 86 80 19, Mo geschl. Gehobenes und stimmiges Preis-Leistungs-Verhältnis.

Pasqualino, Via SS. Quattro Coronati 66, Tel. 067 00 45 76. Ein typisches römisches Restaurant in der Nähe des Colosseums. Außer am Sonntag essen hier vor allem Römer, die der Besitzer Pasqualino persönlich kennt. Die Mahlzeiten sind einfach, aber reichhaltig. Tische im Freien.

Dinner bei Kerzenlicht

Ai tre Scalini, Via SS. Quattro Coronati 30, Tel. 067 09 63 09, Mo geschl. Dieses Restaurant verfügt nur über fünf Tische in einem ovalen, sehr geschmackvoll eingerichteten Raum. In kaum einem anderen Restaurant in Rom kann man für 40–50 € so köstlich speisen.

Camponeschi, Piazza Farnese 50, Tel. 066 87 49 27, So sowie 10 Tage im Aug. geschl. Im Sommer bietet dieses Restaurant die Möglichkeit, auf dem Platz vor dem Renaissancepalast der Familie Farnese zu speisen. Die Räume des Restaurants sind sehr geschmackvoll eingerichtet, die Preise allerdings eher gehoben.

Il Drappo, Vicolo del Malpasso 9, in der Nähe der Chiesa Nuova, Tel. 066 87 73 65, So sowie Mitte Aug.–Mitte Sept. geschl. Valentina Tolu betreibt dieses winzige, romantische Restaurant mit sardischer Küche, in dem es sich herrlich entspannen lässt.

La Campana, Vicolo della Campana 18, Tel. 066 87 52 73, Mo geschl. Das La Campana in der Nähe des Palazzo Borghese ist eines der ältesten Restaurants der Stadt, das ununterbrochen betrieben wurde. Die Küche ist sehr traditionell, das *Saltimbocca* soll das beste der Stadt sein.

TOP TIPP **Le Tavernelle**, Via Panisperna 48, Tel. 064 74 07 24, Mo geschl. Mitten im romantischen Stadtviertel Rione Monti liegt dieses Restaurant, das von Schauspielern und Modemachern frequentiert wird. Liz Taylor und Richard Burton, Robert de Niro und Rocco Barocco aßen hier schon die frischen Fischgerichte. Empfehlenswert ist das Vorspeisenbuffet mit vielen verschiedenen Meeresspezialitäten.

Les Etoiles, Via Vitaleschi 34/Ecke Via dei Bastioni, Tel. 066 89 34 34. Haute-Cuisine-Restaurant im obersten Stockwerk des Hotels Atlante Star mit einem herrlichen Blick vom Dachgarten auf die Peterskirche und die Stadt. Abends Reservierung empfohlen.

Spitzenrestaurants

TOP TIPP **La Pergola**, im Hotel Cavalieri Hilton, Via Cadlolo 101, Tel. 06 35 09 21 52, nur Dinner, So/Mo geschl. Der Deutsche Heinz Beck profilierte sich innerhalb weniger Jahre zu einem der besten Köche Roms. Ein atemberaubender Blick über die Ewige Stadt und das Acht-Gänge-Degustationsmenü lassen Gourmetherzen höher schlagen.

La Rosetta, Via della Rosetta 8, Tel. 066 86 10 02, So und Aug. geschl. Exzellentes Fischrestaurant, doch für den Genuss muss man tief in die Tasche greifen.

Sapori del Lord Byron, Hotel Lord Byron, Via Giuseppe de Notaris 5, Tel. 063 22 45 41, So geschl. Dieses sehr elegante Lokal in der Nähe der Galleria Nazionale d'Arte Moderna e Contemporanea (Villa Borghese) gilt als eines der besten Restaurants Roms. Die Spitzenköche sind bemüht, traditionelle Rezepte wieder aufleben zu lassen. Der leichte Tomaten-Sugo ist ebenso stadtbekannt wie die Enten-Agnolotti und die sagenhaften süßen Gnocchi in Zitronensauce.

Vegetarische Küche

L'Antico Bottaro, Passeggiata di Ripetta 15, Tel. 063 23 67 63, Mi geschl. Sehr gepflegtes vegetarisches Restaurant in der Nähe der Piazza del Popolo.

Naturist Club Lisola, Via delle Vite 14, Tel. 066 79 25 09, 3. Stock, So geschl. Gutes Selbstbedienungsrestaurant mit Blick auf die römische Altstadt.

Feste und Feiern

Feiertage

1. Januar (*Capodanno,* Neujahr), 6. Januar (*Epifania,* Heilige Drei Könige), Ostersonntag (*Pasqua*) und Ostermontag (*Pasquetta*), 25. April (*Liberazione*, Fest der Befreiung von Faschismus und deutscher Besatzung 1945), 1. Mai (*Festa del Lavoro,* Tag der Arbeit), 2. Juni (*Festa della Repubblica*, Nationalfeiertag), 15. August (*Assunzione / Ferragosto,* Mariä Himmelfahrt), 1. November (*Ognissanti,* Allerheiligen), 8. Dezember (*Immacolata Concezione*, Mariä Empfängnis), 25./26. Dezember (*Natale,* Weihnachten).

Hinzu kommen die römischen Heiligen-, und Pilgerfeste sowie Volksfeste. Hier eine Auswahl:

Feste

Januar

6. Januar: Dreikönigstag, auch *Befana* genannt (von Epiphania). Früher glaubten die Kinder an die sanfte Hexe Befana, die auf einem Besen reitet und die Gaben bringt. Letzter Tag des Weihnachtsmarkts auf der Piazza Navona.

März

8. März: Festa delle Donne (Frauenfest), man schenkt Damen, die einem nahestehen, Mimosensträuße oder Mimosenzweige, die an dem Tag überall in der Stadt feilgeboten werden.

9. März: Festa di S. Francesca Romana, Autoweihe an der Kirche dieser Heiligen am Forum Romanum.

19. März: Festa di San Giuseppe (Josephitag), eine Art Frühlingsfest, besonders im Trionfale-Viertel, wo spezielle Süßspeisen (Bignè und Fritelle) gegessen werden.

Ostern

Gründonnerstag: Traditionelle Fußwaschung in S. Giovanni in Laterano.

Karfreitag: Via Crucis, der Papst geht begleitet von einer feierlichen Prozession zum mit Kerzen erleuchteten Colosseum und hält dort eine Messe.

Ostersonntag: Der Papst zelebriert in der Peterskirche die Messe und spricht den Segen ›Urbi et Orbi‹.

April

21. April: Geburtstag der Stadt Rom, an dem ein prächtiges Feuerwerk am Kapitolsplatz gezündet wird und andere Festivitäten stattfinden.

Ende April: Festa della Primavera, bei diesem Frühlingsfest wird die Spanische Treppe in ein wunderschönes, duftendes Blumenmeer verwandelt.

Juni/Juli

29. Juni: Festa di Pietro e Paolo, Fest der Apostelfürsten und Stadtpatrone Petrus und Paulus, am Vorabend wird die Peterskuppel illuminiert, am Vormittag ist feierliche Papstmesse.

ab 15. Juli: Festa de' Noantri, ein lärmiges, heute etwas kommerzialisiertes Volksfest in Trastevere. Es dauert 14 Tage. An der Piazza di Trilussa wird ein Spaghetti-all' amatriciana-Essen für 10 000 Gäste veranstaltet.

August

5. August: Festa della Madonna della Neve, Fest zur Erinnerung an das Schneewunder von S. Maria Maggiore [s. S. 144], vor der Kirche werden weiße Blüten auf den Platz gestreut.

Dezember

8. Dezember: Festa dell' Immacolata Concezione (Mariä Empfägnis). Die Marienstatue wird an der Spanischen Treppe mit Blumen geschmückt.

Weihnachtszeit: An prominenten Stellen im Zentrum werden Krippen aufgestellt (Petersplatz, Spanische Treppe), Weihnachtsmarkt auf der Piazza Navona etc.

Klima und Reisezeit

Mit Sicherheit ohne Menschenmassen auf den Straßen erlebt der Reisende die Stadt im *Juli* und *August*, wenn die drückende Hitze die meisten Einwohner ans Meer flüchten lässt. Doch auch die Stadtbesichtigung wird dann schnell zur Tortur. Angenehmer sind die Monate *April* bis *Juni*, wenn man zwischen zwei Kirchen oder Museen den Sonnenschein im Café auf der Piazza genießen kann. Die Herbstmonate *September* und *Oktober* bieten ebenfalls klimatisch entspannte Bedingungen. Weniger reizvoll ist die *Winterzeit*. Für Nordlichter bieten die relativ milden Temperaturen zwar eine willkommene Abwechslung zum kalten Frostwetter daheim, doch weht dann nicht selten die *Tramontana* mit ihrer eisigen Bergluft durch die Stadt.

Klimadaten Rom

Monat	Luft (°C) min./max.	Sonnen-std./Tag	Regen-tage
Januar	3/11	4	8
Februar	5/13	5	9
März	7/16	6	8
April	10/19	7	8
Mai	13/23	9	7
Juni	17/28	10	4
Juli	20/31	11	2
August	20/31	10	2
September	17/27	8	5
Oktober	13/21	7	8
November	9/16	4	10
Dezember	5/12	3	10

Kultur live

Estate Romana

Der römische Kultursommer Estate Romana (www.romaturismo.it) dauert von Juni bis September. Überall in der Stadt finden Konzerte, Opern, Kino- und Ballettveranstaltungen unter freiem Himmel statt.

Oper

Teatro dell' Opera di Roma, Piazza Beniamino Gigli 7, Tel. 064 81 60255, www.operaroma.it [Nr. 101]. Gespielt wird nach dem *Stagione*-Prinzip, d. h. in jeder Spielzeit gehen etwa ein Dutzend Produktionen über die Bühne (davon zwei oder drei Ballettabende und einige Gastspiele), die im Abstand von zwei, drei Tagen insgesamt etwa sechs- oder siebenmal gegeben werden. Die Eintrittspreise sind, insbesondere für die Folgevorstellungen, nicht sehr hoch. Nur bei der Eröffnung und bei der jeweiligen *Prima notte* wird Garderobenluxus betrieben, und das auch nur im Parkett (*Platea*), im Übrigen geht man in Straßenkleidung. Im Juli und August gibt es Aufführungen in den Caracallathermen.

Konzerte

Accademia Filarmonica Romana, Via Flaminia 118, Tel. 063 20 17 52, www.filarmonicaromana.org

Auditorium – Parco della Musica, Viale Pietro De Coubertin, Tel. 06 80 24 12 81, www.auditorium.com [Nr. 122]

Istituzione Universitaria dei Concerti, Aula Magna della Sapienza, Piazzale Aldo Moro 5 (zwischen Stazione Termini und San Lorenzo fuori le Mura), Tel. 063 61 00 51, www.concertiiuc.it, Vorverkauf: Lungotevere Flaminio 50, Sommerpause Juni–Aug.

Oratorio del Gonfalone, Via del Gonfalone 32a, Tel. 066 87 59 52

Teatro Ghione, Via delle Fornaci 37, Tel. 066 37 22 94, www.ghione.it

Teatro Olimpico, Piazza Gentile da Fabriano 17 (nahe Milvische Brücke), Tel. 063 26 59 91, www.teatroolimpico.com

Casa de Jazz, Viale di Porta Ardeatina 55, Tel. 06 70 47 31, www.casajazz.it

Kirchenmusik

Auch in Kirchen finden häufig Konzerte statt. Sie sind oft gratis und werden in der Regel auf Plakaten in der Stadt und an den Kirchentüren angekündigt. Es wird nur kirchliche Musik dargeboten.

Il Gesù [Nr. 53], Messe mit Chormusik und Te Deum am 31. Dezember.

Peterskirche [Nr. 63]. Der Coro della Capella Giulia singt während der Messe um 10.30 Uhr und sonntags zur Vesper um 17 Uhr. Der Coro della Capella Sistina kommt zum Einsatz, wenn der Papst eine Messe zelebriert, z. B. zum Kirchenfest Peter und Paul am 29. Juni.

San Giovanni in Laterano [Nr. 97]. Eine Messe mit Chormusik findet u. a. am 24. Juni statt.

San Paolo fuori le Mura [Nr. 86]. Eine Messe mit Chormusik findet z. B. am 25. Januar in Anwesenheit des Papstes statt.

Sant' Apollinare, Piazza S. Apollinare 4, nahe Piazza Navona, am So sind hier gregorianische Gesänge zu hören.

Sant' Ignazio di Loyola [Nr. 15]. Auch in dieser Kirche werden häufig Konzerte veranstaltet.

Theater

Teatro Belli, Piazza Sant'Apollonia 11 a (Trastevere), Tel. 065 89 48 75, www.teatrobelli.net. Kleines Theater, modernes und klassisches Repertoire.

Teatro Della Cometa, Via del Teatro di Marcello 4, Tel. 066 78 43 80. Boulevardstücke.

Teatro di Roma/Teatro Argentina, Largo di Torre Argentina 52, Tel. 066 84 00 03 45, www.teatrodiroma.net. Klassische Sprechstücke.

Teatro dei Satiri, Via di Grotta Pinta 18, Tel. 066871578, www.teatrodeisatiri.it. Moderne Stücke und Experimentiertheater.

Teatro Eliseo, Via Nazionale 183, Tel. 064882114 und **Piccolo Eliseo** (identische Adresse), Tel. 064885095, www.teatroeliseo.it

Teatro Ghione, Via delle Fornaci 37, Tel. 066372294, www.ghione.it

Teatro Quirino, Via delle Vergini 7, Tel. 066794585, www.teatroquirino.it

Teatro Sistina, Via Sistina 129, Tel. 064200711, www.ilsistina.com. Sprechstücke und populäre Operetten.

Teatro Tor di Nona, Via degli Acquasparta 16, Tel. 0668805890. Das älteste römische Theater bietet heute populäre Musicals.

Teatro Valle, Via del Teatro Valle 21, Tel. 0668803794, www.teatrovalle.it. Moderne Sprechstücke, Boulevard, Operngastspiele.

Kino

Die Bedeutung Roms als Filmstadt hat seit Fellinis Zeiten etwas nachgelassen. Auch in Italien bestimmen die US-amerikanischen Produktionen das Kinoprogramm, aber es gibt in Rom ein schön gelegenes und gut ausgestattetes Filmmuseum.

Casa de Cinema, Largo Marcello Mastroianni 1 (Eingang: Piazzale del Brasile), Villa Borghese, Tel. 06423601, www.casadelcinema.it. Gezeigt werden meist Klassiker in Originalfassung. Das Programm wechselt täglich. Daneben gibt es ein kleines Café.

Museen und Ausgrabungen

Rom bietet verschiedene **Kombitickets** an, die einen leichteren und günstigeren Zugang zu einigen bedeutenden Museen und antiken Stätten ermöglichen. Sie sind 3 oder 7 Tage gültig. Mit der **Archeologia Card** (22 €) können Colosseum, Palatin, Caracalla- und Diocletians-Thermen, sowie Palazzo Altemps, Palazzo Massimo, Crypta Balbi, die Villa dei Quintili und das Grab der Caecilia Metella besucht werden. Die **Museum Card** (9 €) gilt nur für die vier Sitze des Museo Nazionale Romano: Palazzo Altemps, Palazzo Massimo, Crypta Balbi und

Sonnenbad zu Füßen des Colosseums

Diocletians-Thermen. Die **Capitolini Card** (10 €) erlaubt den Eintritt in die Kapitolinischen Museen sowie das Museum Centrale Montemartini. Die Tickets erhält man beim Italienischen Fremdenverkehrsbüro (APT) oder Fremdenverkehrsamt der Stadt Rom. Viele Tickets kann man auch online bestellen oder reservieren über **Pierreci**, Tel. 0639908071 (Mo–Sa 9–13.30, 14.30–17 Uhr, So/Fei geschl.), www.pierreci.it. oder **Ticketeria**, Tel. 06328 10, www. ticketeria.it.

Besucher unter 18 und über 65 Jahren haben freien Eintritt, EU Bürger im Alter von 18 bis 25 erhalten 50 % Ermäßigung. Es ist ratsam, sich vorab nochmals über die Öffnungszeiten zu informieren, da diese sich kurzfristig ändern können. Letzter Einlass ist meist 30–90 Min. vor Schließung. Während der *Settimana della Cultura* im Mai, ist der Eintritt zu den römischen Museen eine Woche lang frei. Es gibt zusätzliche Öffnungszeiten und Sonderveranstaltungen.

Nachtleben

Wann Nachtklubs und Discos jeweils geöffnet haben und welches Programm sie gerade bieten, lässt sich den Tageszeitungen sowie den **Stadtmagazinen** ›Roma c'è‹ und ›Time Out‹ entnehmen.

Gemessen an den Metropolen London oder Paris war die Club-Szene in Rom bis vor wenigen Jahren nicht besonders ausgefallen. Doch jetzt gibt es **Monte Testaccio** (Metro B: Piramide), ein vielseitiges Szeneviertel mit allerlei Vergnügungsmöglichkeiten und kulturellen Veranstaltungen im Süden der Stadt. Von Restaurants und Bars über Experimentiertheater und Livemusik aller Couleur bis zu angesagten Discos wird hier alles geboten was Spaß macht. Das Viertel ist nach dem riesigen antiken Scherbenhaufen aus weggeworfenen Vorratsamphoren in seiner Mitte benannt, der natürlich längst überwachsen ist. Später hat man in seinem Inneren auch Vorratsräume und Weinkeller angelegt, die z.T. heute von Discos und Lokalen genutzt werden.

Alibi, Via Monte Testaccio 40, Tel. 065 74 34 48, Mo/Di geschl. Schrille Diskothek, die in den pittoresken antiken Schutthaufen eingebaut wurde. Sehr ausgefallenes Publikum, auch ›gay‹.

Big Mama, Vicolo di S. Francesco a Ripa 18, Trastevere, Tel. 065 81 25 51. Im ›Haus des Blues‹ spielten schon Gruppen wie Louisiana Red oder Blues Brothers 2000, aber auch Rock wird geboten. Publikum zwischen 25 und 40 Jahren.

Follia, Via Ovidio 17, Tel. 06 68 30 84 35, Mo geschl. In-Disco mit viel jungem Publikum und vielen Themen-Partys.

Gilda, Via Mario dei Fiori 97, Tel. 066 78 48 38, Mo geschl. *Die* Promi-Disco in Rom. Jackett und Krawatte sind Pflicht, ein gut gefülltes Portemonnaie ist anzuraten.

L'Epicentro, Sal. del Grillo 7, Tel. 066 78 17 99. Bis in die frühen Morgenstunden geht hier die Post ab.

Mascioli Luciano, Via Colonna 32a, Tel. 066 86 40 11. Pianobar und Tanzlokal der gesetzteren Art. Auch für einen Imbiss nach dem Theaterbesuch geeignet.

Piper '90, Via Tagliamento 9, Tel. 068 55 53 98, Mo geschl. Älteste und größte Disco Roms mit jährlich neuer Inneneinrichtung. Beliebt beim jüngeren Publikum.

Sport

Es gibt unzählige *Sportcenter* in Rom, in denen die Mitglieder Fitness und Bodybuilding treiben, Squash oder Tennis spielen, schwimmen, Gymnastik oder Leichtathletik trainieren. Aber wer dort mitmachen will, muss Mitglied im Klub werden. Die Sportmöglichkeiten für Urlauber sind folglich begrenzt, immerhin kann man in den Parks Villa Borghese und Villa Doria Pamphilj nach Herzenslust joggen oder inline-skaten oder am Sonntag auf der Via Appia Rad fahren.

Während das antike Rom über eine Vielzahl an Thermen und Bädern verfügte, gibt es heute in Rom nur ein öffentliches *Freibad*, die **Piscina delle Rose** an der Viale America 20 in EUR im Süden der Stadt, Tel. 065 92 67 17. Das saubere Olympiabecken mit Badekappenpflicht ist von Mitte Juni bis Mitte September tgl. 9–18 Uhr geöffnet.

Stadtbesichtigung

Stadtrundfahrten

Die städtischen Verkehrsbetriebe **ATAC** (Tel. 06 46 95 22 52, www.atac.roma.it) bieten regelmäßig Stadtrundfahrten an. Abfahrt der Touristenlinie **Trambus Linea 110open** ist an der Stazione Termini (April–Sept. tgl. 8.40 –20.20 Uhr, sonst 10–18 Uhr, alle 30 Min.). Man kann an 10 Stationen unterwegs aussteigen und die Fahrt später fortsetzen. Der **Archeobus** fährt stündlich von der Stazione Termini (tgl. 9–16, im Sommer tgl. 9–17 Uhr), die wichtigsten antiken Monumente und Ausgrabungen ab. Die Busse der **CSR** (www.romecitytours.com) mit 14 Haltestellen (tgl. 9.30–18.30, stdl.) funktionieren nach dem gleichen Prinzip wie die Linea 110open.

Battelli di Roma, Tel. 06 69 29 41 47, www.battellidiroma.it. Stadtbesichtigung per Ausflugsboot auf dem Tiber zwischen Ponte Marconi und Ostia Antica (Linie 1, 135 Min.) sowie zwischen Ponte Sant'Angelo und Isola Tiberina (Linie 2, 70 Min.)

Hidden Archaeology, unter dieser Überschrift bietet **Pierreci**, Tel. 063 90 80 71 (Mo–Sa 9–13.30, 14.30–17 Uhr, So/Fei geschl.), www.pierreci.it. verschiedene Führungen zu normalerweise geschlossenen Sehenswürdigkeiten an.

Die **Rätsel der Illuminati**: Neuerdings aber kann man die Stadt auch auf den Spuren Dan Browns und seines Thrillers erkunden. Die Tour beginnt in der Kirche Santa Maria del Popolo. Informationen erteilt APT Rom, Via Parigi 5, Tel. 0 64 88 91, www.romaturismo.it, www.angelsanddemons.it. oder www.durchdieewigkeit.com

Aussichtspunkte

La Terrazza Paradiso: Einen wunderbaren Blick auf die mächtige Kuppel der Peterskirche [Nr. 63], die selbst einen einzigartigen Blick bietet, gewährt ›La Terrazza Paradiso‹, Via dei Bastioni. Die Dachterrasse des Café-Restaurants, eine dicht begrünte Oase, liegt im 7. Stock.

Aussichtsterrasse des Pincio: Wer die Spanische Treppe [Nr. 20] hochsteigt und links am Café-Restaurant ›Casina Valadier‹ vorbeigeht, endet automatisch auf dieser Aussichtsterrasse. Von hier oben blickt man auf die Piazza del Popolo mit dem Obelisken des Sethos und auf das Kloster Santa Maria del Popolo, in dem Luther 1510 Unterkunft fand. Jenseits des Tiber sieht man Peterskirche und Engelsburg [Nr. 68].

Piazzale Garibaldi auf dem Gianicolo: Der Bus 870 fährt von der Via Paola beim Ponte Vittorio Emanuele II zu diesem schönsten Aussichtspunkt der Stadt. Man kann sich an der m Bar auf der Piazza Garibaldi [Nr. 74] einen Drink kaufen, sich damit auf die Mauer setzen und von hier das atemberaubende Panorama genießen.

Gärten und Parks

Schon bei den reichen Römern der Antike war es Mode, sich neben dem Stadthaus einen Landsitz zu halten. Die mächtigen Familien des römischen Hochadels führten diese Tradition im 17. Jh. wieder ein und bauten sich Prachtvillen am Stadtrand, umgeben von pompösen Parkanlagen. Diese einst privaten Anwesen sind heute die grünen Oasen Roms. Jeder Park heißt *Villa* und ist benannt nach dem jeweiligen Palast in seiner Mitte.

Villa Ada: Eingang an der Via Salaria, Bus 86 A von Stazione Termini. König Vittorio Emanuele hatte seine Residenz in diesem Park mit sehr ursprünglicher, waldähnlicher Bepflanzung.

Villa Borghese [Nr. 61]: Der beliebteste Stadtpark in Rom (Tel. 06 85 30 42 42, www.villaborghese.it) mit einem hübschen Gartencafé an einem See, auf dem man auch rudern kann, und mit einer Pferderennbahn . Der *Bioparco* in der nördlichen Ecke des Parks wurde von dem Hamburger Hagenbeck konzipiert und beherbergt 600 Säugetierarten; mit Streichelzoo (Viale Giardino Zoologico 20, Mitte April–Mitte Nov. tgl. 9.30–17.30 Uhr).

Villa Celimontana: Eingang an der Via Navicella hinter dem Colosseum. In dem kleinen Park lassen sich Hochzeitspaare gern vor Rosenbeeten und Zypressen fotografieren [s. S. 138].

Villa Doria Pamphilj [Nr. 75]: Bei 9 km Umfang der größte Park Roms mit Pinienwald, Wiesen und Wasserfällen. Man erreicht die Grünanlage mit dem Bus 44 (ab Piazza Venezia), der an der Porta San Pancrazio hält .

Orto Botanico: Eingang am Largo Svezia 24, am Ende der Via Corsini(Di–Sa 9.30–17.30 Uhr, Aug. geschl.). Der botanische Garten wurde im Park der Villa Corsini im Stadtteil Trastevere angelegt.

Statistik

Geographische Lage: 41°53′ nördlicher Breite, 12°30′ östlicher Länge; durchschnittliche Meereshöhe 20 m ü. NN.

Klima: Jahresdurchschnittstemperatur 16 °C, 2500 Sonnenstunden im Jahr (= 56 %).

Fläche: 1507,6 km² (Comune di Roma = Agro Romano), das historische Zentrum: ca. 140 km²; Gesamtumfang ca. 280 km, davon 41 km Küste.

Einwohnerzahl: Rund 2,5 Mio. (2004) offiziell registrierte Einwohner; hohe Dunkelziffer – die wirkliche Einwohnerzahl dürfte über 3 Mio. liegen; Provinz Latium (einschl. Rom): etwa 5,1 Mio.

Verkehrsnetz und -mittel: 2 U-Bahnlinien (Metropolitana), zusammen etwa 40 km; 6 Straßenbahnlinien und ein dichtes Busnetz (247 Linien) der ATAC; Verbindungen in die Campagna mit COTRAL-Überlandbussen.

Stadtwappen: SPQR (= Senatus Populusque Romanus: Senat und Volk von Rom) in Gold nebst einem Kreuz auf rotem Grund.

Stadtpatrone: die Apostelfürsten Peter und Paul.

Rom, der Regierungssitz: Seit 1870 ist Rom die Hauptstadt Italiens, das bis 1946 Königreich war und seither Republik ist (Repubblica Italiana). Sitz des Staatspräsidenten ist der Quirinalpalast, bis 1946 königliche Residenz. Der Ministerpräsident amtiert im Palazzo Chigi am Largo Chigi, das Parlament tagt im Palazzo Montecitorio, der Senat im Palazzo Madama. Nach 1870 wurden viele Klöster aufgehoben und konfisziert, um dem Bedürfnis,

Rund um Rom – Häfen, Tempel, Residenzen

Der einst mächtige Hafen Roms, **Ostia Antica** (April–Sept. Di–So 9–18 Uhr, sonst 8.30–16 Uhr), ist die einzige bedeutende Stadt Italiens, die über Jahrhunderte völlig in Vergessenheit geraten war. Dieser Tatsache verdankt Ostia, das in der Spätantike verlassen wurde, seinen relativ guten Erhaltungzustand, denn die Ruinen wurden nie geplündert oder überbaut. Die Archäologen konnten sogar dreistöckige **Wohnhäuser** freilegen. Die antiken Schaufenster der Imbissstuben, in denen gegrillte Ware feilgeboten wurde, sind ebenso noch zu sehen wie die Thermen und das Forum. Nach Ostia Antica, 23 km von Rom entfernt, besteht eine Zugverbindung von der Stazione Termini. Mit dem Auto sind die Ausgrabungen ab Rom über die Via del Mare zu erreichen. Dicht bei Ostia Antica liegt am Meer der moderne **Lido di Ostia**. Das beliebte Ausflugsziel der Römer lockt mit kilometerlangen Sandstränden und zahlreichen Freizeiteinrichtungen.

Wie die Stein gewordenen Eindrücke von Hadrians ausgedehnten Reisen steht die **Villa Adriana** bei **Tivoli**, rund 30 km vor Rom. Kaiser Hadrian ließ seine Architekten die Erinnerungen an Ägypten, an Griechenland und Syrien in verschiedenen Gebäuden der Anlage umsetzen. Die kleine Insel im Zentrum gehört zu den schönsten Überresten und verrät mehr über den großen Kaiser als sein Grabmal, die Engelsburg in Rom. In der Stadt Tivoli liegt die **Villa d'Este**, errichtet von der mächtigen Familie Este aus Ferrara. Kardinal Ippolito d'Este ließ eine gigantische, sehr romantisch anmutende **Brunnenanlage** im Park installieren (beide Villen sind UNESCO Weltkulturerbe). Tivoli erreicht man mit der Metropolitana B bis Ponte Mammolo, von dort geht es weiter per Bus.

Erst ein Bombenhagel im Zweiten Weltkrieg legte frei, was die Römer als Tempel der Fortuna Primigenia kannten. Das Dorf **Palestrina** stand auf dem Terrain dieses riesigen Terrassentempels, dessen Reste heute besichtigt werden können. Im Palazzo Colonna-Barberini, der jetzt ein Museum ist, wird ein sehr schönes antikes **Nil-Mosaik** gezeigt. Palestrina erreicht man mit dem Zug Richtung Fiuggi oder mit dem Bus ab Stazione Termini.

Der Sommersitz des Papstes, **Castelgandolfo**, bietet einen herrlichen Blick auf den **Albaner See**, der sich unterhalb der Residenz ausbreitet. Im Sommer ist der See ein beliebtes Badeziel. Der Palast des Papstes, der auch über ein eigenes Schwimmbad verfügt, ist natürlich nicht zu besichtigen. Dafür ist der kleine Ort sehenswert. Im Sommer findet vor dem Papstpalast die traditionelle Mittwochsaudienz statt. Castelgandolfo ist mit dem Zug ab Stazione Termini zu erreichen.

Die Ausgrabungen der Etruskernekropole **Cerveteri** liegen etwa 50 km nördlich von Rom. Diese einzigartige Totenstadt mitten im Grün Nordlatiums ermöglicht einen Ausflug zurück in die Geschichte. Die z. T. farbig ausgemalten Gräber, die unter hohen Tumulus-Hügeln verborgen liegen, besitzen noch die aus dem Fels gemeißelten Sessel und Sitze, auf denen die Totengesellschaft vor 2500 Jahren Platz nahm. Cerveteri ist mit der Linie FM 5 ab Stazione Termini zu erreichen. Es gibt ab dem Hauptbahnhof aber auch einen Überlandbus.

Ministerien und Verwaltungsstellen in der neuen Hauptstadt unterzubringen, Genüge zu tun. Im Laufe der Jahre bis zur Wende 19./20. Jh. entstanden dann aber aufwendige Gründerzeitpaläste für die Ministerien. Das Außenministerium weit draußen am Foro Italico ist ein Bau aus dem Jahr 1956.

Verwaltung: Rom ist außerdem Sitz des Verfassungsgerichtes und des Obersten Gerichtshofes (Corte Costituzionale bzw. Corte di Cassazione). Rom ist Bistum, Bischof ist der Papst, der seinen Sitz im Vatikan hat, desgleichen Sitz des Großmeisters des souveränen Malteserordens. An der Spitze der Stadtverwaltung steht der Bürgermeister (Sindaco). Der Magistrat (Giunta Municipale) hat 16, der Stadtrat (Consiglio Comunale) 60 Mitglieder.

Wirtschaft: Doch nicht nur diese bemerkenswerte Liste von Verwaltungsorganen macht die Kapitale Italiens zu einer Beamtenstadt. Dienstleistungsbetriebe sind bedeutender als die (nicht nennenswerte) Industrie, etwa 1,1 Mio. Beschäftigte werden dem Dienstleistungssektor zugerechnet; bedeutender Banken- und Börsenplatz; eine der Haupteinnahmequellen ist der Tourismus. Fast unbekannt ist, dass Rom über eine nicht unbeträchtliche Landwirtschaft verfügt (ca. 37 000 Beschäftigte) in z.T. modernen Betrieben. Bekannt ist die Bedeutung der Film- und Modebranche.

Unterkunft

Schon Michelangelo beschwerte sich über die schlechte Qualität der zu mietenden Zimmer in Rom. Seit die Pilgerscharen des Mittelalters die Stadt der Päpste überschwemmten, sind Betten begehrt. Noch heute lassen Ausstattung und Service oft zu wünschen übrig und zugleich sind Hotelzimmer in Rom in der Regel sehr teuer. Wer in der Saison (April – Juni, Sept. – Nov.) ein Zimmer in einem annehmbaren Hotel mieten möchte, muss Wochen vorher reservieren (Hotelreservierung Tel. 066991000, www.hotelreservation.it. Die Pensionen rund um die Stazione Termini sind nicht zu empfehlen.

*****Luxushotels

Aldrovandi Palace, Via Aldrovandi 15, Tel. 063 22 39 93, Fax 063 22 14 35, www.aldrovandi.com. Palast aus der Zeit um 1900, ursprünglich vom Nonnenorden der Cabrini als Schule für die Erziehung der Töchter des römischen Adels genutzt. Das Hotel liegt nahe der Villa Borghese und ist das einzige Haus in der römischen Innenstadt mit einem Schwimmbad im Garten.

Cavalieri Hilton, Via Cadlolo 101, Tel. 063 50 91, Fax 06 35 09 22 41, www.cavalieri-hilton.it. Das Hilton Hotel liegt außerhalb des Stadtzentrums. Im Garten befindet sich ein sehr großer Pool. Der Komplex mit 374 Zimmern ist allein wegen seiner Größe selten komplett ausgebucht.

Hassler – Villa Medici, Piazza Trinità dei Monti 6, Tel. 06 69 93 40, Fax 066 78 99 91, www.hotelhasslerroma.com. Das Hotel an der Spanischen Treppe ist die Lieblingsherberge des schwedischen Königspaares, das in der Suite mit dem Namen ›Königin Silvia‹ residiert. Direkt darunter liegt die Lieblingssuite von Liz Taylor. Die Schweizer Familie Wirth, die das Hotel managt, richtete die Zimmer mit Antiquitäten ein und legt besonderen Wert auf gestylte Marmor-Badezimmer.

St. Regis Grand, Via V. E. Orlando 3, Tel. 064 70 91, Fax 064 74 73 07, www.starwoodhotels.com. Das traditionsreichste Hotel Roms im Stil und Ambiente der Grand Hotels des 19. Jh.

****Hotels

Artemide, Via Nazionale 22, Tel. 06 48 99 11, Fax 06 48 99 17 00, www.hotelartemide.it. Das Hotel liegt im Herzen Roms. Von der Dachterrasse bietet sich eine herrliche Aussicht auf die Stadt.

Atlante Star, Via Vitelleschi 34, Tel. 066 87 32 33, Fax 066 87 23 00, www.atlantehotels.com. Das Hotel liegt nahe der Peterskirche und ist vor allem wegen seines Ausblicks von der Dachterrasse berühmt.

Colonna Palace, Piazza Montecitorio 12, Tel. 06 67 51 91, Fax 066 79 44 96, www.itihotels.it. Ein angenehmes, sehr zentral gelegenes und gut geführtes Haus.

Columbus, Via della Conciliazione 33, Tel. 066 86 54 35, Fax 066 86 48 74, www.hotelcolumbus.net. Direkt an der Prachtstraße vor der Peterskirche gelegen, besitzt das Hotel den Charme eines Patrizierpalastes, das Gebäude stammt aus dem 16. Jh.

Luxus rundherum: Hotel Aldrovandi Palace

D'Inghilterra, Via Bocca di Leone 14, Tel. 06 69 98 11, Fax 06 69 92 22 43, www. hoteldinghilterra.warwickhotels.com. Dieses Hotel, das an der sehr eleganten Einkaufsstraße Via Bocca di Leone liegt, gehört zu den traditionsreichsten der Stadt. Das Haus stammt aus dem 15. Jh. und wurde 1850 in ein Hotel umgewandelt.

Forum, Via Tor de' Conti 25, Tel. 066 79 24 46, Fax 066 78 64 79, www.hotelforumrome.com. Von der begrünten Dachterrasse mit Restaurant haben die Gäste einen prächtigen Blick auf das gegenüberliegende Forum Romanum.

TOP TIPP **Raphael**, Largo Febo 2, Tel. 06 68 28 31, Fax 066 87 89 93, www.raphaelhotel.com. Das sehr romantische Hotel liegt direkt im Zentrum des Nachtlebens der Plätze und Tavernen und ist dennoch ruhig.

TOP TIPP **Sole al Pantheon**, Piazza della Rotonda 63, Tel. 066 78 04 41, Fax 06 69 94 06 89, www.hotelsolealpantheon.com. Das kleine Hotel liegt direkt am Pantheon und besitzt einen kleinen Innenhof, in dem das Frühstück serviert wird. Die 25 meist nicht sehr großen Zimmer sind mit äußerster Sorgfalt und innenarchitektonischer Raffinesse eingerichtet.

***Hotels

Gregoriana, Via Gregoriana 18, Tel. 066 79 42 69, Fax 066 78 42 58, www.hotelgregoriana.it. Das Hotel (20 Zi.) ist in einem Palast des 15. Jh. untergebracht und liegt im eleganten Einkaufsviertel an der Spanischen Treppe und der noblen Via Condotti.

Portoghesi, Via dei Portoghesi 1, Tel. 066 86 42 31, Fax 066 87 69 76, www.hotelportoghesiroma.com. Dieses kleine gemütliche Hotel (27 Zi.) liegt mitten im historischen Zentrum von Rom in einer mittelalterlichen Straße. Es ist häufig ausgebucht und daher sollte man frühzeitig reservieren.

Sant' Anselmo, Piazza S. Anselmo 2, Tel. 065 74 00 57, Fax 065 78 36 04, www.aventinohotels.com. Dieses Hotel liegt weitab vom Lärm und der Hektik Roms in einem kleinen Park in dem noblen Stadtviertel auf dem Aventin. Die Gäste wohnen gleichsam wie in einem Dorf am Rande des Stadtzentrums.

TOP TIPP **Teatro di Pompeo**, Largo del Pallaro 8, Tel. 06 68 30 01 70, Fax 06 68 80 55 31, www.hotelteatrodipompeo.it. Dieses Hotel ist auf den Ruinen des im Jahr 55 v. Chr. eingeweihten Theaters des Pompejus errichtet worden. In eben diesem Theater fand Gaius Julius Caesar durch seine Mörder den Tod. Einige Marmorbögen im Inneren des Hotels sind noch Strukturen des antiken Theaters. Die Einrichtung ist modern.

**Hotels

TOP TIPP **Campo de' Fiori**, Via Biscione 6, Tel. 06 68 80 68 65, Fax 066 87 60 03, www.hotelcampodefiori. com. Das 2006 renovierte Hotel liegt zentral am Blumenmarkt Campo de' Fiori. Die Zimmer sind teils sehr klein, aber liebevoll dekoriert.

Sole, Via Biscione 76, Tel. 06 68 80 68 73, Fax 066 89 37 87, www.solealbiscione.it. Dieses Hotel, das im 17. Jh. erbaut wurde, hat einen sehr schönen Innenhof und ist eine der ältesten Herbergen Roms. Einige Zimmer haben kein eigenes Bad.

Jugendherberge

Foro Italico A.F. Pessina, Viale delle Olimpiadi 61, Tel. 0 63 23 62 67, Fax 0 63 24 26 13, www.ostellionline.org

Zimmervermittlung

Bed & Breakfast Italia, Corso Vittorio Emanuelle II. 282, Tel. 0 66 87 86 18, Fax 0 66 87 86 19, www.bbitalia.it

Pilgerzentrum (Centro Pastorale Pellegrini di Lingua Tedesca), Via della Conciliazione 51, Tel. 0 66 89 71 97, Fax 0 66 86 94 90, www.pilgerzentrum.de, vermittelt Unterkünfte in religiösen Häusern und Pensionen, je nach Preis unterschiedlich ausgestattet.

Verkehrsmittel

Öffentliche Verkehrsmittel

Rom hat zwei **Metro-Linien** (Metropolitana; Plan s. S. 180), schnell, aber meist voll, für manche Verbindungen dennoch bequem. Bis Ende 2007 wird an der Metro-Linie A gebaut, deshalb verkehren die Bahnen nur bis 21 Uhr. Eine dritte Linie ist seit 2002 im Bau. Die ATAC (www.atac.roma.it) informiert, wann auf welchen Teilstrecken während der Bauzeit Ersatz-Busse eingesetzt werden. Als eine Art U-Bahn verkehrt auch die Straßenbahn 2

als Schnellverbindung zwischen Piazzale Flaminio und Piazza Mancini.

Die Stadt verfügt auch über ein dichtes **Busnetz** der ATAC und es gibt **Straßenbahnen** (Tram). Eine Fahrt mit der Linie 3 oder 19 ersetzt sogar eine Stadtrundfahrt. Wer es besonders eilig hat, kann die **Express-Busse** (Linien 30, 40, 60, 80, 90) benutzen, die nicht jede Haltestelle anfahren. Eine Besonderheit sind die 51 kleinen **Elektrobusse** (116, 117, 119, 125), die durch die Straßen des Zentrums fahren. Die meisten Linien verkehren in rascher Folge. Ein Plan mit den öffentlichen Verkehrsmitteln ist in Rom an jedem Kiosk erhältlich (Roma Metro-Bus, Editrice Lozzi, ca. 6 €).

An **Sonn- und Feiertagen** ist der Busverkehr allerdings eingeschränkt. Einige Linien ändern ihre Streckenführung (z.B. 16, 39, 40, 41, 57, 58) oder fahren gar nicht

(z. B. 15, 18, 30, 59, 87), andere verkehren nur an Sonn- und Feiertagen (120, 130, 150, 180, 190, 221). In der **Nacht** verkehren 22 Linien, etwa alle 30 Min. Die Haltestellen sind mit einer Eule gekennzeichnet. Hauptpunkte sind Stazione Termini und Piazza Venezia. Von Rom aus ins **Umland** fahren die blauen Busse der COTRAL.

Fahrkarten für den Stadtverkehr erhält man in Tabakläden, Bars, an Zeitungskiosken oder an Automaten. Nur nachts kann man Fahrscheine gegen einen kleinen Aufschlag auch beim Schaffner lösen. Das einfache Metrebus-Ticket **BIT** (*Biglietto integrato a tempo*) gilt für Metro, Tram, Zug und Bus im Stadtgebiet. 75 Min. lang – für einfache Fahrten mit Metro oder Zug, ansonsten für beliebig viele Fahrten. Es gibt außerdem das Tagesticket **BIG** (*Biglietto integrato giornaliero*, ca. 4 €) für unbegrenzte Fahrten in allen genannten Verkehrsmitteln, gültig bis Mitternacht. Ferner zu empfehlen ist das auf allen Strecken gültige 3-Tages-Ticket **BTI** (*biglietto turistico integrato*, ca. 11 €), das bis Mitternacht des dritten Tages gilt sowie das nicht übertragbare 7-Tage-Ticket **CIS** (*Carta Integrale Settimanale*, ca. 16 €). Die Tickets müssen vor der 1. Fahrt entwertet werden.

Bei den zu ATAC gehörigen **COTRAL** Überlandbussen richten sich die Tarife nach der Entfernung. Die Karten verkaufen die Fahrer oder Schaffner.

ATAC, Largo Giovanni Montemartini 17, oder Info-Büro vor Stazione Termini, Tel. 800 43 17 84, www.atac.roma.it.

Fahrrad

An vielen Stellen in Rom kann man Fahrräder mieten, z. B. gleich nach der Ankunft in der Stazione Termini, aber auch an der Spanischen Treppe, der Piazza del Popolo oder der Villa Borghese. Besonders schön ist eine Tour über die Via Appia Antica, die sonntags für den Verkehr gesperrt ist. Aber auch die großen römischen Parks und das historische Zentrum (hier ist sonntags auch die Via dei Fori Imperiali für den Autoverkehr gesperrt) laden am Wochenende zum Radfahren ein.

Mietwagen

Alle bekannten Mietwagenfirmen sind in Rom vertreten. Für Mitglieder bietet die ADAC-Autovermietung GmbH günstige Bedingungen. Buchungen über die ADAC-Geschäftsstellen oder unter Tel. 018 05/ 31 81 81 (0,14 €/Min.).

Taxi

Es gibt in Rom zahllose Taxis (Tel. 06 35 70, 06 49 94, 065 55 51, 06 66 45, 06 88 22, 06 41 57 u. a.). Man sollte aus Sicherheitsgründen nur die konzessionierten Taxis mit Nummer und Beschriftung benutzen.

Sprachführer

Italienisch für die Reise

Das Wichtigste in Kürze

Ja/Nein	*Sì/No*
Bitte/Danke	*Per favore/Grazie*
In Ordnung./ Einverstanden.	*Va bene./ D'accordo.*
Entschuldigung!	*Scusi!*
Wie bitte?	*Come dice?*
Ich verstehe Sie nicht.	*Non La capisco.*
Ich spreche nur wenig Italienisch.	*Parlo solo un po' d'italiano.*
Können Sie mir bitte helfen?	*Mi può aiutare, per favore?*
Das gefällt mir (nicht).	*(Non) Mi piace.*
Ich möchte …	*Vorrei …*
Haben Sie …?	*Ha …?*
Wie viel kostet …?/	*Quanto costa …?*
Kann ich mit Kreditkarte bezahlen?	*Posso pagare con la carta di credito?*
Wie viel Uhr ist es?	*Che ore sono?/ Che ora è?*
Guten Morgen!/ Guten Tag!	*Buon giorno!*
Guten Abend!	*Buona sera!*
Gute Nacht!	*Buona notte!*
Hallo!/Grüß dich!	*Ciao!*
Wie ist Ihr Name, bitte?	*Come si chiama, per favore?*
Mein Name ist …	*Mi chiamo …*
Ich bin Deutsche(r)	*Sono tedesco(-a)*
Ich komme aus Deutschland.	*Sono della Germania.*
Wie geht es Ihnen?	*Come sta?*
Auf Wiedersehen!	*Arrivederci!*
Tschüs!	*Ciao!*
Bis bald!	*A presto!*
Bis morgen!	*A domani!*
gestern/heute/ morgen	*ieri/oggi/ domani*
am Vormittag/ am Nachmittag	*la mattina/ al pomeriggio*
am Abend/in der Nacht	*la sera/la notte*
um 1 Uhr/um 2 Uhr …	*all' una/alle due …*
um Viertel vor (nach) ...	*alle ... meno un quarto (e un quarto)*
um ... Uhr 30	*alle ... e trenta*
Minute(n)/Stunde(n)	*minuto(-i)/ora (-e)*
Tag(e)/Woche(n)	*giorno(-i)/settimana(-e)*
Monat(e)/Jahr(e)	*mese(-i)/anno(-i)*

Zahlen

0	*zero*	19	*diciannove*
1	*uno*	20	*venti*
2	*due*	21	*ventuno*
3	*tre*	22	*ventidue*
4	*quattro*	30	*trenta*
5	*cinque*	40	*quaranta*
6	*sei*	50	*cinquanta*
7	*sette*	60	*sessanta*
8	*otto*	70	*settanta*
9	*nove*	80	*ottanta*
10	*dieci*	90	*novanta*
11	*undici*	100	*cento*
12	*dodici*	200	*duecento*
13	*tredici*	1000	*mille*
14	*quattordici*	2000	*duemila*
15	*quindici*	10 000	*diecimila*
16	*sedici*	1 000 000	*un millione*
17	*diciassette*	1/2	*mezzo*
18	*diciotto*	1/4	*un quarto*

Wochentage

Montag	*lunedì*
Dienstag	*martedì*
Mittwoch	*mercoledì*
Donnerstag	*giovedì*
Freitag	*venerdì*
Samstag	*sabato*
Sonntag	*domenica*

Monate

Januar	*gennaio*
Februar	*febbraio*
März	*marzo*
April	*aprile*
Mai	*maggio*
Juni	*giugno*
Juli	*luglio*
August	*agosto*
September	*settembre*
Oktober	*ottobre*
November	*novembre*
Dezember	*dicembre*

Maße

Kilometer	*chilometro(-i)*
Meter	*metro(-i)*
Zentimeter	*centimetro(-i)*
Kilogramm	*chilo(-i)*
Pfund	*mezzo chilo*
100 Gramm	*etto(-i)*
Liter	*litro(-i)*

Unterwegs

Nord/Süd/West/Ost	*nord/sud/ovest/est*
oben/unten	*sopra/sotto*
geöffnet/geschlossen	*aperto/chiuso*
geradeaus/links/ rechts/zurück	*diritto/sinistra/ destra/indietro*
nah/weit	*vicino/lontano*
Wie weit ist …?	*A che distanza si trova…?*
Wo sind die Toiletten?	*Dove sono le toilette?*
Wo ist die (der) nächste …	*Dove si trova nelle vicinanze …*
Telefonzelle/	*una cabina telefonica/*
Bank/	*una banca/*
Geldautomat/	*un bancomat/*
Post/	*la posta/*
Polizei?	*la polizia?*
Bitte, wo ist …	*Scusi, dov'è …*
der Hauptbahnhof/	*la stazione centrale/*
der Busbahnhof/	*la stazione autolinee/*
der Flughafen?	*l'aeroporto?*
Wo finde ich …	*Dove si trova …*
eine Bäckerei/	*un panificio/*
Fotoartikel/	*gli articoli fotografici*
ein Kaufhaus/	*un grande magazzino/*
ein Lebensmittel-geschäft/	*un negozio di alimentari/*
den Markt?	*il mercato?*
Ist das der Weg/ die Straße nach …?	*È questa la strada per ….?*
Ich möchte mit …	*Vorrei andare …*
dem Zug/	*col treno/*
dem Schiff/	*colla nave/*
der Fähre/	*col traghetto/*
dem Flugzeug	*col aereo*
nach … fahren.	*a …*
Gilt dieser Preis für Hin- und Rückfahrt?	*È la tariffa di andata e ritorno?*
Wie lange gilt das Ticket?	*Fino a quando è valido il biglietto?*
Wo ist das Fremden-verkehrsamt/ ein Reisebüro?	*Dov'è l'Ufficio per il turismo/ un'agenzia viaggi?*
Ich suche eine Hotelunterkunft.	*Cerco un albergo.*
Wo kann ich mein Gepäck lassen?	*Dove posso deposi-tare i miei bagagli?*
Ich habe meinen Koffer verloren.	*Ho perso la mia valigia.*
Ich möchte eine Anzeige erstatten.	*Vorrei fare una denuncia.*
Man hat mir …	*Mi hanno rubato …*
Geld/die Tasche/	*i soldi/la borsa/*
die Papiere/	*i documenti/*
die Schlüssel/	*le chiavi/*
den Fotoapparat/	*la macchina foto-*
den Koffer/	*grafica/la valigia/*
das Fahrrad gestohlen.	*la bicicletta.*

Freizeit

Ich möchte ein …	*Vorrei noleggiare …*
Fahrrad/	*una bicicletta/*
Motorrad/	*un moto/*
Surfbrett/	*una tavola da surf/*
Mountainbike/	*un mountain bike/*
Boot/	*una barca/*
Pferd mieten.	*un cavallo.*
Gibt es in der Nähe ein(en) …	*Dove si trova nelle vicinanze …*
Freizeitpark/	*un parco di divertimento/*
Freibad/	*una piscina pubblica/*
Golfplatz/	*un campo di golf/*
Strand?	*una spiaggia?*
Wann hat … geöffnet?	*Quando è aperto (aperta) …?*

Bank, Post, Telefon

Brauchen Sie meinen Ausweis?	*Vuole vedere i miei documenti?*
Wo soll ich unterschreiben?	*Dove debbo firmare?*
Ich möchte eine Telefon-verbindung nach …	*Vorrei un colle-gamento telefonico con …*
Wie lautet die Vorwahl für …?	*Qual è il prefisso per …?*
Wo gibt es …	*Dove trovo …*
Telefonkarten/	*le schede telefoniche/*
Briefmarken?	*i francobolli?*

Tankstelle

Wo ist die nächste Tankstelle?	*Dov'è la stazione di servizio più vicina?*

Hinweise zur Aussprache

c, cc	vor ›e‹ und ›i‹ wie ›tsch‹, Bsp.: **ci**ao; sonst wie ›k‹, Bsp.: **co**me
ch, cch	wie ›k‹, Bsp.: **che**, **chi**lo
g, gg	vor ›e‹ und ›i‹ wie ›dsch‹, Bsp.: **ge**nte; sonst wie ›g‹, Bsp.: **go**la
gli	wie ›Lilie‹, Bsp.: fi**gli**o
gn	wie ›Cognac‹, Bsp.: ba**gn**o
sc	vor ›e‹ und ›i‹ wie ›sch‹, Bsp.: **sci**opero; sonst wie ›sk‹, Bsp.: **sc**ala
sch	wie ›sk‹, Bsp.: I**sch**ia
sci	vor ›a,o,u‹ wie ›sch‹, Bsp.: la**scia**re
z	wie ›ds‹, Bsp.: **z**uppa

Ich möchte … Liter … Benzin/Super/ Diesel.	*Vorrei … litri … di benzina/super/ diesel.*
Volltanken, bitte.	*Faccia il pieno, per favore.*
Bitte prüfen Sie … den Reifendruck/	*Verifichi per favore … la pressione delle ruote/*
den Ölstand/	*il livello dell'olio/*
den Wasserstand/	*il livello dell'acqua/*
das Wasser für die Scheibenwischanlage/	*l'acqua per il tergicristallo/*
die Batterie.	*la batteria.*
Würden Sie bitte … den Ölwechsel vornehmen/	*Per favore, mi può … cambiare l'olio/*
den Radwechsel vornehmen/	*cambiare la ruota/*
die Sicherung austauschen/	*sostituire il fusibile/*
die Zündkerzen erneuern/	*sostituire le candele/*
die Zündung nachstellen.	*regolare l'accen-sione.*

Panne

Ich habe eine Panne.	*Ho un guasto.*
Der Motor startet nicht.	*La macchina non parte.*
Ich habe die Schlüssel im Wagen gelassen.	*Ho le chiavi in macchina.*
Ich habe kein Benzin/ Diesel.	*Non ho più benzina/ diesel.*
Gibt es hier in der Nähe eine Werkstatt?	*C'è un'officina qui vicino?*
Können Sie mein Auto abschleppen?	*Può effettuare il traino?*
Können Sie mir einen Abschleppwagen schicken?	*Mi potrebbe mandare un carro attrezzi?*
Können Sie den Wagen reparieren?	*Può riparare la mia macchina?*
Bis wann?	*Quando sarà pronta?*

Mietwagen

Ich möchte ein Auto mieten.	*Vorrei noleggiare una macchina.*
Was kostet die Miete …	*Quanto costa il noleggio …*
pro Tag/	*al giorno/*
pro Woche/	*alla settimana/*
mit unbegrenzter km-Zahl/	*senza limite chilometraggio/*
mit Kasko-versicherung/	*con assicurazione ›kasko‹/*
mit Kaution?	*con cauzione?*
Wo kann ich den Wagen zurückgeben?	*Dove posso restituire la macchina?*

Unfall

Hilfe!	*Aiuto!*
Achtung!/Vorsicht!	*Attenzione!*
Rufen Sie bitte schnell …	*Per favore, chiami subito …*
einen Kranken-wagen/	*un'ambulanza/*
die Polizei/	*la polizia/*
die Feuerwehr.	*i vigili del fuoco.*
Es war (nicht) meine Schuld.	*(Non) È stata colpa mia.*
Geben Sie mir bitte Ihren Namen und Ihre Adresse.	*Mi dia il suo nome ed indirizzo, per favore.*
Ich brauche die Angaben zu Ihrer Autoversicherung.	*Mi dia i particolari della sua assicurazione auto.*

Krankheit

Können Sie mir einen guten Deutsch sprechenden Arzt/ Zahnarzt empfehlen?	*Mi può consigliare un bravo medico/ dentista che parla il tedesco?*
Wann hat er Sprechstunde?	*Qual è l'orario delle visite?*
Wo ist die nächste Apotheke?	*Dove si trova la farmacia più vicina?*
Ich brauche ein Mittel gegen …	*Vorrei qualcosa contro …*
Durchfall/	*la diarrea/*
Halsschmerzen/	*mal di gola/*
Fieber/	*la febbre/*
Insektenstiche/	*le punture d'insetti/*
Kopfschmerzen	*mal di testa*
Verstopfung/	*la costipazione/*
Zahnschmerzen	*mal di denti.*

Hotel

Können Sie mir bitte ein Hotel/eine Pension empfehlen?	*Potrebbe consi-gliarmi un albergo/ una pensione, per favore?*
Ich habe bei Ihnen ein Zimmer reserviert.	*Ho prenotato una camera.*
Haben Sie ein Einzel-/ Doppelzimmer …	*Ha una camera singola/ doppia …*
mit Dusche/	*con doccia/*
mit Bad/WC/	*con bagno/toilette/*
für eine Nacht/	*per una notte/*
für eine Woche/	*per una settimana/*
mit Blick aufs Meer?	*con vista sul mare?*
Was kostet das Zimmer …	*Quanto costa una camera …*
mit Frühstück/	*con prima colazione/*

mit Halbpension/ mit Vollpension?	*con mezza pensione/ con pensione completa?*
Wie lange gibt es Frühstück?	*Fino a che ora viene servita la colazione?*
Ich möchte um … Uhr geweckt werden.	*Vorrei essere svegliato alle ore …*
Ich reise heute Abend/ morgen früh ab.	*Vorrei partire questa sera/ domani mattina.*
Haben Sie ein Fax/ einen Hotelsafe?	*Ha un fax/una cassetta di sicurezza?*
Kann ich mit Kreditkarte zahlen?	*Posso pagare con la carta di credito?*

Restaurant

Ich suche ein gutes/günstiges Restaurant.	*Cerco un buon ristorante/ un ristorante non troppo caro.*
Die Speisekarte/ Getränkekarte, bitte.	*Vorrei la carta/ la lista delle bevande, per favore.*
Welches Gericht können Sie besonders empfehlen?	*Quale piatto mi può consigliare?*
Ich möchte das Tagesgericht/ das Menü (zu …).	*Vorrei il piatto del giorno/ il menù (da …).*
Ich möchte nur eine Kleinigkeit essen.	*Vorrei uno spuntino.*
Haben Sie …	*Ha dei …*
vegetarische Gerichte/	*piatti vegetariani/*
offenen Wein/ alkoholfreie Getränke?	*vini della casa/ analcolici?*
Kann ich bitte …	*Vorrei avere …*
ein Messer/ eine Gabel/ einen Löffel haben?	*un coltello/ una forchetta/ un cucchiaio.*
Darf man rauchen?	*Si può fumare?*
Die Rechnung/ Bezahlen bitte!	*Vorrei il conto, per favore!*

Essen und Trinken

Abendessen	*cena*
Apfel	*mela*
Artischoken	*carciofi*
Auberginen	*melanzane*
Bier	*birra*
Brot/Brötchen	*pane/panino*
Butter	*burro*
Ei (Eier)	*uovo (uova)*
Ente	*anitra*
Erdbeeren	*fragole*
Espresso (mit Milch)	*caffè (macchiato)*
Essig	*aceto*
Feigen	*fichi*
Fisch	*pesce*
Flasche	*bottiglia*
Fleisch	*carne*
Fruchtsaft	*succo di frutta*
Frühstück	*prima colazione*
gegrillt	*ai ferri/alla griglia*
Gemüse	*verdura*
Glas	*bicchiere*
Huhn	*pollo*
Kalbfleisch	*vitello*
Kalbshaxenscheibe	*ossobuco*
Kaninchen	*coniglio*
Kartoffeln	*patate*
Käse	*formaggio*
Knoblauch	*aglio*
Kotlett	*costoletta*
Krabben	*gamberetti*
Lamm	*agnello*
Languste	*aragosta*
Maisgericht	*polenta*
Meeresfrüchte	*frutti di mare*
Miesmuscheln	*cozze*
Milch mit einem Schuss Espresso	*latte macchiato*
Milchkaffee	*caffellatte*
Mineralwasser (mit/ ohne Kohlensäure)	*acqua minerale (con/senza gas)*
Mittagessen	*pranzo*
Nachspeise	*dolce*
Obst	*frutta*
Öl	*olio*
Orange	*arancia*
Parmesankäse	*parmigiano*
Pfeffer	*pepe*
Pfirsich	*pesca*
Pilze	*funghi*
Reisbällchen, gefüllt	*arancine*
Rindfleisch	*carne di manzo*
Salat	*insalata*
Salz	*sale*
Schafskäse	*ricotta*
Schinken	*prosciutto*
Schweinefleisch	*maiale*
Spinat	*spinaci*
Steak	*bistecca*
Suppe	*minestra/zuppa*
Tee	*té*
Thunfisch	*tonno*
Tintenfische	*polpetti*
Tomaten	*pomodori*
Venusmuscheln	*vongole*
Vorspeisen	*antipasti*
Wein,	*vino*
Weiß-/	*bianco/*
Rot-/	*rosso/*
Rosé-Wein	*rosato*
Weintrauben	*uva*
Zucker	*zucchero*
Zwiebeln	*cipolle*

Register

A

B

C

D

E

F

G

ADAC
reisemagazin
Reisen mit Lust und Laune.
BRETAGNE
Rau, aber herzlich
FLORIDA
Sonne, Sand & Sterne
MÜNCHEN
Die bewegte Stadt
ROM
Ewig schön, ewig jung
TOSKANA
Sanfte Hügel, süßes Leben
Die Reisemagazine vom ADAC gibt es für Städte, Länder und Regionen.
Alle zwei Monate neu.
TÜRKEI
Mehr erleben
VIETNAM
LAOS & KAMBODSCHA
Stop-over zwischen den Zeiten
WIEN
Glanzvoller Auftritt
www.adac.de/reisemagazin

Impressum

Lektorat, Bildredaktion: Irene Unterriker
Aktualisierung: Kirsten Winkler
Karten: Computerkartographie Carrle, München
Herstellung: Martina Baur
Druck, Bindung: Stürtz GmbH, Würzburg
Printed in Germany

Ansprechpartner für den Anzeigenverkauf:
Kommunalverlag GmbH & Co KG,
MediaCenterMünchen, Tel. 089/92 80 96-44

ISBN 978-3-89905-496-5
ISBN 978-3-89905-250-3 Reiseführer Plus

Gedruckt auf chlorfrei gebleichtem Papier

Dieses Buch entstand unter Mitarbeit von Kerstin Becker (Rom aktuell A bis Z) und Lothar Pauckner (Antike Stätten).

Neu bearbeitete Auflage 2007

Bildnachweis

Umschlag-Vorderseite: Colosseum.
Foto: laif/Fulvio Zanettini, Köln
Umschlag-Vorderseite Reiseführer Plus:
Typisch Rom: Vespafahrer und Peterskirche.
Foto: Mauritius/Botanica, Mittenwald

Titelseite
Oben: Ein Meer von Kuppeln: Blick vom Monte Pincio (Wh. von S. 93)
Mitte: Piazza Navona mit Vierströmebrunnen (Wh. von S. 73)
Unten: Abendlicher Treffpunkt: Piazza della Rotanda (*Franz Marc Frei, München*)

AKG, Berlin: 120, 139 – *Azienda di Promozione Turistica del Comune di Roma, Rom*: 25, 35, 44/45, 47, 53, 58/59, 70, 117, 128 oben, 131 oben, 135, 166 – *Regina Berndt, Paderborn*: 136 – *Fototeca Enit, Rom*: 90 – *Franz Marc Frei, München*: 6, 8 (2), 133, 160 oben und unten links, Umschlagrückseite/linke Spalte, 1. Reihe. – *Ralf Freyer, Freiburg:* 168, 170, 174 – *Nikolaus Groß, Rom:* 46, 55, 62, 69, 82, 86, 90, 92, 95, 122, 146, 149, 150, 151, 155, 159 – *Hotel Aldrovandi Palace, Rom*: 179 – *Bildagentur Huber, Garmisch-Partenkirchen*: 169, 175 – *Ladislav Janicek, München:* 16/17, 41, 108 unten, 160 unten rechts – *Bernhard Koenig, Wolfratshausen:* 22, 28, 36, 49, 51, 54, 56, 65, 71, 76, 77, 79, 87, 88 oben, 90 oben, 91, 107, 123, 127, 128 unten, 129, 131unten,, 140, 141, 145, 158 – *laif, Köln:* 102, 160 oben rechts *(Raffaele Celentano)*, 21, 23 unten, 42/43, 57, 60, 68, 156, 160 Mitte *(Fulvio Zanettini)* – *LOOK, München:* 11 *(Hauke Dressler)*, 12, 19, 20 *(Rainer Martini)*, 119 *(Max Galli)* – *Mauritius, Mittenwald*: 81 (*Pigneter*), 93 (*Workbookstock*) – *Martin Thomas, Aachen:* 5 oben rechts, 7, 9, 26/27, 31, 32/33,50, 58, 73, 74, 75, 83, 85, 94, 97, 111, 115 oben, 120, 137, 143 – *Sandro Vannini, Viterbo:* 7 unten, 98/99

1 Tag in Rom

Am Morgen beginnen der Spaziergang und die Besichtigungen in der Kirche **S. Maria Maggiore** mit ihren beeindruckenden mittelalterlichen Mosaiken. Ein lohnender Abstecher führt zu **S. Pietro in Vincoli** mit der berühmten Moses-Statue Michelangelos. **Colosseum** und **Konstantinsbogen** bilden sodann den Auftakt zur Erforschung des antiken Rom und dessen politischem Zentrum **Forum Romanum**. Auf dem **Kapitol** laden die **Kapitolinischen Museen** mit ihren qualitätvollen Skulpturen zu einem Besuch ein. Die Mittagspause verbringt man rustikal auf dem Marktplatz **Campo de' Fiori** oder elegant-barock auf der herrlichen **Piazza Navona**. Anschließend sollte man das antike **Pantheon** besichtigen. Von hier flaniert man über die **Via Condotti** mit ihren exklusiven Geschäften zur weltberühmten **Spanischen Treppe**. Oder man spaziert in Richtung Tiber, geht über den Ponte S. Angelo unterhalb der **Engelsburg**, um schließlich zur **Peterskirche** und zum Vatikan zu gelangen. Am Abend fährt man dann nach **Trastevere** zum Pizza- oder Pasta-Essen. Ein krönender Abschluss ist später ein Bummel rund um die pittoresk angestrahlte **Fontana di Trevi**.

1 Wochenende in Rom

Freitag: Am Morgen studiert man auf dem Markt **Campo de' Fiori** das Angebot. Über den Corso Vittorio Emanuele II geht es zur Piazza Venezia. Vom **Kapitol** genießt man den Blick auf das **Forum Romanum**. Über das Ausgrabungsgelände geht es dann zum **Colosseum**, und von dort zu **S. Pietro in Vincoli** mit Michelangelos eindrucksvoller Moses-Statue vom Papstgrabmal. Nach der Besichtigung von **S. Maria Maggiore** fährt man mit der Metro A (Station: Spagna) zur **Spanischen Treppe**. Am Nachmittag schlendert man durch die exklusiven Einkaufsstraßen um die **Via Condotti**. Am Abend speist man ›antikisch‹ an der Piazza della Rotonda beim Anblick des imposanten Kuppelbau des **Pantheon**.

Samstag: Frühaufsteher haben (ab 8.45 Uhr) mehr von den weltberühmten **Vatikanischen Museen** mit den Stanzen Raffaels und der von Michelangelo ausgenmalten Sixtinischen Kapelle. Anschließend besucht man die **Peterskirche**. Am Nachmittag geht es nach **Trastevere**. Sehenswert ist hier **S. Maria in Trastevere** mit prächtigen mittelalterlichen Mosaiken. **S. Pietro in Montorio** birgt den berühmten Tempietto des Bramante. Nachtschwärmer zieht es später ins Szeneviertel **Monte Testaccio** mit seinen Bars, Restaurants und Discos.

Sonntag: Von der schönen **Piazza del Popolo** geht der Spaziergang auf den **Monte Pincio**. Nach einem Abstecher zum **Augustusmausoleum** nimmt man von der Spanischen Treppe aus die Metro A zu **S. Giovanni in Laterano**, der einstigen Papstbasilika. Vorbei an der Rundkirche **S. Stefano Rotondo** gelangt man zu den gewaltigen Ruinen der **Caracallathermen**. Am anderen Ende des **Circus Maximus** steht die Kirche **S. Maria in Cosmedin** mit der berühmten ›Bocca della Verità‹. Der Antike kann man erneut im **Palazzo Altemps** frönen und lässt den Tag dann an der **Piazza Navona** ausklingen.